POR QUÉ AGRADEZCO QUE SEAS EL MAESTRO DE MI HIJO

Ser y Presencia de los educadores con Co-razón

José María Toro

POR QUÉ AGRADEZCO QUE SEAS EL MAESTRO DE MI HIJO

Ser y Presencia de los educadores con Co-razón

Desclée De Brouwer

© EDITORIAL DESCLÉE DE BROUWER S.A., 2024
Henao, 6 - 48009 Bilbao
www.edesclee.com
info@edesclee.com

Impreso en España – Printed in Spain
ISBN: 978-84-330-3271-3
Depósito Legal: BI-00923-2024
Impresión: Grafo S. A. - Basauri

Dedicatoria

A todos aquellos maestros y maestras que dignifican y ennoblecen esta sagrada tarea.

A mis maestros y maestras.

A las familias de mis alumnos y alumnas, que me entregaron lo que más aman en la vida.

Nota de agradecimiento

Mi agradecimiento especial a Manuel Guerrero, que me ha acompañado como editor durante todos estos años y al que he sentido, sobre todo, como compañero de viaje y como amigo.

Gracias también a todos los trabajadores y personal de la Editorial Desclée De Brouwer que hacen posible que mi servicio a la Vida, a través de mi labor pedagógica y formativa, pueda, gracias a los libros, trascender el espacio y el tiempo.

Índice

Introducción

Es este uno de los libros más peculiares que he escrito hasta ahora. Y lo es porque, siendo muy autobiográfico y recogiendo el aroma y el perfume de lo esencial que he venido elaborando, viviendo y compartiendo en mi vida profesional y personal en los últimos 40 años, cedo la voz y la palabra a una *madre* que representa, en cierto modo, a toda la familia (padres, abuelos, tíos...).

Es, por tanto, un libro, escrito por un maestro, que quiere hablar expresándose desde el corazón mismo de las familias. Un maestro que escribe acerca de lo que siente que ha de ser el corazón de la intervención pedagógica, de la labor docente y de lo que, por consiguiente, toda familia debería estar agradecida. Un maestro que recuerda lo que más recuerdan sus alumnos y sus familias de lo que fue su labor docente o, en su defecto, aquello que más le gustaría que recordasen.

Este libro muestra una aproximación al ser, a la presencia y al hacer del maestro y quiere mostrar esa cara amable del magisterio, la cual, niños y padres, pueden mirar con agradecimiento reconociéndose en ella.

En cierto modo, todo lo escrito es como un espejo en el que las familias pueden seguir el rastro de lo mejor de su propia labor como educadores de sus hijos.

Al mostrar la cara de una pedagogía del Corazón, puede ser, en cierto modo, el espejo del alma de la educación o, si se prefiere, de una educación con alma y desde el alma. Es decir, una educación desde el Ser y para ser lo mejor de nosotros mismos.

He querido constatar y reflejar, en el espejo del rostro de este libro, lo esencial de mi pedagogía, lo mejor de mi labor docente, así como el corazón y el alma de mi propuesta educativa.

Confío en que, de esta manera, habrá maestros y maestras que podrán ver y reconocer en el espejo de lo escrito muchos rasgos de su propio ser y hacer.

Confío, también, en que muchos padres y madres, abuelos y tíos, y cualquier adulto que se coloque ante el espejo de lo que comparto en estas páginas, puedan verse reflejados, inspirados, interpelados, cuestionados, abrazados y alentados por el contenido de este libro.

Se trata, pues, de un contenido cargado de vida, de experiencia, de vocación, de entusiasmo y de entrega.

Como explico más ampliamente al hablar de la *presencia* del maestro, las *esencias* son respirables. Por eso, conscientemente, he procurado hacer de este, un libro que pueda ser respirado. He cuidado, especialmente, el aroma de cada palabra, la fragancia de cada idea y el perfume de cada experiencia.

Todos conocemos, desde Proust, el tremendo efecto evocador de los olores. Se cree que esta relación olfato-memoria se debe a que las emociones y el procesamiento de los olores se encuentran en la misma zona del cerebro, el interior del sistema límbico.

En los alumnos y en sus familias, cada maestro o maestra deja siempre unos recuerdos o memorias que destilan una peculiar fragancia.

¿Qué es lo que puede agradecer la familia de la labor de un maestro o de una maestra?

¿Qué es lo que la Vida puede estar agradeciendo en el ejercicio de un adecuado magisterio?

Es algo que tuve muy presente en mi quehacer cotidiano en la escuela. Algo que llegué a compartir con mis alumnos.

Les decía que, a veces, cuando volvía a casa y veía cómo se movían las hojas de los árboles, veía en ello una especie de reverencia de agradecimiento y de veneración por el trabajo realizado ese día. Y que, en más de una ocasión, cuando oía el canto de los pájaros, sentía que cantaban para mí y que, a través de ellos, a través de su música y de sus cantos, la Vida me estaba agradeciendo la labor bien hecha. Una labor bien hecha en el sentido de una labor hecha con amor.

Todos y cada uno de los aspectos, que recogen lo que la familia y la sociedad en general pueden agradecer al maestro, tendrían que estar presentes en la formación inicial y continua o permanente del profesorado.

De todo lo que comparto en cada una de las páginas de este libro y que recoge buena parte de las esencias de mi labor profesional como maestro, prácticamente nada, o muy poco, se me ofreció en mi formación inicial como docente.

En la formación inicial me dieron herramientas y conocimientos, pero lo que realmente me hizo vibrar con los alumnos, lo que hizo de mi experiencia pedagógica un regalo para mí y para mi vida, fue lo que aprendí al margen de dicha formación inicial.

Por eso, pienso y siento con una especial fuerza que todos estos aspectos, que vamos a ir compartiendo en cada capítulo, tenían que estar muy presentes, a la hora de ir conformando un determinado modo de ser y hacer de maestros y maestras; Y también de las familias.

Durante mis primeros años como maestro, mi interés, mi atención y mi dedicación se dirigían, sobre todo, a las cuestiones metodológicas y didácticas y a los recursos y actividades a poner en marcha. En Magisterio me habían explicado sobre todo el qué hacer y, algo menos, el cómo hacerlo. Apenas me justificaron el porqué y el para qué y, en absoluto, me hablaron del quién o desde dónde hacerlo.

En el ejercicio de mi labor pude constatar, de manera casi inmediata, que lo fundamental, lo que más incidía en el modo como se desarrollaban mis tareas y la de mis alumnos, no eran mis conocimientos y mis habilidades técnicas y procedimentales, sin negar la importancia de estas, sino mi modo de ser.

El ser, la presencia y el hacer del maestro, como el de los padres, van inevitablemente juntos, como las dos caras de una moneda. Pero la cara, el lado de la moneda que representa el ser del maestro, su identidad más profunda y auténtica, las actitudes de fondo que sostienen todo aquello que hace, el emocionar que sostiene todo y los valores que lo orientan, se daban como por descontado y, tal vez por eso, luego contaban tan poco.

Hoy, la dificultad de cualquier educador no está ya en los recursos ni en las actividades. Tanto maestros como padres pueden acceder, a través de Internet y a golpe de teclado, a un infinito océano de propuestas o a una inmensa nube de materiales, ejercicios, juegos, actividades...

En cierta ocasión, María, mi pareja y también maestra, estaba corrigiendo unos trabajos de sus alumnos y me pidió que le buscase, mientras ella terminaba su tarea, unos juegos o actividades lúdicas para reforzar el aprendizaje de la ortografía de la letra h en su clase. Abrí mi ordenador, escribí entrecomillado "juegos de ortografía con la h" y, en menos de un segundo, se ofrecieron varios miles de páginas, en diversidad de formas y tamaños, para distintas edades, algunas incluso listas para ser impresas y ser utilizadas de manera inmediata.

En clave de humor le comenté:

> *Menos mal que me has pedido de la letra "h" que es muda, porque si me pides de la "rr"doble, con lo que suena, ni me imagino el número de páginas que habrían salido.*

Con esta anécdota quiero remarcar que la problemática o las dificultades para los educadores ya no están en el poder disponer de medios, propuestas de actividades, ejercicios o tareas. De todo eso, disponemos, y de manera abundante, en la red.

La cuestión decisiva, a mi entender, y que es lo que justifica o explica este libro, es el estado personal, la presencia y los niveles de conciencia de quienes han de manejar esos recursos.

Este libro no ha sido concebido y gestado para aportar propuestas didácticas de aplicación inmediata, si bien, el que sepa leer entre líneas y escuchar tras lo que se dice, va a poder encontrar un buen número de ellas.

Este libro irrumpe ante tus ojos desde el anhelo de seguir aportando en la labor, siempre permanente e inacabada, de *reconstruir la presencia de los educadores*, ya sean padres o maestros. Y, a ser posible, reconstruir el entusiasmo del maestro y de la maestra, su alegría de educar. ¿Por qué? Porque una maestra entusiasmada, cuando tenga una dificultad, se va a mover para solucionarla.

A lo que quiere contribuir este libro es a conformar y fortalecer a ese maestro que busca y aplica, amorosamente, aquellos recursos y actividades que motiven y optimicen su labor con los alumnos. Aunque se aportan muchos "qué" y se comparten algunos de esos "cómo", que facilitaron y embellecieron mi propia labor como maestro, es este un libro centrado en el "quién" y en el "desde dónde".

Pero en esta ocasión, a diferencia de lo compartido en *Educar con Co-razón* (Desclée, 2005), como ejercicio de estilo o como estrategia literaria si se quiere, cedo la palabra a una madre de alumno. De esta manera, *desde la perspectiva de las familias, la mirada sobre la acción pedagógica de maestros y maestras adquiere otra dimensión* y se revela con un nuevo y más amplio alcance.

Ceder mi voz, mis palabras, mis argumentos y mis experiencias a esta madre simbólica, que encarna en algo a todas y cada una de las madres, padres y abuelos de los alumnos que han pasado por mis manos, me ha permitido *indagar y apreciar las conexiones y repercusiones de lo hecho en clase con lo que se vive en el seno familiar.*

Un maestro de Co-razón ha de tender puentes entre lo que hacen los alumnos con él en la escuela y lo que viven en casa con sus familias.

Un maestro lo es de cada alumno que tiene y también de las familias que se lo entregan cada mañana.

Personalmente, siempre he sentido que formar y educar a las familias no era una tarea extra que yo asumía por convicciones ideológicas o por un voluntarismo militante. No fue nunca una carga más, sino que *me hice cargo* de ello, con dedicación, entusiasmo y alegría. Tal vez porque siempre me he sentido como un *funcionario al servicio de la Vida*. Tal vez porque, desde el sentido común, siempre he reconocido y aceptado que la educación de los niños sólo va a ser efectiva y real con el concurso, el acuerdo y la colaboración de maestros y padres.

Si eres maestro o maestra, te ruego que leas este texto como un inmenso y gigantesco homenaje agradecido a tu labor callada de cada día, como una invitación a renovar a diario tu vocación o, al menos, tu pasión por lo que haces y como una posibilidad de recomponer tu presencia en el aula y en la vida.

Ábrete a recibir y escuchar la voz de esa madre agradecida que se va dejando oír en todos y cada uno de los capítulos, aunque tu relación con algunas familias pueda no ser fluida ni gratificante.

Si eres padre, madre, abuela o abuelo, te ruego que leas este texto con una mirada exenta de todo juicio comparativo y rebosante de reconocimiento y agradecimiento a los maestros y maestras de vuestros hijos o nietos, independientemente de si lo que aquí se plantea lo ves o no reflejado en ellos.

Los niños ven a sus maestros con la mirada que sobre ellos proyectan los miembros de la familia. Aunque solo sea por interés propio, aunque solo sea por no crear un conflicto emocional en los niños, las familias han de reconocer, sin fisuras ni dobleces, a los maestros y maestras de sus hijos y nietos. Eso no significa no ver ni reconocer posibles lagunas, carencias, deficiencias o contradicciones en los profesionales de la educación. Seguro que las habrá, del mismo modo que también pueden estar presentes en la labor educativa de las familias.

Este libro quiere elevar o ahondar las miradas, en los educadores, padres y maestros, más allá de esa línea de superficie que delimita o en la que se desarrollan las actuaciones cotidianas de unos y de otros. Más allá de los victimismos, de las atribuciones o acusaciones de culpabilidad y de las cadenas de reproches, hay un espacio de respeto, agradecimiento y colaboración mutua que es al que apunta y señala cada página de este libro.

La labor del magisterio, por su propia naturaleza y función, ha de ser objeto de agradecimiento por parte de las familias. A su vez, este agradecimiento de las familias ha de sostener, impulsar y avivar una entrega decidida y amorosa por parte de los maestros y maestras.

Agradecimiento e impecabilidad, gratitud y responsabilidad, reconocimiento y donación han de ir juntas, han de sostenerse entre sí y han de ir trazando ese espacio, por el que los niños y las niñas han de transitar felices, de la casa a la escuela y de la escuela a casa.

Agradecer a quien nos enseña

No nací sabiendo.

Y aunque en mi primera célula estuviese contenido todo el conocimiento, lo estaba como *potencial*.

Es viviendo y aprendiendo como todo ese potencial de conocimiento va convirtiéndose en actualización y en encarnación de sabiduría.

Lo aprendido siempre es, de algún modo, *recibido*.

Pero aprender *no es repetir* lo que otro me ha enseñado, lo que de otro he recibido, sino verificar, en la propia experiencia, la enseñanza de otro o de uno mismo.

Aprender es prestar el propio cuerpo, las propias células y la propia vida como laboratorios donde las verdades, siempre *sucesivas y provisionales*, van emergiendo, manifestándose y desvelándose.

No sabía, o tal vez simplemente no recordaba, a fin de cuentas es lo mismo, algo que tú me has comunicado.

Te lo agradezco por habérmelo entregado y *me felicito a mí misma* por haber estado abierta y receptiva y haberlo acogido y recibido.

Tú me has enseñado. Gracias.

Yo he aprendido. Me felicito.

Mi agradecimiento hacia ti y mi felicitación para conmigo trazan el indecible abrazo del reconocimiento y de la igualdad.

Gracias por lo que aprendiste y has compartido para que yo también lo sepa.

Este agradecimiento me hace mirar con una infinita gratitud lo que me entregas y que ya es mío, también.

Siento que todo el que me enseña, en la búsqueda del recuerdo de su propia sabiduría de alguna manera, me está diciendo:

"No me encumbres en un pedestal al que no quiero subir y en el que no quiero estar. Aunque lo que te pueda enseñar sea muy valioso para ti, aunque me sientas como tu maestro, no quiero verte por encima del hombro y no quiero que me sientas más alto, mejor ni diferente de ti.

Echémonos el brazo, igualemos nuestros hombros y caminemos juntos".

Fragmento del libro *La Vida Maestra* (2ª ed.)
(Desclée De Brouwer, 2001)

El arte de agradecer. La belleza del agradecimiento

No hay nada más honorable
que un corazón agradecido.
(Séneca)

La gratitud solía formar parte de la educación cívica y ciudadana. Se enseñaba a dar las gracias como una forma de cortesía y expresión de buenos modales. Sin embargo, se corría el riesgo de dar las gracias como mera manifestación de las buenas maneras o formas de cierto convencionalismo social.

El agradecimiento, sin embargo, es algo mucho más profundo.

Gratitud es *apreciar algo incondicionalmente*. Implica, por tanto, más allá de los modos, maneras y formas, *un apreciar lo que no está sujeto a ninguna condición externa*, un apreciar lo valioso, lo singular, lo auténtico y lo verdadero.

En cierto sentido podemos decir que es algo esencial y que, como todo lo se refiere a las esencias, tiene una peculiar fragancia.

El agradecimiento es una respuesta interior que desprende cuatro aromas: *reconocimiento, aprecio, respeto y veneración (reverencia).*

El primer aroma es el reconocimiento.

Sólo agradezco a quien reconozco.

Reconocer es *una especie de doble conocimiento*, un conocimiento más profundo que nos aproxima a la verdad y autenticidad de las cosas y de las personas.

La sociedad sigue sin reconocer, de verdad, el verdadero alcance de lo que es y representa la labor de un maestro. Es un modo de decir que sigue sin acceder a la conciencia profunda de la relevancia y significatividad de su tarea. De hecho, se dice que la acción de reconocer sirve para saber el contenido de algo y, de esa manera, examinar más profunda o detalladamente esa cosa en particular.

Expresado de manera negativa, podría afirmarse que *el no reconocimiento de los maestros* pone de manifiesto una visión y una vivencia muy limitada, muy parcial y muy superficial del magisterio, de la docencia y de la educación.

A veces, son los mismos maestros y maestras los que no se reconocen a sí mismos, cuando carecen de una mirada y conciencia de más largo alcance que la habitual y se limitan a ver su magisterio como una profesión más o a reconocer en ella un servicio público como otros muchos.

José Antonio Marina participó en los actos conmemorativos del Homenaje al Maestro del año 2008 con un texto, que es un auténtico himno a este reconocimiento al que me estoy refiriendo.

Un texto que pretendía sensibilizar a la sociedad española sobre la importancia decisiva de la labor de los docentes y sobre la necesidad de que esta tarea sea reconocida, valorada y apoyada por el conjunto de la sociedad. Una sensibilización que giraba en torno a esta idea fundamental:

> *Todos tenemos alguien a quien agradecer lo que somos.*
>
> *De los recuerdos de nuestra infancia emerge siempre la clara figura de una maestra o de un maestro, con quien tenemos pendiente una deuda de gratitud.*

Suele ocurrir que tardamos mucho en darnos cuenta de su influencia benefactora, y para entonces aquellas personas que sirvieron de puente entre la familia y la sociedad, que suavizaron el desamparo de los primeros días de escuela y nos llevaron de la mano por los laberintos del abecedario y la cultura habrán desaparecido ya de nuestras vidas.

Un homenaje al maestro puede servir para pagar esta deuda de gratitud. Es por ello un acto de justicia poética.

Pero también es un acto de justicia real, porque tiene que servir para llamar la atención de la sociedad hacia una profesión que, por esa inversión de prestigios que desdichadamente sufrimos, pasa inadvertida o menospreciada.

Otras admiraciones más espectaculares nos hacen ser mezquinos al valorar a las personas que nos enseñaron las primeras letras, que nos obligaron, con una conmovedora paciencia, a dominar nuestra atención, tan propensa a irse por las nubes, para fijarla en el encerado o en el cuaderno.

Para el niño, ellos son los máximos representantes de la cultura, y, para todos, los grandes funcionarios de la Humanidad. Supieron hacernos pasar de un mundo de afectos privados a un mundo de afectos sociales, y nos convirtieron en pequeños ciudadanos, al enseñarnos las normas compartidas.

El maestro necesita autoridad para poder ejercer bien su cometido, y esa autoridad sólo puede recibirla de un generoso y constante apoyo social.

Un homenaje al maestro se convierte así en una eficaz colaboración pedagógica. Y también en una demostración de inteligencia ciudadana.

La sabiduría de una sociedad, su estatura ética, se demuestra en los modos de conferir prestigios o distinciones. Cuando esos reconocimientos se dan a quienes no los merecen, o dejan de darse a quien los merecía, se produce una corrupción social, un empequeñecimiento que a todos nos empequeñece.

Al homenajear al maestro estamos ennobleciendo el espacio de nuestra convivencia.

A los adultos nos invade muchas veces el desaliento ante el futuro y un cierto cansancio de lo porvenir. Entonces deberíamos recordar la figura del maestro, que es el profesional de la esperanza, el incansable, humilde y magnífico cuidador del futuro.

Con la misma tenacidad con que el árbol florece en primavera, él volverá a enseñar que dos por dos son cuatro.

Nos convendría a todos regresar por un momento a ese ámbito animoso y cordial. Este homenaje puede servir también para reavivar nuestra esperanza.

Cuando las familias, cuando toda una sociedad llegan a reconocer el ser y el hacer del maestro en un gesto de profundo y sincero agradecimiento, nos percatamos de una tremenda evolución en la conciencia personal y colectiva. Y eso es, sin duda, motivo para la esperanza y aliento para reavivar nuestro entusiasmo.

Se refería Marina al agradecimiento al maestro como *un gesto de justicia real y poética.*

Ciertamente, el valor del reconocimiento es el valor de ser justo con otros, en este caso con los maestros y, también, con nosotros mismos para atribuirle los logros y méritos que se merece.

El reconocimiento es un modo peculiar de vincularnos con otra persona, es un ofrecerle lo que realmente se ha ganado, y un devolverle parte de lo que ya previamente hemos recibido de ella.

Reconocer a un maestro es amar lo que representa, y un modo de valorar, en el otro, lo que es realmente valioso para uno mismo.

El segundo aroma es el aprecio.

A-precio algo cuando no le pongo ningún precio. Hoy no es nada raro ni infrecuente confundir precio con valor.

Decía Elbert Hubbard que "uno no sería capaz de apreciar las cosas que no puede tener si tiene cosas que no es capaz de apreciar". No podemos anhelar una educación mejor ni podemos soñar con otra pedagogía, si no somos capaces de valorar y apreciar lo que ya es una realidad, aunque sólo lo sea a manera de esbozo, de semilla o de inicio.

> *—El agradecimiento revela, pone al descubierto nuestro mundo valórico.*

Aquello que agradecemos y aquello que dejamos de agradecer muestran a qué le damos valor, revelando lo que para nosotros es importante. Simplemente porque *uno siempre agradece aquello que considera valioso.*

El agradecimiento lleva consigo, en tercer lugar, **el** *respeto.*

La palabra proviene del latín *respectus* y originalmente significaba *mirar de nuevo.* Este matiz es sumamente interesante porque nos invita a considerar que *algo que merezca una segunda mirada, todo aquello que nos renueve, se hace digno de respeto.*

Dicho de otra manera: tenderemos a agradecer aquello que ahonde nuestra mirada, aquello que no se quede en lo inmediato, en lo fugaz, ni en lo banal o superficial.

Agradecemos lo que respetamos, es decir, aquello que capta nuestra atención y merece toda nuestra consideración e interés.

El respeto implica claridad para ver los espacios de cada cual, y no invadir los espacios del otro. Esto, es fundamental tenerlo claro porque, es decisivo para unas buenas relaciones y para una sana y constructiva colaboración entre las familias y el profesorado.

Ese respeto sólo puede darse verdaderamente en los espacios compartidos de responsabilidad y de trabajo y en un ámbito de auténtica comunión familia-escuela.

La cuarta fragancia es *el aroma de la veneración.*

El concepto, que procede del término latino *veneratio* y significa *respetar al máximo a algo o a alguien*, suele utilizarse en el ámbito de lo religioso como sinónimo de *rendir culto.*

La veneración de la familia hacia el maestro tiene algo de religioso en el sentido etimológico y profundo de la palabra.

Suele decirse que la palabra religión deriva del verbo latino *religare.* Este sentido de la palabra resalta la relación de dependencia que religa al hombre con las potencias superiores, de las cuales él se puede llegar a sentir dependiente, y que le lleva a tributarles actos de culto.

El maestro religa al alumno con lo Superior de sí mismo, es decir, con su Naturaleza más profunda, esencial y auténtica.

Hay, sin embargo, una segunda etimología o raíz de la palabra que es menos conocida. Cicerón la explica con estas palabras: "Quienes se interesan en todas las cosas relacionadas con el culto, las retoman atentamente y como que las releen, son llamados *religiosos*, a partir de la relectura".

Esta etimología, a partir de la palabra latina *re-legere* (re-leer) es, tal vez, filológicamente más correcta y subraya la fidelidad a los deberes que la persona religiosa contrae con la divinidad y por tanto está más relacionada con la justicia.

Ortega y Gasset aporta, al respecto, unos matices muy interesantes y clarificadores: "Cuando el hombre cree en algo, cuando algo le es incuestionable realidad, se hace religioso de ello. «Religio» no viene, como suele decirse, de «religare», de estar atado el hombre a Dios. Como tantas veces, es el adjetivo quien nos conserva la significación original del sustantivo, y «religiosus» quería decir 'escrupuloso'; por tanto, el que no se comporta a la ligera, sino cuidadosamente. Lo contrario de religión es negligencia, descuido, desentenderse, abandonarse. Frente a «relego» está «nec-lego»; religente (religiosus) se opone a negligente".

Es decir, hay una veneración al maestro que no es sino el agradecimiento por la escrupulosidad de su trabajo y de su conducta, y por su atención, cuidado y entrega.

La veneración de la familia hacia el maestro no es tanto un *rendirle culto* cuanto un *rendirse ante su cultura, ante su sabiduría*. Podemos hablar, por tanto, de una dimensión religiosa del maestro relacionada con el releer, con su formación y cultura y, en definitiva, con su preparación.

Este aspecto debería ser abordado y tenido en cuenta en los procesos de formación iniciales de los futuros maestros y maestras.

La familia no sólo considera y agradece el nivel formativo y de conocimientos de una maestra, sus habilidades técnicas y sus destrezas procedimentales y metodológicas. También valora y agradece, de manera muy especial, sus actitudes y valores, su carácter, así como los modos y maneras con los que conduce su conducta y sus comportamientos.

Todo ello, insisto, ha de estar presente en los programas de formación inicial o previa de los maestros y, también, en la formación continua que ha de acompañar el ejercicio de su docencia.

Ya aparecen aquí, por tanto, envueltos en el aroma de la veneración, dos aspectos esenciales en el maestro y que son dignos de agradecimiento: por un lado, su nivel de formación, su cultura, su saber y destrezas técnicas, es decir, su saber hacer y, por otro lado, su nivel de conciencia, su ser, su presencia, su talante, sus actitudes y sus valores.

La veneración es una reverencia del corazón.

La veneración es una reverencia del corazón.

Una veneración que podría escenificarse cada año, en el inicio del curso escolar.

La gratitud es una de las emociones, sentimientos o virtudes más valiosas e importantes. Es mucho más que una cualidad o una emoción agradable.

Ciertamente, hoy podemos ya referirnos a los beneficios científicamente probados de la gratitud.

Un pequeño agradecimiento puede obrar un gran cambio.

La gratitud obra en nosotros como una medicina. Numerosos trabajos científicos así lo demuestran. La gratitud, como medicina, siempre va a estar disponible en el enorme dispensario de nuestro Corazón.

El agradecimiento es, también, fuente y motor de bienestar para quien la cultiva y para quien es objeto de ella. Uno siempre se colma, se llena, de eso que da. Por eso, cuando yo agradezco soy el primero en beneficiarme de la gracia del agradecimiento.

La gratitud es, además, un valor clave de la psicología positiva. Se la considera como una de las más impactantes intervenciones de dicha psicología.

Cuando cultivamos la gratitud, cambiamos la forma en que sentimos y esto, a su vez, cambia la forma en que actuamos y, por lo tanto, los resultados.

Cuanto más agradecidos seamos, mejor será nuestra vida.

La gratitud te recarga de energía, aumenta tu autoestima y está directamente relacionada con el bienestar físico y mental. Es un buen antídoto contra la ira, la envidia y el resentimiento y contribuye a mejorar las relaciones humanas.

Al dar las gracias colocamos el *foco en lo positivo*, nos focalizamos en lo bueno.

Como reiteraremos en infinidad de ocasiones, a lo largo de todo el libro, uno está donde está su conciencia. Cuando mi conciencia está en la gratitud, me sitúo en un estado que es incompatible con lo negativo.

No puedo sentir ninguna emoción negativa mientras agradezco algo.

No se puede estar agradecido y sentirse uno infeliz.

No puedo sentir inquietud, rabia, resentimiento..., si me instalo en el agradecimiento.

El agradecimiento me instala, a su vez, en el latido del *dar* y en el ámbito de la acción, del movimiento. El agradecimiento es algo que hago yo, que doy yo.

El agradecimiento se presenta, por tanto, como posibilidad de autorrealización. Cada vez que agradecemos algo, estamos desarrollando esa semillita de la bondad que siempre está ahí, aguardándonos dentro, y dispuesta a florecer en cada gracias que ofrecemos.

El agradecimiento transforma la queja en corresponsabilidad (habilidad para responder conjuntamente). Es lo que transforma el estar a codazos o enfrentados, en estar codo con codo, es decir, uniendo nuestras fuerzas y compartiendo proyectos, tareas y compromisos.

> *—La gratitud muestra la grandeza, la nobleza y la humildad de quien agradece.*

Cuando soy agradecido, experimento alegría y me siento afortunado. Cada vez que agradezco algo a alguien me siento conectado con la Vida. Cada agradecimiento nos instala en una profunda y peculiar sintonía y conexión con la Vida.

Es, sin duda, una de las actitudes y de los valores que más nos embellecen.

Así lo expresan y muestran las fotos de Emasuro Emoto, a propósito de sus investigaciones sobre la memoria y la estructura molecular del agua.

Lo que más me llamó la atención de sus estudios es que una de las imágenes más hermosas, que refleja la estructura del agua, es cuando escuchamos la palabra gracias, es decir, cuando la persona vibra con la energía del agradecimiento.

—¿Eres plenamente consciente de por qué te sientes realmente agradecido?

Si no te has planteado nunca esa cuestión, si no te has formulado la pregunta, tal vez ahora puede ser un buen momento. Y si no es ahora, busca esa ocasión en la que puedas dejar anotado por escrito o grabar en un mensaje de voz todas esas cosas por las que te sientes agradecida.

Tenemos un reto como educadores. Los sociólogos bautizan determinadas generaciones para calificarlas y describirlas. Así, se ha escrito sobre la generación ni-ni (ni estudian ni trabajan) o sobre las generaciones X, Y o Z (en función de la década de su nacimiento y del impacto en ellas de las nuevas condiciones socioculturales, de las nuevas tecnologías y de las redes sociales de comunicación). Incluso se ha comenzado a hablar de la generación Alfa, la primera generación nacida completamente en el siglo XXI **y** que, por lo tanto, representa el comienzo de algo nuevo.

Hay, incluso, quien ha señalado la necesidad de ir configurando lo que podría llamarse la generación G, es decir, una generación educada y que cultiva y desarrolla una clara conciencia de generosidad y gratitud.

Como muestran diversas investigaciones, los chicos y chicas, educados en la gratitud, tienen una mayor autodisciplina y consiguen establecer relaciones sociales más plenas y efectivas.

Sólo familias agradecidas a los maestros y estos, a su vez, profundamente agradecidos a las familias, podrán ir dando a luz a esta generación G, a un colectivo de niños y jóvenes que se den cuenta y sean plenamente conscientes del poder transformador de la gratitud.

1

Por tu manera de entender y vivir el trabajo

Porque en cada uno de tus trabajos sientes el gozo de ser una expresión del Amor.

Querido maestro de mi hijo, hay personas que, como tú, viven su quehacer profesional como un impresionante gesto de darse. En tu labor pedagógica cotidiana, no te desgastas en el día a día, sino que te renuevas y recreas; no menguas, sino que te sientes crecer en cada cosa que haces y no te quemas, sino que te enciendes en cada labor que realizas.

La tarea de un maestro es semejante a la labor de sembrar. De hecho, la alegría de todo educador no es otra que la alegría de la siembra. Una alegría que brota en el maestro cuando no se ciega con los resultados, sino que se entrega, enamorado, a los procesos.

Agradezco que seas el maestro de mi hijo porque, para ti, cada tarea no es una meta que conseguir sino un horizonte al que dirigirse, y cada trabajo una especie de tierra prometida hacia la que te encaminas.

Cada gesto pedagógico puede entenderse y vivirse como una semilla que se siembra en cada niño o niña, surcos fértiles de la Vida. El maestro puede saborear con los labios, en esta labor de siembra, un fruto incierto, pero que ya, desde un principio, decora y alimenta sus adentros.

Educar es, en cierto modo, una especie de cosecha que nunca se pierde porque ya hay fruto en la sencilla, humilde y profunda acción de sembrar.

Verdaderamente es la Vida misma, que sostiene el desarrollo de toda criatura, quien otorga todo crecimiento, pero no es menos cierto que la energía y el espíritu del sembrador susurra silenciosamente en el suave mecerse y en el paciente florecer de todo lo sembrado.

En esto radica la tremenda generosidad, magnanimidad y esplendidez de cualquier tarea educativa: un maestro trabaja para la Vida sembrando en sus alumnos, pero es ella la que, en su momento, recogerá los frutos de dicho trabajo.

El trabajo del maestro vocacional dota a su vida de densidad, sentido y belleza y la hace más consistente y fecunda.

Para ello, es preciso procurar que la acción no degenere en *agitación*, ni sus actos en un activismo que termine ahogando ese hálito de vida, de alegría y de entusiasmo que han de impregnar todas y cada una de sus tareas y actuaciones.

La verdadera acción transformadora es uno mismo, cuando nuestros trabajos no hacen sino anunciar y dar testimonio de que es posible *ser, vivir y hacer de otra manera*, con una labor llena de amor, creatividad y entrega.

Es entonces cuando un maestro puede encontrar y reconocer lo mejor de sí mismo en el trabajo que realiza. Un trabajo que, en cierto modo, se vive como expresión visible de algo sublime y sagrado.

Un maestro de Corazón habla y se expresa a través de las cuerdas sonoras de todo cuanto hace, con la conciencia de que, lo que realiza cada día en la escuela, lo hace para embellecer y mejorar el mundo.

El trabajo de un maestro es más una presencia que siempre es elocuente que una actividad, es más una entrega que una obligación, y traza ese puente a través del cual se transita desde la necesidad a la generosidad, desde la prisa a la paz y desde la ansiedad a la esperanza.

Agradezco que seas el maestro de mi hijo porque tu nivel de conciencia impide que tu trabajo sea el espasmo de un ego desempoderado y que necesita reafirmarse. No permites así que tus actuaciones divaguen y se pierdan por los intrincados laberintos del estrés, lo subconsciente o la desgana.

Tu trabajo, incluso la más pequeña y anónima de tus tareas, aun careciendo de espectacularidad, es siempre algo revolucionario porque no afecta y transforma la superficie, sino el corazón profundo de todo aquello a lo que toca con sus delicados dedos.

Es la tuya una tarea que, cargada de suavidad y ternura, realizas con determinación y energía, sembrando aquello que quieres recoger.

Por eso tu labor nunca es infructuosa o inútil, sino que va cargada de esa impresionante belleza que radica, precisamente, en que, al trabajar, no estás sino movilizando y desplegando lo mejor de ti mismo.

No es el trabajo en sí lo que alcanza y termina afectando a los niños, sino la vibración de ese trabajo, es decir, la energía con la que surge, se ejecuta y resuena aquello que se hace.

Cuando el soporte material no visible de nuestro trabajo visible es una vibración superior, de alta frecuencia y luminosidad, nuestra labor late con el pulso de la armonía.

Un maestro, que asienta el desempeño de su trabajo en una actitud vital de coherencia, entrega y compromiso, es un disolvente de conflictos, un reconstructor de armonías y un generador de belleza.

Los trabajos más transformadores suelen ser los más silenciosos y discretos, y siempre operan en el *adentro* de la realidad, no en su silueta o sus formas más epidérmicas y superficiales. Es por tanto algo que se hace poco a poco, poco a poco.

Por eso, educar es una tarea que lleva y requiere mucho tiempo. Todos y cada uno de los elementos o dimensiones que conforman el ser de cada niño, han de ser recuperados, transformados y redimidos... desde dentro.

Agradezco que seas el maestro de mi hijo porque nos has mostrado como, a la hora de entender y vivir nuestra tarea como educadores, es posible pasar de la insoportable levedad del agobio a la soportable gravedad de la dedicación y la entrega.

En una de las tutorías con las familias nos invitaste a reflexionar y a tomar conciencia del por qué nos agobiamos con los niños y qué sentimos, cuando terminamos abrumados y abatidos en el desempeño o ejercicio de nuestra labor educativa como padres.

El trabajo con los niños puede terminar siendo, para los adultos, una carga que se hace insoportable y llegar a convertirse en fuente de ansiedad y sufrimiento. Fatiga y cansancio dejan de ser meros componentes o consecuencias del trabajo, para convertirse en su semblante más visible y en su rasgo más sobresaliente. Es entonces cuando nos cuesta trabajo trabajar, es entonces cuando nos resulta costoso y penoso el educar, viviéndolo como algo doloroso y desagradable o como algo que nos agobia.

Ese agobio puede aparecer como la manifestación corporal y emocional de una crispación mental, producida por el deseo de estar haciendo otra cosa distinta de aquello que se está haciendo o viviendo en el momento presente.

Podemos agobiarnos por sobreactuación, por acumulación o por un exceso de peso de aquella carga que la vida nos exige llevar en un momento dado.

Sin embargo, no podemos hacer desaparecer el agobio a base de esfuerzo: no sería sino una tarea más, una obligación más, un kilo de más; el agobio se disipa, como la niebla en la mañana, con un sencillo acto de visión (cuando alcanzamos a ver su inconsistencia y su carácter ilusorio e irreal) y de entrega (cuando somos capaces de abandonarnos por entero a la vivencia sencilla y simple de cada momento presente).

Agobio y estrés van de la mano, se hermanan y, cuando se funden en un solo estado anímico, nos funden, nos agotan y terminan hundiéndonos en el fango del agotamiento.

Con tu juego habitual de palabras nos has desvelado los tres tipos de *es-trés* que acechan de continuo nuestra labor educativa.

El primero, al que reconoces como un *estrés natural*, lo has rebautizado como *del ataque del tigre.* Es ese estrés biológico, fruto del mecanismo de defensa que se produce en el cuerpo, como consecuencia de la segregación de adrenalina ante una situación de emergencia o peligro, como, por ejemplo, ante la acometida o agresión de un tigre o cualquier otro animal peligroso. Esa adrenalina activa y prepara al cuerpo para la defensa o huida y se quema en los movimientos intensos que generan una situación excepcional y de riesgo.

El problema se plantea cuando empezamos ver tigres ilusorios a cada momento, cuando segregamos adrenalina que luego no se consume, sino que se acumula y nos consume en una vida, al mismo tiempo, agitada y sedentaria.

Es decir, seguimos activando el mismo mecanismo biológico de estrés en contextos sociales y vitales, que nada tienen que ver con los peligros y amenazas de nuestros antepasados más lejanos.

Supongo que, como madre, mi hijo me estresa, igual que puede ocurrirle al maestro con su alumno, cuando lo miro como una fiera o como un problema. Es, por tanto, un estrés que tiene muchísimo que ver con nuestra manera de ver, acoger y afrontar las conductas de los niños y, en general, cualquier situación que la vida pueda presentarnos.

El segundo tipo de estrés lo explicas dibujando una línea horizontal en la pizarra, al tratarse de un estrés espacial, de corte horizontal y que es provocado por la cantidad excesiva de actividades y tareas que se han de realizar.

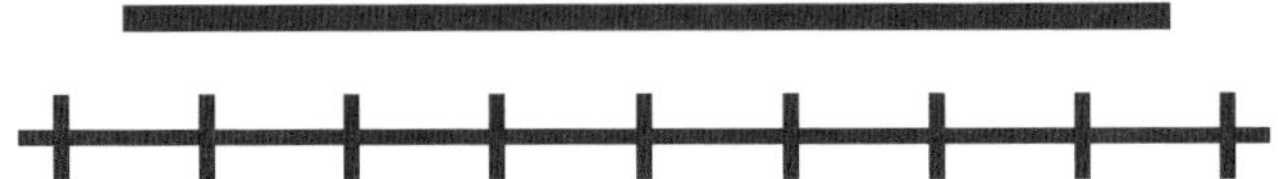

Por eso, nos convocas a que, del mismo modo como tú procuras como maestro simplificar, reducir, seleccionar y quedarte con lo esencial, también en las familias hay que rebajar la cantidad de cosas a hacer, aligerar y disminuir el exceso de quehaceres, tareas y obligaciones. Nos recuerdas, una y otra vez, que, en educación, muchas veces, *menos es más.*

Este estrés horizontal puede ser la consecuencia lógica de la cantidad de exigencias y demandas que se nos sugieren o nos imponen desde fuera, pero también hay que estar atentos a que no sea sino una de las manifestaciones de lo que denominas el síndrome del aspirante a director general del Universo.

Como padres y como maestros podemos sucumbir al exceso, a pensar que si nos paramos el mundo se detiene, a creer que somos imprescindibles y que todo tiene que pasar por nuestras manos y estar bajo nuestro control.

Entonces, la acción de nuestro trabajo degenera en activismo, en un quehacer desenfrenado que es más un mecanismo compensatorio, un modo de rellenar el propio vacío o una buena manera de estar ocupado para así no tener tiempo para vérnoslas con nosotros mismos, cara a cara.

Este estrés nos debilita y hace que buena parte de la energía se diluya, se malgaste o se pierda, en el transitar de una cosa a otra, de un lugar a otro, donde llegamos, finalmente, sin voltaje, sin capacidad transformadora, sin poder dar calambre, sin transmitir corriente alguna ni hacer vibrar con eso que hacemos.

El tercer tipo de estrés lo explicas dibujando una línea vertical en la pizarra, al tratarse de un estrés temporal, de corte vertical y que es provocado, no tanto por la cantidad de actividades a realizar, cuanto por el ritmo con el que vivimos cada actividad o tarea.

Nos has advertido que es el más sutil de todos, ya que procede de nuestra visión ilusoria del tiempo y de una vivencia inadecuada del mismo, pero que desaparece cuando nuestra conciencia profunda se baña de eternidad, como resultado de una más justa comprensión y vivencia del tiempo que vivimos. De ahí esa invitación permanente a que nuestra acción educadora sea un hacer sin prisas, pero con prontitud y diligencia.

La labor educativa es algo pesado porque está llena de sentido y de trabajo, y es, por tanto, una de las tareas más densas y ricas que uno puede realizar. Ese peso no es un obstáculo para vivir sino su propia posibilidad: sólo es verdaderamente educativa una labor que pesa. Sencillamente porque, inevitablemente, somos gravemente pesados.

Los maestros, como los padres, no han de cargar por inercia sino por vocación, con el peso o gravedad de su labor. Toda carga se hará soportable y llevadera si se termina asumiendo que sólo aquello que es necesario tiene peso y que sólo lo que tiene peso merece la pena y es valioso.

En una de las tutorías, escribiste en la pizarra una frase que nos tuvo ocupados prácticamente toda la reunión y que a mí, personalmente, me hizo replantearme la manera de vivir mi trabajo como madre: Educar no consiste en *cargar* con los niños, sino en *hacernos cargo* de ellos.

Y junto a la frase, colocaste la imagen de Sísifo, ese personaje de la mitología griega, que fue condenado por los dioses a subir una piedra de un peso enorme a la cima de una montaña y que, cada vez que estaba a punto de alcanzar la cumbre, la piedra se caía y tenía que volver a comenzar de nuevo.

Sísifo ha sido el mito utilizado para representar el esfuerzo inútil, la tarea abocada al fracaso, el quehacer sin sentido.

Padres y maestros somos como modernos Sísifos, pero que no cargamos esa piedra que simboliza nuestra responsabilidad educadora movidos por el castigo, sino por un amor enorme a la carga o tarea.

A pesar del esfuerzo, somos capaces, como Sísifo, de emocionarnos cada atardecer o cuando llega la noche, en ese momento en el que podemos, por fin, descansar de nuestros trabajos y obligaciones.

Nos ayudaste a comprender que el esfuerzo no es pasión inútil y que lo único inútil es una existencia y una educación que carecen de pasión por nada.

Terminamos aquella tutoría con una afirmación que sobrecogió nuestros corazones:

> *Ese* ***peso*** *que puede representar a cada niño o niña de mi clase, a cada uno de vuestros hijos o hijas, no es una carga para mí, sino algo de lo que puedo hacerme cargo. Cada nuevo día de cole es como un reemprender, una vez más, la subida de la piedra a la cima, y os aseguro que mi oportunidad básica y mi libertad más esencial y profunda no radican en soltar la piedra, sino en la actitud con la que sobrellevo su peso y en mi disposición a empezar, otra vez y en cada momento, a subir de nuevo.*

Agradezco que seas el maestro de mi hijo porque no vives tu trabajo como una obligación, es decir, como algo impuesto o como una simple exigencia externa, sino como *ob-ligación,* es decir, como algo a lo que te ligas, te vinculas y te comprometes de manera consciente e íntima. Uno se liga y se vincula a un determinado trabajo cuando es algo que responde a sus propias capacidades y preferencias o a una decidida vocación.

En efecto, cada día, podemos comprobar cómo tu trabajo cotidiano no responde a una imposición laboral o a un mero ejercicio profesional, sino a una vocación, a una demanda interna. Tu hacer es una expresión necesaria, inevitable y gozosa de tu Ser.

Dicen que los padres se sacrifican por sus hijos. Y así es. Pero no es menos cierto que podemos comprobar que en tu quehacer diario, tú también te sacrificas por nuestros hijos, porque para ti el magisterio es un *sacrum oficium,* un oficio sagrado.

El sacrificio solo tiene sentido cuando no es una renuncia sino una afirmación, ya que, al sacrificarnos por algo valioso, no nos vemos privados de nada, sino que, por el contrario, nos llenamos de eso que entregamos.

Cuando el trabajo es realizado en modo sacrificio, atendiendo a su etimología, es decir, como sagrado oficio y no por deber ni por ningún imperativo moral o ideológico, sino como espontánea y gratuita expresión de nuestro Ser, nunca nos mengua, sino que siempre nos colma.

Cuando uno se entrega amorosamente a una labor que, sin dejar de se un desempeño profesional, se vive como algo sagrado, no experimenta sensación alguna de esfuerzo porque no hay tensión, sino goce y no hay desgaste, sino recarga.

Tu generosidad y entrega, a la hora de trabajar, se derraman cada día sobre nuestros hijos como una copa rebosante y, por eso, podemos, también los padres, acceder y beber de ella.

Hace unos días, en la puerta del colegio, una de las madres de la clase exclamó:

—*"¡Trabaja como los ángeles!"*.

En ese instante, por unos momentos, me puse a pensar y sentir cómo sería un ángel por dentro y cómo desarrollaría yo mi labor de madre, si fuese un ser de naturaleza o condición angelical. Desde entonces, procuro mirar a mi hijo como un ángel, acariciarlo, hablarle y escucharle como un ángel y atenderle como lo haría un ángel.

Me he dado cuenta de que hay muchos ángeles actuando entre nosotros, con nosotros. Y, cuando miro al maestro de mi hijo, me doy cuenta de lo fácil que puede ser reconocerlos: no llevan alas en la espalda sino en el corazón; no vuelan, sino que hacen que toda realidad terrena se eleve, se dignifique y mejore; no se jactan ni presumen; actúan sin prisas, pero con prontitud; intervienen a tiempo, pero sin precipitación; proceden con determinación y fuerza, pero sin violencia, y sus labios dibujan en sus caras la línea curva de la sonrisa.

Trabajar como los ángeles, es una manera de llamar a ese modo de actuar en la escuela desde la dedicación, la paciencia, la perseverancia, la voluntad, la autodisciplina, el autodominio y una entrega sin reservas.

La disciplina en todo trabajo es fundamental, pero no aquella que es fruto de la rigidez y el esfuerzo sino esa que brota, más bien, del silencio, la paz y la alegría del Fondo.

En tu trabajo como maestro no podemos ver sino una inmensa y continua *obra de amor*.

Reconocemos que trabajas con amor porque impregnas todas las cosas que haces con el aliento de tus mejores esencias y las alimentas con el fuego de tu entusiasmo. Y sabemos, porque así nos lo has hecho entender, que la ofrenda de tu trabajo es, en el fondo, una acción de gracias a las familias que te entregan, cada mañana, lo que más aman.

El trabajo que realizas cada día con mi hijo es tu himno, tu ofrenda, tu tarea, tu misión, tu destino, tu necesidad y tu regalo. Y por todo ello te digo, una vez más: gracias.

En tu trabajo, eres como una flauta por la que discurre una respiración, un aire, que llega a los niños como una melodía. Eres capaz de transformar en música el susurro y el rumor del transcurrir de las horas mientras trabajas.

Cuando trabajas con nuestros hijos eres como una flor y, a través de la fragancia que derramas en lo que haces, se transforma en gozo el aroma de cada minuto.

Al amar tu trabajo, estás expresando el amor a nuestros hijos y estás, en realidad, mostrando tu amor y entrega a la Vida.

Y el amor a la Vida por medio del trabajo es, como dijo el poeta Gibrán, intimar con su secreto más hondo. Con tu labor diaria con nuestros hijos, nos muestras que amar el trabajo es un modo de amar y honrar la Vida.

Sin amor, el trabajo de un maestro deviene en algo vacío. El trabajo es un amor que se hace tangible, un gesto del amor que se hace visible en aquello que hacemos.

Al trabajar con amor, no hacemos sino impregnar, con los latidos de nuestro corazón, con lo mejor de uno mismo, todo aquello que hacemos. A su vez, lo que hacemos nos impregnará de su propio espíritu y es así como podemos experimentar que haciendo, nos hacemos y trabajando, nos trabajamos.

Trabajar con amor es realizarnos en aquello que realizamos. No es otra cosa que dejar que nuestro espíritu dance con alegría y se recree en la tarea a la que nos entregamos.

—Amigo mío, para hacer bien una cosa hay que amarla.

Esta es otra de las frases mágicas que decoran cada aula que pisas. Porque de eso se trata, de amar el trabajo y de que el trabajo sea fruto de nuestro amor.

El trabajo puede vivirse como latido de un *co-razón* enamorado de aquello que hace y a lo que se entrega en cuerpo y alma.

A diario, pones de manifiesto que el trabajo en la escuela puede llegar a sostenerse no en esfuerzos, sino en pasiones: la pasión por leer, por escribir y por conocer cosas del mundo o de nuestro universo interior.

Tal vez muchas familias no sean plenamente conscientes de que, uno de los mayores obstáculos, con los que los maestros de sus hijos se encuentran, a la hora de un óptimo desempeño de su trabajo, y una seria dificultad para vivir dicho trabajo como una obra o acción amorosa, es la burocracia. Yo sí. Cada vez más, en los más diversos sectores profesionales, y muy especialmente en las escuelas, el papeleo se está volviendo omnipresente, sin ser precisamente un presente o regalo, sino más bien todo lo contrario.

> *¡Menos mal que en la familia no tenemos que preparar programas ni elaborar informes! Lo único que nos faltaba ya era el tener que ir registrando lo que nos va aconteciendo en casa, en el día a día.*

Para muchos maestros la burocracia es una enorme carga, un peso que los aplasta y los agota. Sospecho que la administración, queriendo controlar y fiscalizar a los maestros que no trabajan, asfixia y ahoga a los que sí trabajan.

La burocratización de la escuela, es decir, ese papeleo sin corazón, convierte al maestro mago en simple funcionario burócrata, que vive sus actos como acciones sin sentido (es decir, sin dirección, sin norte) y como algo repetitivo, monótono y rutinario que, sólo se alimenta, como el farolero del Principito, del propio desencanto y de la desidia ajena.

Sin Corazón, es decir, sin el latido de la pasión y de la entrega amorosa a aquello que se hace, el maestro deviene en funcionario que sólo tiene tareas que cumplir, sin propósito ni horizonte, que todo lo que hace es *más de lo mismo* y, que termina configurando y viviendo su lugar de trabajo como espacio profano y sin significado.

Sin Corazón, todo degenera: los desafíos en meras tareas, los horizontes en objetivos operativos, la aventura en procedimientos o metodología, las experiencias en técnicas y las vivencias en actividades.

El exceso de una burocracia absurda y básicamente controladora y fiscalizadora, suele traer consigo una merma en la entrega a los encuentros humanos, en aras del papeleo.

Por eso, agradezco que seas de los últimos en elaborar y entregar *los papeles*, no por desidia o procrastinación sino, porque tu tiempo y tus mejores energías los dedicas a las personas, a las relaciones, a la escucha, a la observación atenta o a la reflexión y no a los papeles, a las estadísticas o porcentajes ni a los informes.

A los maestros y maestras vocacionales, en general, no les atraen ni quieren hacer ese tipo de tareas, pero no por no hacerlas, sino porque les distraen de lo que esencial. No es que no quieran trabajar, es que quieren trabajar en algo útil, provechoso y que repercuta, de algún modo, sobre uno mismo y sobre las personas con las que se trabaja.

Agradezco que, tal y como tú mismo lo has expresado, te reconozcas como un *funcionario de la Vida*. Y que, como tal, sea en el altar de la Vida donde, cada día, realizas la ofrenda de su vocación y entrega.

Al contemplar tu trabajo, hemos podido comprobar que, cuando las cosas te salen bien, las celebras y las honras, recreándolas de nuevo y viviéndolas como nuevas, cada vez que las vuelves a hacer. Y que, cuando te salen mal, las acoges como una llamada a la revisión, a la toma de conciencia y a no quedar anclado en la desesperación o en la queja.

Presidiendo la pared frontal de la clase, sueles colocar una de esas frases mágicas que ayudan a ver y vivir el trabajo de una manera sana y sabia: *Siempre puedo empezar de nuevo.*

Una frase que, nos predispone y nos lanza a recobrar fuerzas para reemprender de nuevo el camino, con la tremenda sabiduría que proporcionan los errores que se acogen, se abrazan y se despiden ante un nuevo intento.

Las 5 palabras de la frase obran la magia de ver y acoger los fallos y los errores de otra manera: comprenderlos y vivirlos como esos puentes que median entre la inexperiencia y la sabiduría. Un error, en el desempeño de nuestro trabajo, ya no es visto como el final de un proceso en forma de fracaso, sino como el principio de un nuevo camino que se abre a modo de posibilidad y reto.

Hace tan solo unos días, no pude evitar escuchar una conversación entre varias maestras. Una de ellas decía que, cada vez, le resultaba más difícil y le era menos gratificante su trabajo con los niños. Se desahogaba y se lamentaba, al mismo tiempo, del estado lamentable de desestructuración, dispersión, indisciplina y falta de motivación que podía observar en muchos de sus alumnos. Coincidían las demás en la constatación de un hecho del que se iban comentando diversas conclusiones e implicaciones: los niños ya no son los mismos de hace unos años y, el contexto social (su dinámica, sus valores y las pautas conductuales que se promueven) cambia vertiginosamente, siendo muy diferente al de hace tan sólo una década.

Y pensé: *pero en la escuela, en muchos casos, se sigue haciendo lo mismo y de la misma manera.*

Las tareas escolares y el trabajo en la escuela necesitan un replanteamiento, una reconsideración, para adaptarlas a las características concretas de los niños y niñas que están llamados a realizarlas y, que tenga en cuenta las necesidades de los maestros y maestras que han de impulsarlas y sostenerlas.

Recordé entonces el capítulo de El Principito dedicado al personaje del farolero y que leíste a las familias, en el inicio del curso, para explicitar el trabajo que ibas a realizar, cómo se iba a hacer y, sobre todo, el sentido y significado, el por qué y el para qué de tu trabajo y el de las tareas que ibas a plantear a nuestros hijos.

Creo que, a los educadores, padres y maestros, no nos vendría nada de mal releer, de vez en cuando, este episodio que relata el encuentro del Principito con el personaje del farolero, a quien encontró en el quinto planeta que visitó.

> *Cuando llegó al planeta saludó respetuosamente al farolero:*
>
> *—Buenos días. ¿Por qué acabas de apagar el farol?*
>
> *—Es la consigna –respondió el farolero–. Buenos días.*
>
> *—¿Qué es la consigna?*
>
> *—Apagar el farol. Buenas noches.*
>
> *Y volvió a encenderlo.*
>
> *—Pero, ¿por qué acabas de encenderlo?*
>
> *—Es la consigna –respondió el farolero.*
>
> *—No comprendo –dijo el principito.*
>
> *—No hay nada que comprender –dijo el farolero–. La consigna es la consigna. Buenos días.*
>
> *Y apagó el farol.*
>
> *Luego se enjugó la frente con un pañuelo a cuadros rojos.*
>
> *—Tengo un oficio terrible. Antes era razonable. Apagaba por la mañana y encendía por la noche. Tenía el resto del día para descansar, y el resto de la noche para dormir...*
>
> *—Y después de esa época, ¿la consigna cambió?*
>
> *—La consigna no ha cambiado –dijo el farolero. ¡Ahí está el drama! De año en año el planeta gira más rápido y la consigna no ha cambiado.*

—¿Entonces? –dijo el principito.

—Entonces, ahora que da una vuelta por minuto, no tengo un segundo de descanso. Enciendo y apago una vez por minuto.

—¡Qué raro! ¡En tu planeta los días duran un minuto!

—No es raro en absoluto –dijo el farolero–. Hace ya un mes que estamos hablando juntos.

—¿Un mes?

—Sí. Treinta minutos. ¡Treinta días! Buenas noches.

Y volvió a encender el farol.

El principito lo miró y le gustó el farolero que era tan fiel a la consigna. Quiso ayudar a su amigo:

—¿Sabes?, conozco un medio para que descanses cuando quieras...

—Siempre quiero –dijo el farolero.

—Pues se puede ser, a la vez, fiel y perezoso. Tu planeta es tan pequeño que puedes recorrerlo en tres zancadas. No tienes más que caminar bastante lentamente para quedar siempre al sol. Cuando quieras descansar caminarás... y el día durará tanto tiempo como quieras.

—Con eso no adelanto gran cosa –dijo el farolero. Lo que me gusta en la vida es dormir.

—Es no tener suerte –dijo el principito.

—Es no tener suerte –dijo el farolero. Buenos días.

—Y apagó el farol.

El Principito.
Antoine de Saint-Exupéry

Recuerdo que, al terminar de leer el texto, cerraste el libro, nos miraste a la cara y dijiste:

—¡Yo no quiero ser un farolero de la educación!

Y nos regalaste tu propia comprensión del breve relato que acababas de leer.

Destacaste el hecho de que el Principito no preguntara al farolero cuál era la consigna sino ¿qué es la consigna?

El Principito no se interesa por el tipo concreto de tarea, sino que quiere indagar acerca del sentido que tiene el trabajo para el farolero. Pero este no llega a entenderle, no conoce el sentido de su trabajo, sólo sabe que *la consigna es la consigna*. Quizá por eso su trabajo no le satisface y lo vive como una tragedia, como algo terrible.

La forma de vivir el trabajo por parte del maestro, al mismo tiempo que él mismo, la *sufren* los alumnos. Simplemente, por el hecho de que termina siendo y viviéndose como absurdo un trabajo educativo, que no estimula la iniciativa ni la creatividad de los implicados en él y, que tampoco proporciona la más mínima gratificación emotiva.

Una labor estrictamente académica y mecánica, desempeñada con una lógica tan estricta y perfecta como fría e inhumana, mina la belleza que ha de estar presente en toda acción educativa y priva a esta de su más profundo sentido y alcance.

Los educadores no pueden seguir, por más tiempo, desempeñando fielmente sus tareas, como meros funcionarios.

Si los niños han cambiado y las circunstancias de trabajo se han modificado, muchas de las consignas y buena parte de las tareas que, hasta ahora se han venido haciendo en las escuelas, han de ser eliminadas, otras modificadas y otras nuevas incorporadas. Tanto en la familia como en la escuela, se hace patente la necesidad y el reto de adaptar creativamente nuestras ocupaciones y tareas a las nuevas condiciones en las que tenemos que "cumplir la consigna", desempeñar nuestro trabajo, ya sea como padres, ya sea como maestros.

No poder realizar un trabajo que nos colme y nos realice como personas, no poder vivir las tareas como posibilidades de encuentro gozoso con los otros y con el mundo, no gozar con lo que hacemos, no poder disfrutar del placer del deber o no sentirnos dichosos de crecer con cada tarea que realizamos es, realmente, como expresaba el Principito al farolero, un *no tener suerte*.

Esta suerte no es fruto del azar ni de la casualidad, sino que tiene su causa en *la capacidad de responder, de manera creativa y responsable, ante los cambios en las condiciones reales y concretas en las que nos vemos obligados a realizar nuestro trabajo.*

Nos dejaste bien claro que, para un maestro, es fundamental sentir su trabajo como una tarea que es mucho más que mera función o cumplimiento de una consigna o norma dictada por otros.

Reivindicaste el derecho y la obligación de ser feliz en el desempeño de tus tareas o, mejor aún, el que uno pueda entregarse a hacer aquello que tiene que hacer, simple y justamente, porque es feliz.

Un niño difícilmente va a sentir el valor y el gozo de su trabajo, si quien se lo propone no participa de esa misma alegría y dicha. Si el maestro no ama la tarea que propone, su propuesta no podrá llegar, ni ser acogida por los alumnos, como algo amable.

En muchos momentos trabajas en el aula en un ambiente musical favorecedor.

Sabemos por nuestros hijos que sueles envolverlos en una atmósfera sonora, concienzudamente seleccionada y que les ayuda a estar centrados, mientras realizan sus tareas. Y una serie de carteles llamativos, repartidos por toda la clase, invitan a los niños a velar por las condiciones en las que desarrollar adecuadamente el trabajo: cuidar el silencio o hablar muy bajito y con dulzura, desplazarse por la clase con lentitud y suavidad, levantar la mano si necesitan ayuda y prestar apoyo o asistir a un compañero.

Mi hijo me ha dicho que, de vez en cuando, con una voz muy, muy suave sueles decir: ¡Da gusto poder trabajar así!

Agradezco que procures que cada niño y cada niña *puedan trabajar a su ritmo*, reconociendo y aceptando sus propios límites, sin limitarlos. Y también, que fomentes *un trabajo colaborativo y servicial*. Sabemos que los niños que terminan antes sus tareas, se ponen a ayudar a otros compañeros o bien se van a la zona de juegos, al espacio de la biblioteca de clase o escuchan el audio de algún cuento o incluso de alguna relajación o meditación.

En el fondo, te las ingenias para que los niños sigan trabajando, una vez han completado las tareas fijadas o previstas, sólo que lo hacen libremente, a gusto y en otro espacio, con otros elementos y de otra manera.

El trabajo, no obstante, puede ser, también, motivo de conflicto del maestro con sus alumnos o de los alumnos entre sí. Simplemente, porque todo el trabajo escolar relevante tiene lugar en el marco del encuentro y en el espacio de la convivencia.

Recuerdo como, de niña, mis maestros convertían el trabajo en castigo o en acto de penitencia para quienes se comportaban o actuaban incorrectamente. Por eso, agradezco infinitamente, que renuncies a cualquier estrategia en la que se recurre a algún tipo de trabajo, como forma de castigar o sancionar una determinada conducta. Muy conscientemente rehúsas a castigar con un trabajo, simplemente, porque no quieres, de ninguna manera, que pueda establecerse en los alumnos la más mínima asociación del trabajo con el castigo.

Porque consideras y vives el trabajo como un bien, como algo importante y valioso, carece de sentido alguno castigar con algo tan preciado y bueno. No se puede castigar ofreciendo una especie de recompensa.

El trabajo puede ser motivo de conflicto por muy diversas razones y en las circunstancias más variadas: niños que se niegan a hacer un trabajo, dificultades que aparecen en el desempeño de las tareas, tareas que hay que hacer en grupo y desatan alguna rivalidad o discrepancia, tareas que no han sido realizadas, trabajos que se han hecho de prisa y con prisas, falta de entrega a un trabajo concreto, no respetar el trabajo de otro o al otro mientras trabaja...

Mi hijo nos contó, emocionado, como afrontaste aquella situación en la que uno de sus compañeros se negó a hacer sus tareas, el trabajo que asignaste a toda la clase. En lugar de enfrentarte y entablar una lucha de poder con él, te acercaste, te sentaste a su lado, le cogiste una de sus manos y le dijiste, más o menos, estas palabras:

> *—Bueno, en lugar de hacer tu trabajo te propongo lo siguiente: mira la ropa que llevas puesta. Cierra los ojos y piensa por un momento en la cantidad de personas que han trabajado para que tú ahora puedas llevar esa camisa, esos pantalones, esos zapatos. Piensa ahora por un momento en tu padre que, desde las seis de la mañana, trabaja cogiendo espárragos o en lo que puede estar haciendo ahora tu madre: preparando la comida, lavando o planchando tu ropa o arreglando tu cuarto para que te lo encuentres agradable y limpio.*

No es muy difícil imaginar la cara de perplejidad y asombro del niño ante este modo inesperado de proceder de su maestro. Y supongo que la sorpresa iba en aumento con cada nueva invitación que su profe le hacía, en lugar de reñirle o castigarle.

> *—Abre ahora los ojos y mírame. Piensa en las horas y horas que yo he estudiado para ser maestro y poder ayudarte a aprender. Fíjate, ahora mismo estoy aquí trabajando contigo y con tus compañeros. Mira tócame aquí.*

Entonces acercaste su mano a tu pecho y continuaste diciéndole:

> —*Cuando uno trabaja y ama eso que hace, dentro del pecho se enciende como una llamita que te llena todo el cuerpo de un calorcito suave y de una gran alegría. Algunos días, cuando vuelvo a mi casa, si he hecho mi trabajo con amor y entusiasmo y veo los árboles mecerse por el viento, las nubes moverse por el cielo y los pájaros revoloteando por encima de mi coche, me parece como si todas esas cosas me estuviesen dando las gracias por todo lo que he hecho en clase con vosotros. ¿Sabes qué parece que me están diciendo? Algo así como que con mi trabajo ayudo a mejorar y embellecer el mundo y que para hacer bien una cosa hay que amarla. Es verdad que a veces nos cuesta trabajar, a los mayores también, pero con lo que cada uno hace, en realidad, no hacemos sino dar las gracias por todo aquello que recibimos.*

Le apretaste su mano con ternura y te levantaste para ayudar justamente a mi hijo que, en ese momento, te requería.

El niño, sin embargo, terminó abriendo su cuaderno y empezó a escribir la fecha del día, dispuesto a realizar su trabajo.

El Amor, al ser la vibración más elevada y poderosa, es *la herramienta laboral pedagógica más efectiva y fulminante*. Nada de lo que se haga, ningún trabajo, que no contenga un mínimo de vibración amorosa, sirve para nada ni transforma nada.

Al ver tu alegría a la hora de trabajar, recuerdo y asiento a las palabras del poeta Gibrán:

> —*Y si no podemos trabajar con amor, sino tan sólo con desagrado, tal vez fuese preferible que dejásemos de trabajar y tomásemos asiento a la entrada del templo para pedir limosna a los que trabajan con alegría.*

Agradezco que seas el maestro de mi hijo porque, afortunadamente, no eres de esos a los que califican como maestros quemados, docentes víctimas de lo que popularmente se conoce con la expresión inglesa *burn out*.

Cuando un maestro se quema, en los momentos en los que trabaja, siente como una especie de vacío interior y lo que vive es un desgaste vital, como consecuencia de una progresiva pérdida de energía. No se trata sólo de ese cansancio e incluso hastío que se experimenta, cuando el depósito de las propias energías recargables se vacía por completo; algo en la misma estructura personal aparece dañado, con fisuras y grietas, a través de las cuales vive una constante y permanente fuga de energía y de entusiasmo.

Hay quien se quema por una falta de equilibrio, por un exceso en el arrojo, en el esfuerzo o en la pasión, olvidando que todo exceso es, si se mira bien, expresión de una carencia.

Para que los gestos, movimientos y acciones, que conforman nuestros trabajos, no acaben quemando, destruyendo y reduciendo a cenizas a quienes los ejecutan, tenemos que procurar que sean inteligentes en lo personal, eficaces en los social y, sobre todo, rentables en el plano cósmico.

Como madre, es triste y desesperanzador constatar que, a veces, nos encontramos con maestros que dicen estar quemados, sin ni siquiera haberse encendido. Son los que ya están de vuelta sin haber emprendido ningún camino de ida, los que, en su apatía y en su desidia, encuentran justificación a su falta de entrega amorosa en lo que hacen y viven; los que, por fin, encontraron una coartada perfecta para salir indemnes e inocentes de su falta de compromiso con la tarea que realizan.

Doy gracias por poder ver cómo, en el día a día de tu trabajo, no te quemas, sino que te enciendes, prendiendo una llama que ilumina y da calor, y que se propaga por todo el colegio con el aire de un ánimo renovado. Y puedo dar testimonio de cómo, con el transcurrir de los años, ese fuego entrañable tuyo no mengua ni se apaga; por el contrario, sigue brillando, sin encandilar ni abrasar, entregándote a cada tarea y en cada momento, hasta el fondo, pero sin desfondarte.

2

Por tu pasión

Porque eres como una zarza ardiente que no se consume y no sólo no estás quemado, sino que te enciendes cada día

"La pasión nuestra de cada día, dádnosla hoy, aquí y ahora, en cada instante".

Agradezco que seas el maestro de mi hijo porque eres un *maestro de Corazón.* El ***corazón es el órgano del fuego*** y asociamos la pasión con el fuego. De hecho, se ha usado esta imagen del fuego para simbolizar y para representar la pasión: *el fuego de la pasión.*

Tú nos muestras cada día una pasión, que es muy diferente a esa otra pasión que asociamos a dolor y sufrimiento. La pasión que brota del Corazón y late en cada una de tus propuestas pedagógicas, no está cargada de sufrimiento sino de luz, conciencia y energía.

La pasión, como fuego, es el mínimo común múltiplo de todo educador. Es ese mínimo que multiplica toda acción pedagógica.

Tu pasión es la que da *luz y calor* a todo lo que haces. Tu pasión no es sólo ese dar luz que ilumina tu cara, alumbra el aula o es posibilidad para la iluminación en el alumno. Tu pasión es también un *dar a luz*, es decir, un engendrar nuevos modos de presencia educativa y nuevas maneras pedagógicas, un parir otras posibilidades de hacer escuela y, un traer al mundo que viven tus alumnos una cierta esperanza y alegría.

La pasión es fuente de creatividad para el maestro y también para los alumnos.

Solo los maestros apasionados están abiertos a recrearse de nuevo, a empezar de nuevo cada mañana y a no dar nada por sabido, entendiendo y reconociendo que todo está pendiente de ser saboreado, como si fuese por primera vez.

No sólo eres técnicamente impecable, sino que, sobre todo, haces vibrar los corazones de los niños. Y también los nuestros.

Porque existe este fuego de la pasión en tu corazón de maestro, la escuela es un *hogar* y el aula un *santuario doméstico* para los alumnos.

Hogar viene de hoguera. Hogar es donde se enciende el fuego que cocina o la lumbre que nos resguarda del frío y nos calienta.

Una escuela sin hoguera, fuego, o pasión, termina siendo un mero edificio administrativo. Pero, cuando en ella se enciende el fuego de la pasión de los maestros y maestras, los niños se sienten en casa.

Agradezco que seas el maestro de mi hijo, porque irrumpes delante de él como una *zarza ardiente.*

La imagen bíblica sugerente de la zarza ardiente representa lo divino y también podía hacer referencia a la Vida.

La pasión de un maestro, de igual manera que la pasión de los padres por sus hijos, es como una zarza ardiente, es decir, un fuego que no se agota y una llamarada que *se renueva* en el ejercicio de la entrega.

Como consecuencia de su pasión, el maestro se entrega hasta el fondo, pero sin desfondarse.

La del maestro, como la de un padre o una madre, ha de ser una pasión que no cansa y un fuego que se regenera.

Cuando la pasión es excesiva, cuando se desborda y no se equilibra con cierto sosiego y con descanso, termina abrasándonos y convirtiéndonos en cenizas.

La pasión pedagógica, como el amor, ha de ser *hasta el extremo, pero no en exceso*.

Todo exceso manifiesta una carencia oculta, un déficit.

Asociado al fuego, hoy se habla del *síndrome del burn out* o síndrome del maestro quemado. Como ya he señalado, a veces llegan los nuevos maestros ya quemados a su primera escuela, sin ni siquiera haberse encendido en la vida.

Pero, ¿por qué se quema un maestro?

Ningún maestro se quema por el ardor de su pasión y de su entrega. Todo lo más, en cualquier caso, se cansará si no ha aprendido a descansar.

El maestro que arde en un exceso de pasión, se cansa porque no ha aprendido a parar ni ha tomado conciencia de que, el descanso forma parte de su tarea y es, por tanto, una necesidad fundamental para un adecuado desempeño de su trabajo.

Los maestros se queman cuando han perdido la conciencia del sentido, el significado y el rumbo de lo que hacen.

Cuando uno tiene claro el qué, el para qué y el desde dónde, siempre va a brotar, a partir de ellos y de manera natural y fluida, un determinado y correspondiente cómo.

Parar y reflexionar también son tareas fundamentales de todo maestro y, por tanto, tendrían que formar parte de su trabajo y estar integradas en su horario laboral. Cuando no es así, los maestros apenas pueden reflexionar e investigar sobre lo que viven; algo que queda para quienes están en despachos, a veces muy alejados de la práctica real de cada día.

El maestro se quema, no por un exceso de pasión, sino cuando pierde el sentido de su trabajo, cuando se difumina el significado de lo que hace o cuando se desdibuja el horizonte hacia el que camina.

Quemado, el maestro queda reducido a cenizas, simplemente por el hecho de que, termina viviendo como absurdo un trabajo educativo que ya no estimula su iniciativa ni la creatividad de los implicados en él y, tampoco le proporciona la más mínima gratificación emotiva.

Sin pasión, cualquier labor pedagógica, desarrollada de una manera estrictamente mecánica y desempeñada con una lógica tan estricta y perfecta como fría e inhumana, termina minando o impidiendo la belleza que ha de estar presente en toda acción educativa, privándola de su más profundo sentido y alcance.

Perdido el sentido de su trabajo y sin descanso, el maestro degenera en una especie de *farolero del planeta la educación*, como el que se recoge en el cuento de El Principito.

Los educadores no pueden seguir, por más tiempo, desempeñando fielmente sus tareas, como buenos funcionarios o como faroleros resignados, cuya fidelidad no encubre sino una serie de automatismos condicionados, de los que no se es totalmente consciente.

Agradezco que seas el maestro de mi hijo, porque no te sientes ni reconoces como una víctima más de las consignas marcadas por otros y tampoco sucumbes a la presión de lo inmediato.

Tus acciones no suelen responder a lo urgente que, pocas veces es lo importante y que, casi nunca coincide con lo esencial.

Sin lugar a dudas el fuego, como símbolo, como metáfora, representa, de manera maravillosa, el cómo te sitúas ante las condiciones y ante los condicionantes con los que te encuentras en tu labor docente. El fuego, la llama de tu pasión, te convierten en foco e impiden que seas un mero eco de la apatía o la desgana que, a veces, preside los entornos educativos y sociales.

El fuego tiene algo de peculiar, por cuanto es el **único elemento** de la naturaleza que desafía y no responde a la fuerza de gravedad. Es el único elemento que no se mueve hacia abajo, sino que se eleva hacia arriba. Y tú, eres de esos maestros que no te dejas aplastar por la gravedad de la problemática diversa y compleja, que afecta al sistema educativo, ni por el peso de la sobrecarga que la sociedad vierte sobre la escuela.

Tú nos muestras la posibilidad de no estar determinados por nada de fuera y nos adviertes de que es posible elevarse, como el fuego, siempre hacia arriba, siempre hacia lo alto.

Tu pasión disuelve todo lo que suena a determinante y lo convierte en condicionante.

Tu pasión como maestro mantiene encendida la llama de nuestra esperanza como padres.

El fuego es un símbolo adecuado y propicio, cargado de belleza, de que sólo puede ascender lo que es ligero. Alegría, etimológicamente, viene a significar "estar aligerado".

Cuando hay muchos pesos, ya sea el peso de un currículum sobrecargado de contenidos, ya sea la carga de una burocracia tan excesiva como inútil, acaban somatizándose y se termina viviendo como un *hondo pesar.* Es decir, como una enorme tristeza.

Agradezco que seas el maestro de mi hijo por esa pasión tuya que, como fuego, desafía la gravedad de todo eso y mantiene viva tu alegría de educar.

Esa pasión es capaz de desafiar toda fuerza de gravedad que se precipita sobre ti. Una gravedad que alude a esos condicionantes externos tales como las leyes educativas, las ministras o consejeros de educación de turno e, incluso, las presiones que puedes recibir de algunas familias.

Tú haces de la escuela un fuego que asciende, el fuego de esa alegría que representa el otro polo de esa otra pasión, entendida y vivida como sufrimiento.

Tu alegría, consecuencia inevitable del fuego de tu pasión, enciende el entusiasmo de los niños; sobre todo, de esos niños que acuden al calor de tu corazón para resguardarse de los fríos que congelan su sangre.

La pasión se asocia al amor.

Hay maestros que aman sus disciplinas o áreas de su especialidad.

Otros aman, sobre todo, las metodologías o los recursos.

Tú amas, por encima de todo, a tus alumnos. Y por ese amor, les acercas amablemente a las distintas disciplinas o asignaturas y pones ante ellos los métodos y las herramientas que, más y mejor, pueden facilitar y asegurar sus aprendizajes.

Agradezco que seas el maestro de mi hijo porque en ti reconocemos ***tres fuegos o amores***.

- *Amor a tus alumnos*. Y es este amor a los niños lo que guía tu búsqueda metodológica. Ya no son tus gustos o preferencias didácticas, sino el amor a tus alumnos, lo que hace que procures para ellos las mejores metodologías y los recursos más adecuados. Es por amor a ellos que procuras que se enamoren de la materia que impartes.
- *Amor a ti mismo*. Un amor por el que te permites ser el primero en disfrutar de eso que haces. Un amor que se traduce en autocuidado, en orden y en autodisciplina. Desde ese amor, conviertes las obligaciones o deberes externos que hay que cumplir en derechos interiores, que estás dispuesto a ejercer siempre.
- *Un amor incondicional a la Vida*. Cada gesto pedagógico tuyo es una exaltación de la Vida. Es este amor a la Vida con mayúscula el que justifica, da sentido y alimenta los dos anteriores. Por eso, todo tu quehacer es un himno de alabanza y de agradecimiento a la vida humilde y sencilla de cada día.

Por eso, cada propuesta pedagógica la extraes de la vida y la conectas con ella.

Todo tu apasionado quehacer cotidiano en la escuela es una manifestación del contacto que mantienes con tu Corazón, con tu Ser.

Y, por eso, conviertes cada acción en un camino de regreso a tu propio centro, viviendo tu quehacer como ocasión para *hacerte* y *rehacerte*.

No sólo programas tareas y actividades para los alumnos. Diariamente reprogramas tu pasión, la actualizas, la renuevas y la alimentas.

Tu pasión pedagógica es un fuego al que no dejas de arrimar los leños de tu vocación, los troncos de tu meditación y descanso y la madera de una formación que nunca cesa.

Hay un texto de Eduardo Galeano en *El libro de los abrazos*, que nos leíste una vez para definir y describir la escuela como una especie de *Mar de fueguito.*

Un hombre del pueblo de Neguá, en la costa de Colombia,
pudo subir al alto cielo.
Y a la vuelta, contó.
Dijo que había contemplado, desde allá arriba,
la vida humana.
Y dijo que somos un mar de fueguitos.
—El mundo es eso –reveló–.
Un montón de gente, un mar de fueguitos.

Cada persona brilla con luz propia entre todas las demás.
No hay dos fuegos iguales.
Hay fuegos grandes y fuegos chicos
y fuegos de todos los colores.

Hay gente de fuego sereno que ni se entera del viento,
y gente de fuego loco que llena el aire de chispas.
Algunos fuegos, fuegos bobos, no alumbran ni queman;
pero otros, otros arden la vida con tantas ganas
que no se puede mirarlos sin parpadear,
y quien se acerca, se enciende.

Agradezco que tu pasión tenga al Corazón como su fuente y por eso nos llega siempre envuelta de *cordialidad*. No todas las pasiones tienen un mismo origen, nacen del mismo vientre ni tienen el mismo germen.

Hay pasiones que, más que latidos del Corazón, son pulsiones ideológicas o arrebatos viscerales que *arrastran* a los maestros. Son esos apasionamientos propios de esos maestros que quieren arrastrar a los demás a sus propios planteamientos y caminos. Esta pasión suele ser fuente de conflicto.

Un maestro cuya pasión es fuego que se enciende en el Corazón o flor que crece en los jardines del alma, *no arrastra, sino que acompaña*; *no convence, sino que contagia.*

Y no hay nada más contagioso que la pasión y el entusiasmo.

El tuyo es *un fuego que no quema, sino que enciende.*

Tu pasión es una llama que *no deslumbra ni ciega, sino que ilumina* tu propia mirada y la de quienes están a tu lado.

Con esta pasión propia del Corazón, se enciende en ti una llama que te invita y nos invita a apreciar las cosas.

Aprecio y agradezco tu *a-precio*, es decir, el que no valores tu trabajo por lo que cobras sino por lo que entregas.

Y agradezco, muy especialmente, que esta manera de apreciar sea algo que ya cultivabas cuando te preparabas para ser maestro.

Agradezco que seas el maestro de mi hijo porque valoras tu entrega y tu trabajo, y no le pones precio a tu dedicación.

No sólo agradezco lo que ahora haces con mi hijo, con tus alumnos. Agradezco también, con una especial conciencia e intensidad, todo lo que has hecho y todo lo que has trabajado para llegar a ser maestro.

Sin pasión, la educación se vuelve insulsa y poco apetecible.

Esa pasión, que nos hace probar y saborear una tarea como algo delicioso y que alimenta, es la misma fuerza y energía, la misma actitud y el mismo don que llevan a un maestro a probar lo inaudito, a lanzarse a la aventura, a arriesgar y a comprometerse con un espíritu científico, que tantea sin tontear y que investiga más allá de las meras ocurrencias.

La pasión es latido común en el corazón del científico y del artista, que siempre han de vibrar al unísono en todo maestro o maestra.

La pasión es la que dota de belleza la rigurosidad de un trabajo impecable.

La pasión, retomando la imagen inicial de la zarza ardiente bíblica, representa algo divino, algo ante lo que hay que descalzarse. De hecho, Moisés es invitado a descalzarse ante la zarza ardiente que tiene delante.

Por eso, mi agradecimiento por tu trabajo es como un descalzarme en tu presencia.

Toda la sociedad tendría que descalzarse y postrarse ante cada maestro o maestra que es un vivo testimonio de la pasión y de la entrega, y que ejerce de manera noble y responsable su sagrado magisterio, esta excelsa y divina tarea.

3

Por tu entusiasmo

Porque eres el mejor combustible para arrancar y mantener encendido el motor del interés de los alumnos

El paisaje que se descubre ante nosotros, incluso en el interior de nosotros mismos, aparece, cada vez más, decorado y coloreado con los pinceles del desinterés, de la apatía, de la desesperanza, de la desgana y de la falta de tono vital. Cada vez, se acude, con más frecuencia, a esa paleta con la que poder dibujar mil y una justificaciones para la propia desidia. Cada vez se recurre más a esos colores oscuros, con los que poder ocultar las verdaderas y más profundas raíces y motivaciones de la desesperanza y de la falta de entusiasmo.

Es como si ya no nos pudiéramos entusiasmar con nada ni por nada. Tenemos ante nosotros, quizá incluso en el interior de nosotros mismos, rodeándonos por todas partes, una atmósfera contaminada con los humos del desencanto, la desgana y la apatía.

En medio de todo eso, desempeñar, hoy, la tarea de educar con entusiasmo es algo, sin duda, digno de agradecer.

El entusiasmo en las familias, en las escuelas y en los adultos que forman parte de ellas, no es, para nada, una cuestión baladí ni secundaria. Tal vez, por esta razón, propusiste dedicar un tiempo de reflexión y trabajo sobre el entusiasmo, como rasgo o factor imprescindible en la presencia y actuación de los educadores, de padres y maestros.

Cuando una palabra, como es ahora el caso del término *entusiasmo*, hace referencia a algo profundo e íntimo del ser humano, se parece más a un árbol que a una piedra. Es, por tanto, algo vivo y dinámico.

Cada palabra tiene unas raíces, un inicio o etimología. Luego, en torno al núcleo profundo del concepto y que viene a representar al tronco de la palabra, van apareciendo y se van conformando, con el tiempo y en función del contexto, sucesivas capa y diversas significaciones que vienen a ser como las ramas y las hojas, que dotan de una consistencia y riqueza particulares a dicha palabra y a la realidad a la que hace referencia.

Es por esto que, cada uno de los significados que otorguemos a las palabras dará un particular y peculiar fruto. No todas las ramas ni flores dan el mismo fruto. Incluso de un mismo tronco, en la misma rama, pueden darse frutos de muy distinta calidad. Eso mismo ocurre con los conceptos, las palabras y los múltiples significados con los que las entendemos, las usamos y las vivimos.

Etimológicamente, entusiasmo viene a significar un verse sumergido en la divinidad y acogido por ella.

Ciertamente, la etimología de la palabra entusiasmo, que viene del latín moderno *enthusiasmus* y a su vez del griego *enthousiasmós*, es muy iluminadora. En realidad, es una palabra trinitaria, una palabra compuesta de otras tres: *en*, *theou* y *asthma* y que juntas adquieren el significado de *soplo interior de Dios*, inspiración o posesión divina o *sentirse poseído por un dios*.

A su vez, la palabra *theós (dios)* tiene su propia etimología y alude a *lo enérgico*, a *lo poderoso*; de lo que podemos deducir que el entusiasmo es *una energía muy poderosa*.

La palabra *dios,* antes de ser un sustantivo, fue un adjetivo: *lo divino*. Es decir, dios no se refería a un ser en concreto, sino que aludía a una *propiedad maravillosa que tenían ciertas cosas*.

Los hindúes aún mantienen este significado y eso explica el que veneren a tres millones de dioses, es decir, a tres millones de cosas divinas.

Desde esta mirada mística e incluso poética, se reconoce como divina, la capacidad de un cuenco para conservar cualquier líquido o la de una cuerda para mantener algo atado y que no escape.

Los hititas adoraban al dios Telepinu, la divinidad que hacía que las causas produjeran los efectos debidos. La desaparición de Telepinu provoca el fracaso de la fertilidad, tanto en las plantas como en los animales. Sin él, la hierba dejaría de crecer, las vacas dejarían de dar leche, y el sol no volvería de su nocturno viaje al mundo oscuro.

El mito de Telepinu narra bellamente los efectos de su ausencia:

> *La niebla se apoderó de las ventanas y el vapor se adueñó de la casa. En el lar los leños se apagaron, en los altares los dioses se sofocaron, en el aprisco las ovejas se sofocaron, en el establo el rebaño se sofocó. Las ovejas descuidaron su corderillo y la vaca descuidó su becerro. Telepinu se fue y ahora el grano y la espelta ya no prosperan. Así el ganado, las ovejas y el hombre ya no procrean. Y aun los que tienen hijos no los sacan adelante. La vegetación se agostó; los árboles se secaron y no dieron pimpollos. Los pastos se secaron. Los manantiales se secaron. En la tierra surgió la carestía para que el hombre y los dioses perecieran de hambre.*

En la reunión formativa con las familias, nos invitaste a leer varias veces el texto anterior y a abrirnos a escuchar y percibir cómo podría releerse dicho mito, en clave del efecto de la falta de entusiasmo en los entornos educativos y, personalmente, en cada uno de los allí presentes.

La desaparición del entusiasmo vuelve infértil la labor del maestro e ineficaz la actuación de los padres.

Sin entusiasmo, el maestro perece de apatía e indiferencia y, como consecuencia de ello, deja de investigar y de crear. Sin entusiasmo, dejamos de explorar e indagar y nos impedimos recrearnos con aquello que creamos.

Sin entusiasmo en la maestra, el interés de los alumnos se apaga y su interés por ellos queda mermado por lo que puede terminar descuidándolos.

Creer y crear son como palabras y realidades que se hermanan. El maestro que pierde la fe en sí mismo, en su tarea, en los niños o en sus familias, deja de creer y de crear. Algo similar puede acontecer en el seno familiar.

Esa fe no es credulidad y, mucho menos, un andar con los ojos vendados, sino un mantener muy abiertos los ojos y un permanecer confiados y esperanzados.

El símbolo de Telepinu era el roble y se replantaba en el ritual de otoño, que se celebraba cada nueve años para honrarlo. El entusiasmo es algo que hay que replantar en el inicio de cada nuevo curso y al comienzo de cada nueva jornada de trabajo.

La persona entusiasmada, como consecuencia de ese *estar en contacto con Dios, con la Fuerza o, si se prefiere, con la Energía,* se sitúa activa y creadoramente en la realidad, y ello le colma de plenitud desbordante.

Por eso, para los antiguos griegos, el entusiasmo era un don del cielo y una suerte recibida que había que proteger.

El entusiasmo del maestro es esa excitación de su espíritu, esa exaltación del ánimo (alma), que le hace salir de cualquier estado de dejadez o apatía, conmovido por un impulso desconocido hacia lo bueno o hacia lo bello.

El entusiasmo provoca esa adhesión fervorosa que mueve a favorecer una causa o empeño y propicia que ocurran determinadas cosas.

Gracias al entusiasmo nada es aburrido. Entusiasmo y pasión van de la mano. Y la mano es siempre una extensión del Corazón. El fuego de la pasión, que se enciende en el Corazón, es el que prende la llama del entusiasmo en el ánimo, en el ánima, en el alma.

El entusiasmo proporciona esa energía que nos mueve a realizar una acción, favorecer una causa o desarrollar un proyecto.

Esa peculiaridad trinitaria de la palabra entusiasmo, cuando atendemos su etimología u origen podemos observarla, también, al comprobar que el diccionario la define fundamentalmente con tres acepciones. En efecto, el diccionario define el entusiasmo como:

1) *Exaltación emocional provocada por un sentimiento de admiración.*

Ad-mirar es un mirar hacia, un mirar sostenido en el que la vista no se nos va para adelante, para afuera, sino que miramos "desde atrás y desde lo profundo". La persona que admira se extasía y entusiasma porque ve más allá de la superficie, pues contacta con ese Núcleo Profundo que es Positividad, Alegría y Entusiasmo. Y porque, de alguna manera, se vincula y se sumerge en ese Núcleo, es capaz de hacer frente y de mirar cara a cara, con serenidad y aplomo, lo negativo, lo problemático, lo complejo, lo imprevisto y lo no deseado.

2) *Adhesión fervorosa a una causa o empeño.*

No es posible el entusiasmo si no hay "proyecto", si no se producen los desposorios con las utopías grandes y pequeñas, con las grandiosas aspiraciones históricas y con los humildes anhelos cotidianos.

El entusiasmo es hijo del matrimonio que cada maestro contrae con una determinada aspiración.

Quien no aspira a nada no se motiva por nada.

Esa aspiración no genera ansiedad ni crispación por alcanzarla porque no responde a objetivos, metas ni logros marcados desde fuera, sino que encauza anhelos profundos del Corazón.

Para entusiasmarse hay que "ad-herirse", a sabiendas de que la sangre que brotará será siempre reguero de vida y savia de transformación y crecimiento.

Un maestro de Corazón se adhiere a un proyecto, no como una meta o logro a conseguir, sino como fuente de ese empuje necesario para hacer el camino.

Y lo hace, del mismo modo como el musgo se adhiere a la piedra, para embellecerla y dignificarla con la energía de lo que está vivo.

3) *Inspiración del escritor o del artista.*

La vinculación que se establece entre inspiración y entusiasmo es particularmente interesante para los educadores.

La inspiración es siempre un aire que se recibe y que tomamos del exterior. El entusiasmo, por consiguiente, tiene mucho que ver con el aire que se toma y con el que se nutre el propio aliento.

Si bien el entusiasmo es fuego interior, el aire y los vientos de fuera pueden ayudar a reavivarlo, pero también a apagarlo.

La inspiración del maestro viene, sobre todo, de la actitud de escucha de sus alumnos. Por eso, la falta de atención por parte de los niños afecta al nivel de entusiasmo de su maestro.

Sin atención, el fuego de la pasión va apagándose lentamente y el entusiasmo termina desvaneciéndose, como el humo de una barrita de incienso.

Centrándonos en el concepto *entusiasmo*, podemos apreciar, en torno a dicha palabra, todo un *campo gravitacional de significados*, cuyo análisis puede proporcionar elementos muy interesantes y útiles.

Nos planteas un ejercicio siempre recomendable, cuando se aborda alguna cuestión de interés e importancia: ver la red de términos y significados que rodean a una palabra y, sobre todo, analizar las resonancias que todo ello provoca en cada uno de los interlocutores.

He aquí algunos *nudos* de dicha red con los que entrelazar una *particular* malla de significaciones, que faciliten en los maestros y padres ese entusiasmo, digno de ser agradecido por todos.

fervor	admiración	pasión	emoción
arrebato	frenesí	apasionamiento	exaltación
delirio	E N T U S I A S M O		agitación
contento	satisfacción		ardor
encanto	embriaguez	frenesí	fanatismo

Agradezco que seas el maestro de mi hijo, porque tu entusiasmo es signo, manifestación y consecuencia de tu transparencia y sencillez.

Tu entusiasmo no es manifestación de un excesivo activismo ni degenera en simple agitación. Se puede llegar a sentir que *tu entusiasmo no es nunca algo fruto de un esfuerzo sino de un acontecimiento, no es resultado sino manifestación, no es logro sino gracia y no es mérito propio sino don.*

Tu entusiasmo es un *signo de libertad* y nos enseñas que *es posible entusiasmarse sin un motivo aparente.*

Nos muestras un entusiasmo que es *a-causal*, es decir, que no necesita de una causa para movilizarse y expresarse.

Vemos que eres capaz de automotivarte y que tu entusiasmo deja de ser efecto de situaciones externas determinadas, para pasar a ser una simple consecuencia natural, una mera y lógica expresión de lo que eres y de cómo eres.

De ti hemos aprendido que el entusiasmo *no surge sólo como respuesta* ante determinadas situaciones o en momentos estelares, sino que *es un elemento básico o nuclear de tu persona,* por el cual te sitúas de un modo activo, constructivo y creativo, ante cualquier cosa que se te presente.

Esta actitud o modo de situarte y de proceder con tus alumnos nos ayuda a centrarnos y a vivir la plenitud del proceso, de aquello que hacemos o en lo que nos vemos envueltos con nuestros hijos, independientemente de cuál sea luego su resultado final.

Gracias, por ayudarnos a no confundir el verdadero entusiasmo con un sentimiento de exaltación o con un hacer desmedido.

Gracias, por mostrarnos tu entusiasmo con el envoltorio de la serenidad.

Sentimos y reconocemos tu entusiasmo, más como una experiencia *profunda* que como una vivencia *intensa*; un entusiasmo que se caracteriza más por su *serenidad sostenida* que por ser una explosión, tan espectacular como efímera.

Con tus modos y maneras, nos dejas claro que prefieres el entusiasmo profundo y sereno al intenso y fugaz.

Hay experiencias que son intensas y, al mismo tiempo, superficiales.

Esto es así porque el que una experiencia sea intensa depende de la *cantidad de energía* que se moviliza en ella. El entusiasmo profundo, sin embargo, está en función, no tanto de la cantidad de energía empleada sino del *nivel*, del *lugar* desde el que se vive y se expresa dicha energía.

El entusiasmo no es sólo ese aliento o impulso que ayuda a hacer cosas y a hacerlas con una cierta soltura y alegría. También es, en cierto modo, *el resultado, la consecuencia y la recompensa de ese recargar energía precisamente movilizándola.*

Por eso, no es de extrañar que *se depriman más quienes menos actúan.*

Gracias por recordarnos, una y otra vez, que *somos aquello que ejecutamos, aquello que actualizamos y aquello que movilizamos* y, que el entusiasmo es el mejor tinte para *teñir la cotidianeidad con rasgos festivos.*

La vida cotidiana en la escuela y en casa se acoge y se celebra como fiesta cuando, entusiasmados, nos disponemos y estamos abiertos a recrearlo y renovarlo todo.

El entusiasmo no es un atuendo que uno se pone en determinados momentos y se quita o le quitan en otros, sino que es algo que forma parte de uno mismo. Otra cuestión es cuántas veces y de qué modo, cada persona actualiza, pone en marcha y vive eso que es.

Ya no tenemos que luchar por entusiasmarnos, sino dejar que el Entusiasmo se abra paso y se manifieste a través de nosotros. No es algo que podremos conseguir dentro de unos meses o años, ni después de un prolongado y continuado esfuerzo, sino algo que ya, aquí y ahora, en todo momento, podemos ir actualizando y haciendo realidad.

Eso no significa ni implica, y esto es importante tenerlo claro y asumirlo, que, siempre y en todo momento, estemos plenamente entusiasmados.

Ese Entusiasmo que somos se moverá dentro de las limitaciones concretas y específicas de cada cual y de su propia realidad corporal, así como en medio de los múltiples y diversos condicionamientos externos de todo tipo que nos afectan.

Cuando uno llega a comprender y vivir esto, deja de deprimirse o entristecerse y deja de agobiarse, porque los ánimos o la energía no estén en el nivel máximo. Como toda materia viva, precisamos de períodos y momentos de parada, e incluso de retroceso cuando el entusiasmo decae. A veces son necesarias ciertas recomposiciones y reajustes para, poder volver luego con una nueva fuerza y con un entusiasmo renovado y pujante.

La naturaleza nos alecciona sobre el impresionante gesto de las flores que crecen aun en medio del fango. Hay flores que incluso, salpicadas por el lodo, siguen haciendo llegar su perfume hasta la otra orilla.

Agradezco que seas el maestro de mi hijo porque eres como esa flor que, incluso rodeada de barro, sigue concentrando toda su atención y toda su conciencia, no en el oleaje del barrizal, sino en el desplegar de sus propios pétalos y en el derrame de sus más exquisitos perfumes.

No hay nada más interpelante y sorprendente que el entusiasmo de un maestro, que sigue creyendo en lo que hace. La gente dice de él: es increíble como sigue trabajando y el interés y la esperanza que manifiesta "a pesar de todo", a pesar de las circunstancias adversas de un momento dado.

Y es que, simplemente, su entusiasmo no está en función de ese "todo" o de dicha adversidad.

La maestra y el maestro que no han perdido la fe en sí mismos, y que mantienen viva y activa la conciencia de la trascendencia de lo que hacen, no necesitan ir mendigando migajas de entusiasmo, que hagan soportable la dureza y adversidad de las situaciones, porque viven en contacto con esa Fuente Básica de la que nutren su ardor y en la que renuevan sus motivaciones.

Las situaciones seguirán siendo muchas de ellas adversas y problemáticas, pero no se identificarán con ninguna; estarán inmersos de lleno en todas ellas, pero sin confundirse con ninguna.

Gracias, por expresar, desplegar y actualizar ese entusiasmo, que también hemos ido aprendiendo a reconocer como propio. Un entusiasmo que no está reñido, ni mucho menos, con la inteligencia, la sagacidad, el espíritu crítico y la lucidez. De ti aprendemos, cada día, que *expresar el entusiasmo es el mejor modo de acrecentarlo.*

Y hemos tomado conciencia de lo importante que es ser autoconscientes de esta expresión. Es decir, que uno se perciba, se sienta y se viva como sujeto, que se moviliza desde ese Entusiasmo que somos y que forma parte de nuestra identidad.

Es preciso, sobre todo al principio y más ante unas situaciones que otras, hacer ese esfuerzo, en el sentido de tener una firme voluntad de expresar el entusiasmo, sobre todo en aquellos momentos en los que, objetivamente, todo parezca indicar que no existen razones para ello o en los que, subjetivamente, no se tienen ganas o se está a más bajo voltaje.

Si en esos momentos aprendemos a dar rienda suelta a nuestro entusiasmo, estaremos a un paso de verificar que realmente forma parte de nosotros, está en nosotros y somos nosotros.

El ave que es capaz de mantener sus alas desplegadas, a pesar de los terribles vientos que la sacuden y zamarrean, mantendrá luego su vuelo con toda facilidad y con una particular belleza, cuando en el cielo no corra sino la suave brisa del crepúsculo.

De igual manera, la persona que consigue mantener vivo su entusiasmo, en medio de las circunstancias más adversas, no estará sino incorporándolo como un rasgo propio. Y, lo hará con tal fuerza y consistencia que, sus "vuelos" ya no dependerán del aire o del viento sino del batir de sus alas.

Sólo lograremos actualizar esa conciencia de Ser Entusiasmo a base de predisponernos y decidirnos a entusiasmarnos, una y otra vez, ante las grandes y pequeñas cosas de nuestra vida. Simplemente expresándolo, actualizándolo y movilizándolo una y otra vez, siempre.

Agradezco que seas el maestro de mi hijo, porque llevas ese entusiasmo lo mismo a las situaciones importantes que a las más triviales. Para ti, tanto lo grande como lo pequeño son siempre "decisivos", y todo lo consideras lo suficientemente importante y digno como para actualizar y movilizar tus mejores energías. Encarnas, como nadie, *ese impulso de la semilla por germinar en primavera, aunque la escarcha haga tiritar de frío sus pétalos o el sol abrase luego los frutos.*

4

Por tu visión y vivencia del tiempo

Porque reconoces el tiempo como un derecho

"Basta un minuto para incentivar a un niño, o para desanimarlo, de por vida".

A mediados del trimestre, el agobio y una cierta ansiedad se estaba apoderando de las familias. Te urgíamos a un sinfín de cuestiones y algunos padres comenzaban a impacientarse con los avances de sus hijos. Fue la primera ocasión en la que nos hablaste del *secuestro del tiempo.*

Comenzaste la exposición, sobre la concepción y vivencia del tiempo, confesándonos que no te resultó nada agradable comprobar, en tus primeros años como maestro, que reproducías en tus clases el mismo *modelo productivo y de eficacia* que criticabas en las estructuras económicas y sociales y que, sin ser consciente de ello, sometías a los niños y niñas a una feroz y vertiginosa dinámica de *productividad*. Reconociste que obligabas a hacer muchas cosas en poco tiempo y premiabas a los más rápidos, a los que llegaban antes o a los que acababan primero. Aun de manera no declarada, valorabas y promovías la cantidad. Llegaste a decir que, en el fondo, veías a los alumnos como máquinas de hacer fichas y ejercicios.

Anotaste en la pizarra el lema, que presidió durante aquellos años iniciales tu pedagogía, y lo subrayaste: *mucho en poco tiempo.*

Justamente debajo, de manera inmediata, te aprestaste a escribir que ahora, con nuestros hijos, el lema había cambiado por este otro, radicalmente distinto: *poco en mucho tiempo.*

Con esta inversión en la frase, querías remover la visión y vivencia del tiempo que está en el fondo de la estructura personal de los maestros y de los padres, de las escuelas y las familias, y que también está en la base de las dinámicas y de los procesos que vivimos cotidianamente como ansiedad, agitación y dispersión.

Una escuela y una familia sin tiempo terminan siendo ámbitos para la desorganización y la desestructuración de los niños.

Todos asentíamos al oír que cada vez se hace más urgente, en los educadores y en la labor educativa, otro ritmo que nos devuelva un mínimo de serenidad, estabilidad y sosiego. Con ello estaremos creando las mejores condiciones, para que en los niños puedan establecerse y asentarse estados de centramiento y atención. Y estaremos, además, organizando y canalizando la desbordante vitalidad de una clase, o de una familia, desde una cierta coherencia y unidad.

Es necesario que, lo que sucede en un grupo humano, se mueva lenta y rítmicamente, a su tiempo y con tiempo.

La premura de tiempo, la falta de tiempo o la presión del tiempo no proporcionan, sino que dificultan e incluso impiden, el sosiego necesario para un adecuado enfoque y para una mejor captación y apropiación de aquello que se trabaja o se vive.

Ahora soy plenamente consciente de cómo, mi gestión inadecuada o ansiosa del tiempo, *desenfoca los problemas y los magnifica* y de cómo *me incapacita para percibir las situaciones en su globalidad y complejidad.*

Nos has hecho ver y aceptar que el tiempo en la educación no es un adorno, un condicionante ni un agente externo, sino un elemento fundamental de toda receta pedagógica. Todo acto educativo implica tiempo y unos ritmos, y precisa de un tempo adecuado.

La comparación con la gastronomía nos ayudó a comprenderlo: en las recetas de cocina el tiempo no es una cosa externa, un decorado ni un apósito, sino un ingrediente esencial de la receta. Cada receta concede a cada plato el tiempo justo y necesario para completar su cocción, evitando tanto que quede cruda como que se queme. Si no das el tiempo preciso, la comida no llega a hacerse y si te pasas con el tiempo, termina estropeándose. Además, la comida tiene un sabor especial cuando se cocina a fuego lento.

Nunca se me había ocurrido pensar que la importancia de este parámetro del tiempo, a la hora de educar, exige de los chefs pedagógicos, padres y maestros, una total atención al proceso y al producto, es decir, al desarrollo del acto educativo y a los niños.

Me pareció maravillosa esta invitación a vivir el tiempo educativo, no como un elemento de presión o tensión sino de *atención*.

En un momento nos sorprendiste al decir que, para ti, la Declaración de Derechos de la Infancia (ONU, 1959) carece de un derecho que consideras fundamental: *el derecho al tiempo*. Un derecho que tiene dos aspectos inseparables:

En primer lugar, el derecho a que las cosas se le planteen y aborden, con los niños, a su debido tiempo y no antes. Lo que implica considerar que ninguna etapa educativa ha de preparar la siguiente y, mucho menos, adelantarla. Ninguna etapa vital humana prepara la siguiente porque cada una tiene sentido en sí misma. Y eso mismo es aplicable a la educación.

Y, en segundo lugar, el derecho, también, a que se les dé y se les conceda *el tiempo que necesiten para realizar cada tarea o acción*.

Agradezco que reconozcas a mi hijo ese derecho al tiempo: a que se aborden los aprendizajes a su tiempo, sin precipitación y sin adelantar ni quemar etapas. Y también, el derecho a disponer del tiempo necesario para desarrollar adecuadamente los procesos sin premura, sin prisas ni ansiedad.

Agradezco que seas el maestro de mi hijo porque tú sí que le reconoces ese derecho al tiempo. Un derecho que ni siquiera yo soy capaz de conceder, en muchas ocasiones, a mis propios hijos.

La escuela, las familias y la sociedad en general, están como alocadas y dislocadas por una especie de frenesí del tiempo y con unos horarios que no parecen diseñados, precisamente, para estar al servicio de la Vida. Lo más grave o preocupante es que hemos acabado acostumbrando nuestra mirada a horarios rígidos, inflexibles y sobrecargados, viéndolos ya como algo natural y normal.

Comenzaste a adentrarnos en este secuestro del tiempo resaltando que no se refiere solo a la cantidad, sino que es algo más hondo y que afecta también al secuestro del sentido, del significado y del corazón del tiempo.

Maestros y padres, los educadores en general, necesitamos liberarnos de este secuestro del tiempo y eso solo será posible gracias a una *nueva visión y vivencia del mismo.*

Necesitamos otra manera de ver y vivir los tiempos que nos ayude a *recuperar, a habitar y a santificar* el tiempo.

El tiempo es mucho más que una forma de descripción o de contabilización horaria; es una dimensión muy sutil y poderosa con la que podemos establecer una vinculación existencial y pedagógica.

Necesitamos recuperar el sentido y el valor profundo del tiempo en general y, más concretamente, del que podemos calificar como pedagógico, es decir, el tiempo que compartimos con los niños, ya sean hijos o alumnos.

A padres y maestros, se nos abre la posibilidad de vivir y habitar el tiempo, de una manera responsable, llenando de sentido cada día de nuestras vidas y cada momento de nuestros trabajos.

Conforme ibas desarrollando tu exposición, iba descubriendo y sintiendo el reto de vivir cada instante con un significado renovado, accediendo a la comprensión y vivencia de lo que cada momento, cada día, incluso cada estación del año, pueda sugerirnos, proponernos y posibilitarnos.

Para explicarnos tanto la naturaleza y características de este secuestro del tiempo, del que tanto la escuela como la familia tienen que liberarse, como en qué consiste ese cambio necesario en nuestra visión y vivencia del tiempo, hiciste un sencillo gráfico con cuatro palabras muy parecidas y fáciles de retener.

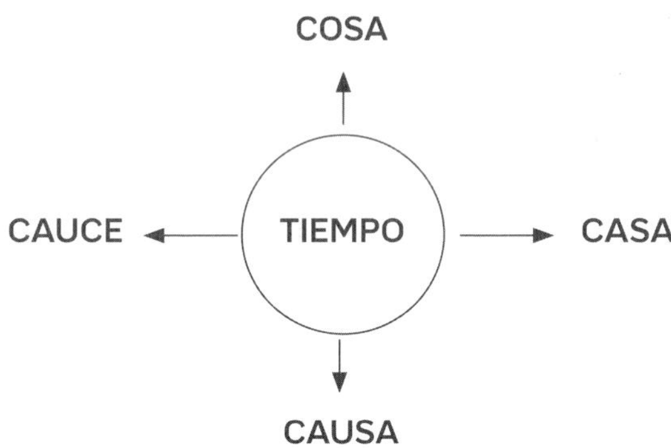

El tiempo como "cosa"

Para iniciar esta travesía o recorrido por nuestra manera de entender y vivir el tiempo, pediste que alzáramos la mano las personas que, en alguna que otra ocasión, habíamos dicho la expresión *¡No tengo tiempo".*

Resultó bastante llamativo el hecho de que la totalidad de asistentes en aquel momento levantamos la mano. Ante semejante unanimidad que, por cierto, no te extrañó en absoluto, nos dijiste que esa frase, que alude a nuestra carencia de tiempo, es una de las expresiones que más pronunciamos al cabo del día, pero que esperabas que, a partir de aquella misma tarde, pudiésemos borrarla definitivamente de nuestro arsenal lingüístico.

Ante nuestra cara, mezcla de asombro y desconcierto, te aprestaste a aclarar:

> *—No es verdad que no tengamos tiempo. Que yo sepa, el día sigue durando lo mismo que cuando vivían nuestros padres y abuelos y ellos no se quejaban de falta de tiempo, tal vez sí de exceso de trabajo. No es verdad que no tengamos tiempo. Lo que tenemos es un exceso de tareas.*
>
> *Y no es lo mismo una cosa que la otra; no es lo mismo que yo me acerque a una de vosotras y os diga:*
>
> *—Ay, fulanita, es que no tengo tiempo, mira acabo de terminar esto y ya voy con retraso para hacer todo lo que me queda aún pendiente.*
>
> *Cada vez que digo que no tengo tiempo, estoy expresando una carencia, soy, en cierto modo, un menesteroso de esta cosa que es el tiempo.*
>
> *Pero si yo fuera a fulanita y le dijera, que es lo que por cierto tendría que decirle ya que es lo real:*
>
> *—¡Ay, fulanita, tengo tal cantidad de tareas! Uf, soy rico en tareas, multimillonario en tareas, por lo tanto, puedo soltar unas y repartir otras, incluso puedo dejar algunas a modo de herencia.*

Este último comentario, con la entonación y gesticulación de las que iba acompañado, provocó las risas y asentimientos de todo el auditorio.

De inmediato recuperaste una seriedad con la que querías avisarnos de la importancia de los comentarios que nos aguardaban, y que fuiste compartiendo como una cascada de agua abundante y fresca. Yo los fui anotando como buenamente pude.

No tengo tiempo es una manera peculiar de decir que *no me tengo a mí mismo* y expresa, muy a las claras, que lo cosificamos todo, también nuestra existencia. Por eso, no es de extrañar que hayamos terminado considerando y viviendo el tiempo como una cosa que se puede tener, ahorrar, invertir o perder.

En casa, en la escuela, por las calles o ante las pantallas, el tiempo se nos escurre, como el agua por la reseca arena de la playa.

Hemos olvidado que *el tiempo no se gasta, sino que se crea*, y que no es cuestión de tener tiempo, sino de que el tiempo nos tenga, nos reciba y nos acoja, a nosotros, en cada cosa que hacemos o vivimos.

Hay una manera de vivir la temporalidad, que sostiene una determinada acción educativa y adopta la forma del agobio, el estrés, la ansiedad y la prisa. Mas también puedo vivirla desde la paciencia, la serenidad y el equilibrio.

No se puede añadir ni un solo segundo al día; por lo tanto, no tiene sentido pedir más tiempo, sino repartirlo, organizarlo y, sobre todo, vivirlo mejor.

Nos quejamos de falta de tiempo cuando, al ser incapaces de vivir la plenitud en aquello que precisamente hacemos y vivimos, terminamos necesitando un minuto extra para vivir aquello que se dejó escapar en la vivencia presente.

Cuando vivimos las cosas sin tiempo, nos precipitamos en nuestras intervenciones y estas se caracterizan, entonces, por la rapidez y la ansiedad. Para colmo, lo que después suele quedar no es sino una sensación interna de culpa y de enfado con uno mismo o con una misma.

Cuando las acciones de los educadores se realizan desde el no tener tiempo, acaban desarrollándose a base de reacciones automáticas, inconscientes y de manera precipitada. Sin tiempo, las respuestas conscientes devienen en reacciones tan instantáneas como ineficaces, quedando reducidas y limitadas a actuaciones puntuales e inmediatas de crítica, sanción o castigo.

El no tener tiempo, o mejor dicho, no dar el tiempo necesario, no resuelve ni soluciona nada y, lo que es peor, termina distorsionando e incluso empeorando las cosas. En este caso, *el no tiempo* se convierte en problema

A veces se nos olvida, sobre todo de cara a los aprendizajes de los niños, la necesidad e importancia de la reiteración y de la continuidad de los estímulos. Sabemos que es preciso reiterar una y otra vez; y la reiteración implica más tiempo.

Es verdad que los niños y niñas tienen una impresionante capacidad de asimilación y aprendizaje, pero también una propensión al olvido, no por descuido, sino por su propia dinámica de crecimiento. De ahí la importancia pedagógica de la *permanencia*, la *constancia* y la *continuidad* de los estímulos educativos. Y el permanecer, la constancia y la continuidad tienen un componente de "prolongación temporal", es decir, implican y demandan "más tiempo".

Tal vez por eso, declaras con rotundidad la necesidad de una revisión, reformulación y reconsideración del tiempo en la educación, tanto en la escuela como en las familias. Y lo haces, desde un claro reconocimiento y aceptación de la diversidad de ritmos de aprendizaje en los alumnos, y desde un entender que ofrecer o exigir el mismo tiempo a personas y situaciones desiguales es un gesto de inconsciencia, de torpeza e incluso de injusticia.

Un maestro ha de garantizar una mayor permanencia de los estímulos en el tiempo, a los alumnos con déficits cognitivos y a los que manifiestan menos madurez o mayores dificultades para el aprendizaje. De esta manera, y al mismo tiempo, estará ofreciendo, a los alumnos más capacitados, la oportunidad de percibir las cuestiones con la claridad y riqueza necesarias, y de descubrir conexiones y matices que, con un ritmo excesivamente rápido y con poco tiempo, nunca serían percibidos.

Con una gestión adecuada del tiempo podemos crear ese *tempo pedagógico*, que genera *una atmósfera y un estilo incompatibles con la impulsividad*. Las dinámicas lentas, pausadas y con tiempo, van creando como una estructura social externa que poco a poco va siendo interiorizada por los niños, hasta acabar configurando un funcionamiento personal interno.

Nos dejaste bien claro que, como maestro, dudas de la eficacia de técnicas y ejercicios, que pueden ser muy motivadores y espectaculares, pero que se aplican sólo puntual y esporádicamente, sin el tiempo necesario o suficiente y fuera de un contexto coherente, estable, permanente, global e integrador.

Si la cuestión no es la falta de tiempo sino el exceso de tareas, está claro que se hace necesario e ineludible un adecuado discernimiento sobre a qué dedicamos o entregamos el tiempo del que disponemos.

El tema es que, ante ese exceso de tareas, de contenidos, de burocracia y de posibilidades, ¿con qué nos quedamos? Aprendamos de los árboles de otoño que se desprenden de lo que pueden renovar y mantienen lo esencial: el tronco, las ramas y las raíces.

Esta es la reflexión que la escuela y las familias de hoy tendríamos que hacer: *¿cuál tiene que ser el tronco, las ramas y las raíces de la educación del siglo XXI?*

Es un discernimiento que hay que aplicar de manera que podamos *distinguir lo urgente, de lo importante y de lo esencial.* Desgraciadamente, en muchas ocasiones, funcionamos impelidos por las urgencias cuando tendríamos que dedicarnos, conceder tiempo y atender a lo esencial.

Es este un discernimiento ineludible y que cada uno tiene que hacer, desde sus propias condiciones de vida y en función de sus opciones personales: *¿qué es lo esencial?, ¿qué hay que mantener?* ¿a qué le damos el tiempo del que disponemos?

Para ejemplificar esto, confesaste que, el día anterior, les dijiste a los alumnos, que no sabías si te iba a dar tiempo de ponerles el vídeo de un documental sobre el cambio climático y que, al escucharte y ser consciente de lo que acababas de decir, te detuviste y corregiste:

> *—Un momentito. A ver, he dicho que no sé si me va a dar tiempo a poner un vídeo. Pero, ¿quién me tiene que dar ese tiempo?, ¿quién me tiene que dar el tiempo en la clase para que yo os ponga el vídeo?*

Somos nosotros los que, sabiéndolo o no, terminamos decidiendo siempre a qué le damos tiempo. Somos nosotros los que acabamos eligiendo cómo vivimos cada segundo de nuestro tiempo; porque el tiempo siempre es nuestro y, por tanto, ha de ser para nosotros.

Como la cosa se iba poniendo seria y cada vez nos ibas llevando más hacia lo profundo, nos regalaste esa brisa de aire fresco, que todo buen maestro siempre regala a los alumnos, para oxigenar, refrescar, mantener y avivar su atención y escucha. Con cierto sentido del humor, cambiando la entonación y gesticulando con las manos y la cara, nos interrogaste de la siguiente manera:

> *—A ver, si alguien vuelve a decir que no tiene tiempo es porque alguien se lo ha robado. Y, ¿qué hacemos si nos roban algo? Ponemos una denuncia a la Guardia Civil, que pertenece al Ministerio del Interior. Pues eso, cuando sintamos que no tenemos tiempo, pongámonos una especie de autodenuncia, autodenunciémonos a nuestro ministerio de la interioridad, a nuestro ministro*

del Interior, que no es otro que nuestro Corazón, y digámosle que nos han robado el tiempo.

Lanzaste entonces, como un cuchillo con forma de flor y aroma de despertar, la siguiente proclama:

—Como maestro, soy trabajador por cuenta ajena y, como tal, estoy obligado a cumplir los horarios de trabajo que marca la Consejería de Educación, y he de entrar a la hora marcada por el centro. Sin embargo, el cómo late mi corazón, en cada uno de los segundos de esos períodos de tiempo, no voy a dejar que nada ni nadie lo determine.

Aún estábamos procesando la afirmación anterior cuando formulaste una pregunta inaudita para los padres y madres presentes, que tenemos un trabajo o desempeñamos una labor profesional, más allá de las tareas familiares:

—¿Cuánto pagas por lo que cobras?

En el silencio que siguió a la pregunta, sentí como si despertara en mi la conciencia de algo velado, pero de una gran importancia.

Formulaste esta pregunta y así lo aclaraste inmediatamente, como una especie de atalaya para *la autoobservación y el discernimiento*. Es esta una pregunta que revoluciona nuestra vivencia del tiempo y el modo como desempeñamos las tareas, por cuanto nos plantea en cuánto valoramos nuestra salud, la alegría y la paz del corazón, a la hora de realizar nuestros trabajos y desempeñar nuestras tareas, tanto familiares como profesionales.

Verdaderamente no hay sueldo que pague esas cosas ni hay remuneración que amortice la pérdida de nuestra felicidad, la salud del cuerpo o el bienestar del alma.

Finalizaste la reflexión en torno a la pregunta anteriormente formulada, confesando que, personalmente, preferías valorar lo que cuesta algo, no por su precio en euros, sino por la energía vital que se ha de gastar o por el tiempo que hay que dedicar trabajando para pagarlo.

La consideración de cada momento educativo como "cosa" nos plantea el reto de *recuperar el tiempo.*

Decíamos que, propiamente, lo que nos sucede no es falta de tiempo, sino más bien un exceso de tareas. Lo primero, por tanto, es *cambiar nuestro lenguaje y llamar a las cosas por su nombre.* Parece una simpleza o una tontería y, ciertamente, no lo es, el dejar de decir *¡no tengo tiempo!* y borrar esa expresión de nuestro registro verbal habitual, simplemente, porque no es verdad y responde a un autoengaño y a una especie de hipnosis colectiva. Y en su lugar decir: *¡Tengo un exceso de tareas!*

Y, una vez se ha tomado conciencia de un exceso de tareas, se nos hará evidente la necesidad y conveniencia de soltar: soltar tareas, actividades y obligaciones. Este soltar, pero manteniendo lo esencial, requiere, obviamente un riguroso discernimiento.

Realizado ese discernimiento, un educador ya no se plantea si tiene tiempo o no, sino a qué va a dedicar o conceder el tiempo del que se dispone.

Y, una vez elegido a qué se le dedica, consciente y deliberadamente, el tiempo disponible, se entrega a vivirlo plena y gozosamente, sin agobios ni ansiedades.

Este recuperar el tiempo, también significa, en cierto modo, reconocernos como los monarcas y los propietarios de nuestro tiempo y, por consiguiente, no cederle a nada ni a nadie la propiedad, la gestión y la vivencia de nuestro tiempo. Es obvio que cuando uno es trabajador por cuenta ajena y necesita tener un trabajo que reporte el dinero-energía para poder vivir, desde la madurez y el sentido común, asume esas condiciones; pero sin permitir que terminen configurando y determinando la vivencia personal de cada minuto.

He de reconocer que, también a mi, como a la gran mayoría de los padres y madres presentes en aquel momento, si bien veíamos e incluso ansiábamos poder vivir el tiempo como lo presentabas, nos costaba aceptarlo. ¡Estaba tan lejos de nuestra manera habitual de vivir el tiempo!

Te percataste rápidamente de ello y, tal vez por eso, volviste a hablar en primera persona y a expresar con contundencia y seguridad:

> *—Me pueden decir a qué hora entro y a qué hora salgo del colegio, pueden incluso imponerme unos horarios, con los que no estoy en absoluto de acuerdo, pero la forma como mi corazón late en cada minuto de la actividad voy a decidirlo yo. No voy a dejar que la determinen las autoridades educativas, el equipo directivo, ni tan siquiera vosotros y vuestras posibles impaciencias o ansiedad con respecto a vuestros hijos. Y si piensas que no es posible, pues allá tú y tu corazón. Tú marcas el latido con el que vas a vivir tu labor educativa.*

Tal vez al leer esta transcripción de tus palabras, quien no estaba allí pueda percibir algo de prepotencia o arrogancia en ellas, pero en tu mirada y en el tono de voz con el que fueron pronunciadas, nos llegaron como interpelación amorosa, como invitación amistosa y como posibilidad a la que entregarnos. Simplemente querías devolvernos la condición de soberanos, de reyes y reinas de nuestro tiempo y, muy especialmente, del tiempo que pasamos con nuestros hijos.

El tiempo como casa

Continuando la explicación del sencillo esquema de las cuatro palabras, pasaste a sugerirnos que, más que una *cosa*, el tiempo podemos entenderlo y vivirlo, más bien, como *casa*, en cuanto cada momento, en cierto modo, nos alberga, nos contiene y en él desarrollamos cada movimiento de nuestro vivir. Con ese sentir que el tiempo es nuestra casa, nos estabas formulando una invitación a habitar de manera consciente y gozosa cada minuto que vivimos.

Cada educador ha de ser plenamente consciente de cómo es su *casa-tiempo* y ver si es una construcción espaciosa, luminosa, amplia y cómoda o una edificación estrecha, sin espacios vacíos, oscura y en la que no es posible moverse o estar con serenidad y alegría.

Lo que diferencia a un mero *edificio* de un *hogar* es la presencia de la hoguera, de la lumbre o del fuego. Recordemos que hogar viene de hoguera. Cada hora de nuestra vida se convierte en hogar, cuando lo que en ella vivimos está cargado de luz y de energía. Un minuto es espacio acogedor, cuando en cada segundo hay latido y arde la pasión por aquello a lo que nos entregamos en ese preciso instante.

Viviremos el tiempo como casa cada vez que, en eso que estemos viviendo, se encienda el fuego de una presencia apasionada y entregada. Eso es lo que hace que los niños sientan que, cuando están en la escuela, están en su hogar: cuando delante de ellos se enciende la llama de la entrega y del entusiasmo de su maestro o de su maestra.

En una casa hay espacios diferenciados. Cada sala tiene tu peculiaridad y aparece con una decoración específica y propia. Eso mismo sucede con el tiempo: en un año hay distintas estaciones, cada mes trae consigo una propuesta diferente y cada momento tiene su particular diseño, atmósfera y significado.

La consideración de cada momento educativo como casa nos plantea el reto de *habitar el tiempo*.

Hacer del tiempo pedagógico un hogar habitado, nos permitirá vivir la fugacidad y la brevedad de cada momento, no como prisa y ansiedad, sino como algo pausado y eterno. Habitando cada uno de los minutos, en la casa y en la escuela, estamos haciendo de la casa del mundo un lugar más habitable, humano y hermoso.

Es fácil observar cómo los padres solemos ir de un sitio a otro, y cómo los maestros pasan de una hora a otra sin habitarla. El maestro puede ir de una clase a otra, pasar de una hora a otra, sin habitarla. Es posible, sin embargo, vivirlo de otra manera, haciendo de cada momento un espacio que es habitado. La cuestión es poder habitar el minuto presente. Como decía Fedora Aberastury, "quien piensa que la vida es corta es porque nunca ha vivido los sesenta segundos de cada minuto".

Habitar el tiempo es hacernos presentes, ser presencia y ser regalo, en cada preciso y precioso momento.

Por eso, en cierto modo, todo tiempo educativo compartido con los niños y niñas está llamado a ser una especie de *santuario*.

El tiempo como causa

Al explicar el tiempo como *causa*, nos descubriste a las familias otra visión y vivencia de las estaciones del año. Hasta ese momento, para mí, los cambios estacionales no eran sino meros cambios climatológicos, que nos obligaban a un cambio en nuestra indumentaria.

Los cambios de estación, sin embargo, no se reducen a un simple cambio de decorado en el paisaje. Cada estación del año trae consigo una energía y una vibración específicas y peculiares.

Esta percepción de cada estación como *fuente de energía*, es la que nos invita a vivir cada tiempo como *fuente causal*, como estímulo y como razón, motivo o fundamento de nuestra manera concreta de vivir dicho tiempo.

El tiempo puede ser causa en un doble sentido: *en el sentido de origen,* como algo que causa otra cosa, y *en el sentido de motivación o propósito*, cuando, por ejemplo, decimos que luchó por una causa.

La consideración de cada momento educativo como causa, nos plantea, por consiguiente, el reto de *sincronizar, sintonizar y alinearnos con cada instante y, de manera más amplia, con el tiempo-estación*.

Así nos redefiniste lo que es cada estación del año: cada estación, como nos señala la misma palabra, es la acción de estar, de un modo concreto, en sintonía y sincronizándonos con su energía y vibración singulares. Al no alinearnos con la energía estacional, podemos alienarnos, desconectarnos o desestructurarnos.

La energía que está en el entorno y que es propia de la estación del año en la que estemos, puede ser la causa de cómo yo vivo un momento en concreto y mi vida en general.

El tiempo como cauce

El tiempo, además de casa y causa, también puede ser *cauce*. Cada hora que se nos da, nos ofrece la posibilidad de ser *un cauce histórico del Amor* para con los niños y con la Vida. No es lo mismo vivir una hora en la escuela, con la conciencia de que hay que cumplir un horario, con la conciencia de que hay que cumplir un horario, que vivirla como una oportunidad para ser, durante ese tiempo, una expresión viva del Amor.

Cada momento que estamos con los niños, ya sea con los hijos o con los alumnos, podemos vivirlo como un extraordinario *cauce para la autorrealización*; como camino o vía de desarrollo personal. Es entonces cuando el tiempo, cada momento o cada instante, lo acogemos y lo vivimos como una gran oportunidad para realizarnos, y para ser la mejor versión de nosotros mismos, en todo aquello que desempeñamos como educadores.

Cuando vivimos el tiempo como cauce, al servicio de la Vida, las horas *no transcurren, sino que fluyen*.

Cada segundo contiene su propia intencionalidad y es un tiempo abierto y disponible al segundo siguiente, pero con plenitud de sentido y contenido en sí mismo. Empezamos a sentir y saborear *la singularidad* de cada instante y *la irrepetibilidad* de cada momento.

Agradezco que me hayas ayudado a concebir y, sobre todo, a vivir, cada tiempo compartido con mi hijo como una experiencia de lo eterno.

Yo había entendido la eternidad como un sinfín de años puestos uno tras otro. Lo eterno era sinónimo de extensión o duración del tiempo. Ahora me resuena como una *una forma de vivir y experimentar cada momento*, captando y sintiendo la energía, el valor y el alcance de cada instante. Lo eterno para mí, ahora, ya no es algo cuantitativo sino cualitativo y más un sinónimo de profundidad que de perdurabilidad.

Gracias, por hacerme descubrir, sentir y vivir que "la magnitud colosal de un milenio se construye con la sencillez y fugacidad de los segundos que lo componen".

El tiempo como cauce invita a nuestros corazones a entregarse y a rendirse al fluir de los acontecimientos, de lo que sucede y de cada situación que la vida nos pueda ir presentando.

Me he sumado, fervorosamente, a esa propuesta o invitación a vivir cada acto educativo, cada momento de encuentro y convivencia con mi hijo, como una experiencia de eternidad.

Una eternidad que no es sino el despliegue continuo e incesante de múltiples brevedades fugaces, en las que se condensa y se expresa la totalidad de lo que la Vida es. Como bien nos has ayudado a distinguir, hay una eternidad que es proyección de futuro y otra que es realización del momento presente porque eterno es todo aquello que nos traspasa, a través de aquello que vivimos.

Eterno, tanto en educación como en la vida en general, es aquello que nos colma, que nos realiza y que nos plenifica. Lo eterno congrega, unifica, vivifica, recrea, renueva, hace o deshace, nace o muere, se transforma y nos transforma. Lo describiste poéticamente con estas palabras que enmarqué en mi cuaderno: "es movimiento en la quietud de lo que permanece, es danza sin baile y música sin partitura. Para aquél que no pone su reloj en la muñeca sino en su corazón, no en ninguna pared de su casa sino en el altar de su alma, para ese, el tiempo es algo eterno. El tic-tac de lo eterno no lo producen las manecillas de ningún reloj, sino los latidos de un corazón, enamorado de la Vida y del Mundo y entregado amorosamente a aquello que hace. Para quien se instala en lo eterno, cada segundo, cada minuto o cada hora que transcurre no es algo que pasa, que se pierde o que se gasta. Cada momento se siente, más bien, como algo que llega, que se gana o que se obtiene".

Insistías con fuerza en que, la conciencia sentida de eternidad no es una cuestión de reflexión filosófica o discurso poético, sino una posibilidad vivencial, y que su importancia pedagógica radica, sobre todo, en la *sensación de serenidad y ligereza* en el vivir que genera y en la que nos instala. Y, si esto no fuera ya suficiente, además nos permite confirmar, advertir y apreciar el *significado único e irrepetible* de cada acto, persona o acontecimiento.

Remarcabas también que eternidad no es disponer de un sinfín de años, sino vivirlo todo *sin fin*, es decir, sin una finalidad ajena o distinta a su más íntimo desarrollo o desenvolvimiento. Esa es la cuestión y ahí se nos plantea esa posibilidad que siempre vamos a poder acoger como reto: *vivir el presente absoluto de cada situación pedagógica*.

Gracias, por mostrarnos y recordarnos que "la atención y entrega total en un minuto, nutre y satisface a un niño, durante horas".

La consideración de cada momento educativo como cauce, nos plantea, por tanto, el reto de *santificar el tiempo,* como un modo de recuperar su dimensión sagrada o su impronta pedagógica e incluso espiritual.

Ningún tiempo o momento se presenta nunca dos veces: esta clase, esta mañana o esta tarde de hoy, no es la repetición de ninguna otra. Cada segundo trae consigo su posibilidad única y nos lleva, nos anima y nos invita a la realización que tal momento sugiere. Por eso, cada momento de nuestra vida trae consigo una cierta sensibilidad, una determinada propuesta y un crecimiento específico. Por eso, cada instante lleva consigo una alusión, una invitación y una provocación.

Cada momento está cargado de significado. Es una llamada. Es a partir de una especial sensibilización, con respecto al tiempo, que nos hacemos conscientes del flujo de energía que todo tiempo trae consigo. Empezamos, entonces, a darnos cuenta de que cada instante viene pertrechado con aquello que puede ayudarnos a vivir lo que nos corresponde en ese momento.

Podemos así dejar de ser dependientes o esclavos del tiempo y pasar a vincularnos con él. Cuando reconozco que esta existencia concreta tiene una delimitación temporal, una direccionalidad, un sentido, una finalidad... me hago consciente de que el tiempo apremia y me urge a rescatar cada momento de mi vida, llenándolo de contenido. Lo contrario no sería sino *profanar el tiempo*, dedicándome a lo trivial o a lo que me aleja de mi verdadero centro.

El tiempo es tan sagrado y tan valioso que no se puede comprar. El tiempo es oro, se dice.

Un solo segundo es más valioso que el diamante más caro. Cuando no valoramos justamente el tiempo, su alcance y su significado, en los procesos educativos, el modo concreto de vivir nuestro tiempo se acerca a la profanación y se aproxima al sacrilegio.

Santificar el tiempo es hacer de cada uno de los minutos que estamos con los hijos o con los alumnos, un altar donde se realiza la ofrenda más agradable al Cielo: una Vida humana plena de sentido, amor, alegría y belleza. Es, de algún modo, *recuperar el tiempo, cada hora, cada momento, como un lugar teológico,* **como un espacio para el encuentro profundo y auténtico con el niño**.

La vivencia del tiempo constituye ahora para mí, como madre, un permanente desafío en mi modo de estar y funcionar con mi hijo.

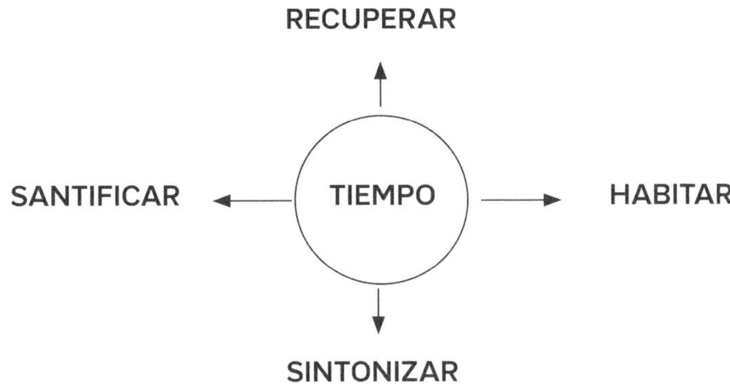

A una madre se le escapó espontáneamente una expresión en forma de suspiro:

> *—¡Cuánto nos cuesta saber cuándo es el momento adecuado!*

Percibiste cierto desencanto y abatimiento en la madre que había intervenido y saliste, de inmediato, a su rescate.

—Nadie supera a las madres en el arte de educar en cada momento o instante presente. Vosotras no programáis ni elaboráis, a priori, unidades didácticas o situaciones de aprendizaje. Sois las grandes maestras del aprendizaje atmosférico y vuestra pedagogía consiste en responder, cada una desde lo que sabe y puede, a cada situación real y a cada momento vivencial que se os pone por delante. Vosotras siempre educáis en el ahora. Por eso, de vosotras he aprendido la respuesta que doy, cuando algunos compañeros maestros me han preguntado cuándo trabajo con los alumnos sus emociones, sus actitudes y sus valores. ¿Sabéis cuál es esa respuesta a la pregunta sobre el cuándo de la educación?

Te giraste, una vez más, hacia la pizarra con la tiza blanca en la mano y, con pulso firme y lentamente, escribiste:

—A-hora

Y, de nuevo cara al auditorio, aclaraste el guión que, más que romper la palabra, nos la devolvía con un sentido fresco y renovado:

—Las emociones, las conductas, las actitudes y los valores han de abordarse en el ahora en el que surgen o se manifiestan. Dicho de otro modo, aunque en el horario haya unas horas específicas y regladas para su abordaje, cualquier momento puede ser el idóneo o adecuado.

Un ejemplo nos lo dejó definitivamente claro:

—Imaginad a un niño que, en el patio de recreo o en cualquier clase, un lunes cualquiera, se pone furioso y, preso de su rabia, golpea a un compañero. Es en ese momento, es en ese a-hora, donde ha de abordarse la situación, emocional y pedagógicamente hablando. No

tendría sentido dejarla pasar por alto, porque se están terminando de corregir unos ejercicios de matemáticas, por ejemplo, o aparcarla y derivarla a la clase del miércoles dedicada a la tutoría o a la educación emocional.

Nos quedó claro que decir que el tiempo para educar es a-hora significa que, aunque, sobre todo y especialmente en la escuela, haya algunas horas específicas y previamente marcadas para un abordaje más programado, específico, continuado y sistemático, el tiempo para educar es siempre. Como suele ocurrir, de manera espontánea y natural en la educación familiar, cualquier momento imprevisto y cualquier situación inesperada puede ser la ocasión idónea o la coyuntura propicia y constituirse, por consiguiente, en el contexto más favorable.

Decir que no hay una hora, por ejemplo, para la educación emocional o de la interioridad de los hijos y de los alumnos, es afirmar que todo tiempo escolar y familiar debe estar preñado del emocionar y de la interioridad de los sujetos protagonistas en cada situación. De esta manera, el educar se convertiría en el arte de trazar puentes, lazos y vínculos significativos entre los datos, la información, las tareas, los conocimientos y las experiencias del mundo exterior con nuestro universo interior.

Quisiste terminar esa sesión memorable con un regalo.

—Ya que estáis aquí, y para agradecer vuestra presencia, vuestro interés, vuestra escucha atenta e inspiradora y vuestra participación, quiero haceros un regalo. Para que no tengáis que volver a decir nunca más ¡no tengo tiempo!, voy a haceros entrega ahora de todo el tiempo del mundo.

El grupo enteró estalló en una sonora carcajada cuando comenzaste a tararear una antigua canción de Manolo Otero, un actor guaperas que se hizo famoso con la radionovela de Lucecita, y que aprovechó el tirón de esta fama para lanzarse al mundo de la canción; o mejor dicho, al mundo del susurro vocálico, ya que, de hecho, en dicha canción no hacía sino hablar, sobre el fondo de un coro femenino que no dejaba de tararear aaahhh mientras el cantante reiteraba, una y otra vez, tengo todo el tiempo del mundo.

Te giraste en dirección a la pizarra mientras comentabas que nos ibas a hacer, a modo de despedida, un regalito maravilloso ya que nos ibas a dar todo el tiempo del mundo.

Y entonces escribiste con letras bien grandes: de-tener el tiempo.

Y abriste aquel sorprendente regalo con palabras explicativas que nos ayudaron a desvelar el alcance de lo que nos estabas ofreciendo.

> *—Es cuestión de tener tiempo. Es decir, la cuestión es de-tener el tiempo. Y tengo tiempo cuando me detengo. ¿Por qué? Porque cuando me detengo, me tengo a mí. Y si me tengo a mí, tengo todo el tiempo del mundo. Tendré tiempo, deteniéndolo, es decir, lentificando mis ritmos y cadencias y revolucionando, desde el fondo de las entrañas, aquel refrán popular que, transformado, puede cambiar mi vida si la vivo con pausas... y sin prisas.*

He podido comprobar que, ciertamente, este detener el tiempo trae consigo el distender los ánimos, la tensión personal y grupal e incluso la crispación en los comportamientos.

Y concluiste:

> *—No tenemos tiempo, porque lo perdemos en muchas cosas que no merecen la pena y no sabemos ganarlo para lo que realmente es valioso y colmaría de gozo*

el alma. Perdemos el tiempo porque previamente nos hemos perdido, vamos como sonámbulos sin norte, desnortados y sin rumbo, arrastrados por la vorágine de un activismo desenfrenado.

Los niños necesitan tenernos, disponer de tiempo con nosotros y que les concedamos su tiempo. No pueden tenernos, si no nos tenemos a nosotros mismos. Y recuerda que, no tener tiempo es una forma burda o disimulada de querer ocultar que, en el fondo, no nos tenemos a nosotros mismos.

5

Porque educas sin prisas... y con pausas

Porque no quieres llegar antes, sino más adentro

Ni el aula ni el hogar han de degenerar,
hasta convertirse en espacios o lugares
para una lucha encarnizada contra el tiempo y, mucho menos,
en una competición, ni tan siquiera para con uno mismo.

Agradezco que seas el maestro de mi hijo, porque además de reconocer su derecho al tiempo, le educas sin prisas... y con pausas.

Fue un momento ciertamente memorable, que se nos ha quedado bien grabado a todos en la memoria, aquel en el que nos invitaste a completar una frase, un refrán que tú iniciabas. Empezaste diciendo con voz firme: “Sin prisa...”.

Y todos los allí presentes, como un coro bien entrenado y afinado, completamos la frase, como una sola voz, al unísono y sin la más mínima fisura ni distorsión: “... pero sin pausa”.

Esa respuesta unánime, sin margen alguno para la disonancia o el error, manifestaba que, todos los allí presentes éramos hijos e hijas de una cultura que había creado, validado y reafirmado la veracidad y fuerza de dicho refrán.

El contento por el éxito de nuestra respuesta, visible en las sonrisas que siguieron a las palabras proclamadas a coro, se difuminó, a la velocidad del rayo, cuando nada más ser pronunciadas, nos hiciste caer en la cuenta:

> *—¡No veis que este refrán es una falacia, una auténtica estafa! Comenzaste a caminar rápidamente por la sala y concluiste: "si no hay pausa, la prisa no se va".*

Por si no fuese suficiente, con tu ya para nosotros familiar malabarismo verbal, sentenciaste:

> *—Es preciso darle la vuelta al refrán y vivir "con pausas... y sin prisa".*

Nos estabas descubriendo la pausa como una portadora de paz en nuestro modo de vivir los tiempos. Y nos invitaste a no olvidar y recordar, como un mantra, estas palabras:

> *—"A la paz, por la pausa".*

Y escribiste en la pizarra, para fijar esta idea tan reveladora como interpelante: "La paciencia es la ciencia de la paz en nuestra manera de gestionar el tiempo con el que vivimos algo. Y hacia esa paz nos conducen, amable y generosamente, las pausas".

La paciencia es, desde esta perspectiva, cuestión de una determinada actitud y estado interno en relación al tiempo que concedemos para el desarrollo de algo.

Descubrí ese día que la presencia de la prisa o su ausencia, delatan el *tempo* de nuestras acciones y revelan, en cierto modo, nuestra visión y vivencia de la temporalidad.

Una de las madres preguntó sobre la diferencia entre *tiempo* y *tempo*.

Agradeciste la pregunta, porque su respuesta nos sugiere contemplar cada acto educativo como una sinfonía o como un poema, ya que el *tempo* se refiere al grado de celeridad en la ejecución de una composición musical y, por extensión, de una composición poética. El tempo nos remite, específicamente, al ritmo de una acción.

Si, como afirma la ciencia, "la pauta del ritmo está en la base de todo", tendremos que retomar y reafirmar en nuestras prácticas e intervenciones, ya sea en casa o en la escuela, la importancia que el ritmo tiene en la forma como algo se desarrolla y se vive y, como consecuencia, su relevancia pedagógica y educativa.

No es una cuestión teórica, sino que remite a algo tan concreto, tan real y cotidiano como el ritmo con el que respiramos los adultos o los niños, el ritmo en el paso de unas tareas a otras, el ritmo con el que se desarrollan y se suceden las actividades, el ritmo de los encuentros y las conversaciones y el ritmo de los movimientos, los pensamientos o las emociones que se suscitan y se movilizan a cada momento.

Es muy importante tener claro que no todos los ritmos son iguales. Hay ritmos que vitalizan y otros que desvitalizan, ritmos que organizan y otros que tienden a desestructurar, unos que favorecen el centramiento y la atención y otros que descentran o tensan. Hay ritmos que lentifican y otros que aceleran e incluso podemos experimentar la carencia de ritmo.

El pensamiento y el cuerpo de un niño, como el de cualquier persona, funcionarán rítmica, sincrónica y armónicamente o, por el contrario, de manera desestructurada, desequilibrada o disarmónica, dependiendo del ritmo de base en el que se muevan.

Esto mismo puede decirse en relación a un grupo o colectivo, ya sea la clase de un colegio o una familia.

Padres y maestros tenemos que aprender a cultivar y desarrollar una mínima maestría en el uso consciente, y en el manejo deliberado, de los diversos ritmos con los que se puede ir conduciendo una conversación o debate, una relajación, una dinámica corporal, una reflexión, un encuentro humano o cualquiera de las actividades y tareas típicamente escolares u hogareñas.

El ritmo no hace sino expresar la propia energía o dinámica interna. El estado interno emerge a la superficie visible o perceptible con un determinado ritmo. El ritmo interno de una persona e incluso de un colectivo conforma su atmósfera, su clima o su ambiente correspondiente.

Llegamos a los sitios y permanecemos en las diversas situaciones que vivimos con un ritmo concreto que, a su vez, es expresión de una específica y peculiar *frecuencia vibratoria.* Este ritmo está muy afectado y condicionado por los ritmos que se dan y se viven en la casa y en la calle, así como por las frecuencias rítmicas que configuran la sociedad y la cultura en la que vivimos. El ritmo social de aceleración y la prisa colectivamente asumida se introducen en el aula y en la casa, porque es algo que afecta a las células y al corazón de quienes entran y están en ellas.

El ritmo de los latidos de nuestra sociedad, y también de la escuela, se caracteriza por la rapidez, la aceleración, la velocidad y la prisa. Es el ritmo de lo "fast" o rápido que llegó a alcanzar incluso a la cocina y a nuestra manera de comer (fast food).

Para los padres y madres que desconocen el inglés anotaste la palabra "fast" en un folio para remarcar que esta rapidez es una seña de identidad en muchos rasgos y ámbitos de nuestra sociedad y en la cultura.

Recurriendo de nuevo al sentido del humor y jugando, una vez más con la palabra, planteaste tener en cuenta y no olvidar que, a la hora de educar, "lo fast termina fastidiándolo todo".

Los ritmos rápidos descentran, pueden generar inestabilidad, inseguridad y ansiedad, dificultan los procesos de inmersión o el reposo y no facilitan, para nada, la comprensión y asimilación ni de los conceptos, ni de las dinámicas o procesos.

El endiosamiento de la rapidez nos hace olvidar que hay un tempo natural en el cuerpo, en las cosas y en la vida; también en una clase, en una familia y en cualquier proceso educativo. Los estímulos precisan de un determinado ritmo y velocidad para que puedan calar hondo y en lo hondo, y asentarse en el interior de un corazón humano.

Por otra parte, la ansiedad, la aceleración y la prisa van configurando nuestras vidas y nuestras acciones pedagógicas como algo arrítmico. Por fuera, en su envoltorio, nuestras pautas y modos de vivir pueden ser muy regulares y estructurados, incluso rígidos, en lo que se refiere a la organización y distribución de horarios, tareas o actividades. Pero por dentro, en su ritmo interno, en su tempo concreto, lo que late o vibra no es sino una especie de arritmia de fondo.

Cuando el latido del pulso en un acto educativo es rápido, acelerado y arrítmico, dicho acto acabará mostrándose como algo desorganizado que desestructura, desintegra e incluso desvitaliza a quienes participan en él.

El ritmo de una persona, de un colectivo e incluso de una pedagogía, es la expresión superficial visible de su dinámica interna de fondo. El ritmo es, según Platón, "orden en el movimiento" de cuanto se hace y se vive. Ser consciente de esto me está permitiendo un abordaje deliberado del ritmo personal y la cadencia con los que desarrollo mi labor educadora.

La prisa, que no deja de ser sino un modo determinado de vivir con un tempo rápido o acelerado, expresa que hemos acabado siendo presas del tiempo.

La prisa nos hace presas de los objetivos, de los logros y de las metas y, por eso mismo, dificulta que seamos libres y vivamos sin agobios los procesos, concediéndoles los tiempos necesarios que requieren.

Con ironía, nos hiciste ver con claridad que, paradójicamente, *con la prisa no adelantamos nada*. Con la premura de tiempo no avanzamos nada, con el apresuramiento y la falta de tiempo no facilitamos ni mejoramos nada, pedagógicamente hablando.

La prisa que suele presidir la falta de tiempo, no es sino una aceleración en el emocionar y en el hacer, que sustituye la profundidad por la rapidez, la consciencia por la impulsividad, la respuesta por la reacción y el gesto libre y autoexpresivo por la acción mecánica.

Con voz alta y clara proclamaste ante las familias un auténtico manifiesto contra la prisa o, mejor dicho, a favor de un tiempo lento y pausado.

> *Desconfiad de la prisa y de la falta de tiempo; evitadla, combatidla, pues es uno de los grandes obstáculos para nuestra actuación como educadores.*
>
> *La falta de tiempo, la premura y la precipitación no hacen sino perjudicar nuestra vida y nuestra labor con los niños.*
>
> *No perdamos el tiempo apresurándonos. No nos perdamos a nosotros mismos por no darnos ni conceder los tiempos necesarios.*
>
> *Quedarnos sin tiempo es una manera de minar nuestra dignidad e integridad.*
>
> *Demos deliberadamente todo el tiempo necesario a nuestros gestos y a nuestros pasos, a la pronunciación de nuestras palabras y al curso de nuestros pensamientos y emociones; también a los de nuestros hijos y alumnos.*

Y, a continuación, lanzaste al aire, con el soplo de tus palabras, una invitación en forma de propuesta: en el vértigo de nuestras vidas, debemos encontrar remedio a la prisa y a la presión del tiempo con una cierta *suspensión interior.*

Consiste en repetirse y en realizar esto: *Yo actúo, y lo hago poniendo toda mi energía, amor e inteligencia en ello; pero yo no corro, no me precipito, no me impaciento. Yo me quedo en mi sitio, en mi centro y miro cómo desarrollo en paz mi quehacer, a sabiendas de que la Vida me concede para ello todo el tiempo del mundo.*

Y fue entonces cuando dejaste caer esta frase que nos animaba a vivir nuestra responsabilidad educadora sin correr y sin el agobio de la falta de tiempo:

—Para realizarnos como personas, para el despliegue de nuestra verdadera identidad, la Vida nos concede la eternidad... y tres años más.

Agradezco que seas el maestro de mi hijo porque, frente al hacer desenfrenado y al activismo de determinadas corrientes educativas, crees en el valor y en la necesidad de la lentificación como modo de reducir o inhibir la impulsividad, así como para facilitar la atención y la asimilación de los procesos, e incluso mejorar los resultados.

Lentificar la dinámica pedagógica consiste en hacer el ritmo de la clase más lento.

La lentificación es un ritmo sostenido, relajado pero intenso, conseguido a base de estructurar convenientemente las situaciones, crear latencias, demoras y pausas, así como por el ritmo, el tono y el volumen que imprimimos en lo que hacemos.

Poco a poco vamos aprendiendo a no tener prisa y a intentar que cada actividad, dentro de unos límites razonables, dure lo más posible o, como mínimo, el tiempo necesario.

Las familias hemos podido comprobar cómo lentificar la dinámica no implica, en ningún momento, un empobrecimiento del nivel ni de la intensidad con la que los niños desarrollan las tareas o actividades. Más bien, todo lo contrario.

Esta sociedad frenética está acentuando excesiva y peligrosamente el ritmo natural de los niños, alterándolo hasta confundir la viveza con la hiperactividad, el dinamismo con el desenfreno, la energía con el desbordamiento y los latidos vitales con la impulsividad.

Los niños acaban siendo víctimas de unos impactos e impulsos, que no son expresión de su ritmo natural interno, sino el reflejo de la ansiedad, la agitación y el estrés del medio social externo en el que están creciendo.

Los ritmos continuos, incesantes y demasiado vivos tal vez puedan ser, en un momento dado, más motivadores y captar provisionalmente el interés de los niños. Dichos ritmos, sin embargo, y aun sin pretenderlo, no proporcionan el sosiego necesario para un adecuado enfoque, la captación y la apropiación de aquello que se trabaja o se vive.

Gracias a la lentificación, es posible crear un clima más detenido y reflexivo; algo imprescindible para tareas que no sean meramente mecánicas, sino que puedan favorecer una estimulación de los procesos cognitivos o de pensamiento, así como mantener un ambiente amistoso, sereno y agradable.

Detener la velocidad y desactivar las prisas lleva consigo el distender los ánimos, la tensión personal y grupal e incluso la crispación en los comportamientos.

Del mismo modo que ya habíamos tomado conciencia de un cierto secuestro del tiempo, comenzamos a percatarnos de una especie de *secuestro de la pausa.*

Un secuestro que operaba, sin que fuésemos conscientes de ello, en la propia respiración. De hecho, a la pregunta sobre cuántos y cuáles eran los movimientos de nuestra respiración, todos, sin excepción, respondimos que eran dos: la inspiración y la espiración. Nos hiciste ver que habíamos eliminado la pausa o apnea respiratoria como parte integrante e importante de nuestra respiración. Y nos hiciste experimentar también, a través de un ejercicio en el que teníamos que abrir un espacio y conceder su tiempo a las pausas que siguen a la inspiración y a la espiración, cómo la presencia de dichas pausas modificaba radicalmente nuestra manera de respirar.

Querías mostrarnos con ello que son precisamente las pausas las que hacen posible otra pauta, otro ritmo, otra cadencia, otro orden y la armonía en nuestra respiración y en los demás movimientos de nuestro vivir.

Paralelamente a la recuperación del tiempo, nuestra cultura necesita, también, recuperar, habilitar e incluso santificar las pausas, redescubriendo su verdadera naturaleza y alcance.

De la misma manera que hiciste con respecto al tiempo en general, nos planteaste *una nueva visión* y una consideración diferente del *valor y del papel de la pausa*. Y lo hiciste escribiendo en la pizarra la palabra pausa anotando con un color diferente la letra “s”.

Nos preguntaste cuál era la letra que seguía en el abecedario a la “s” y al responderte que era la “t”, reclamaste nuestra atención, advirtiéndonos:

> *—¿No veis que cuando cambiamos la s por la letra que le sigue, la pausa se convierte en pauta?*

pauSa ——→ pauTa

La pausa es la gran oportunidad de la que disponemos para poder generar otra pauta, es decir, otro ritmo, otra cadencia, un nuevo orden y armonía, en aquello que estemos desarrollando. La pausa supone siempre un *cambio cualitativo* en nuestra manera de movernos por el mundo.

En cada pausa nos encontramos ante el reto de recuperar el norte, el sentido correcto o la dirección justa de nuestras intervenciones pedagógicas. Lo explicaste afirmando que *cuando uno se siente perdido, lo primero que hace es pararse.*

Por eso las pausas son siempre dotadoras de sentido.

Y siguiendo con tu juego con las palabras, aclaraste que, la pausa de la que nos hablas no es un *detenerse*, sino la posibilidad de un *de-tenerse*: la pausa no es un parar, sino un reparar y no es quedarnos quietos e inmóviles, sino entregarnos a un movimiento interior de pacificación y serenidad.

En el contexto de una sociedad que continuamente exalta y sobrevalora el movimiento, la aceleración y la velocidad, es comprensible una visión empobrecida y negativa de las pausas. Si la velocidad es una nueva deidad, una especie de moderno becerro de oro, no es nada extraño que se tienda a demonizar, a proscribir y condenar todo aquello que atente contra ella.

Esta cultura sin tiempo y con prisas, ha acabado olvidando que la pausa es algo natural y que pertenece al dinamismo de la naturaleza. Y, si esto de por sí ya no fuese bastante, la entiende como sinónimo de parada del movimiento, asociándola, por tanto, a algo negativo e identificándola con la inmovilidad y el estancamiento, o con la existencia de un obstáculo o impedimento. Dicho en una sola frase, la pausa no es otra cosa que *un detenerse*.

Recuperado su más pleno sentido, su más hondo significado y su amplísimo alcance, la pausa se nos presenta, no obstante, como una posibilidad extraordinaria para adecentar el paso o movimiento que sigue, retándonos a recuperar el norte, el sentido correcto y la dirección justa de nuestras acciones y movimientos.

Comenzamos a entender y a vivir la pausa como lo que verdaderamente es, un movimiento de altísima vibración que, como tal, siempre va a suponer un cambio cualitativo en el modo como vivimos los tiempos.

Esta pausa, como ya hemos indicado, no será otra cosa que un de-tenerse, un momento o un tiempo que nos devuelve a nosotros mismos. Eso convierte toda pausa, por breve o pequeña que sea, en un bien mayor.

Fue así como se abrieron nuestros ojos y conciencias a un comprender, aceptar y vivir la pausa como movimiento. La pausa como movimiento supone un "pararse o detenerse en el desplazamiento horizontal" para "movernos verticalmente, hacia adentro". En la pausa detenemos el *que-hacer* para activar la conciencia de *qué-ser* es quien hace. La pausa nos devuelve y da volumen a la conciencia del "quién" y del "desde dónde".

La presión del tiempo nos desplaza del aquí y ahora de nuestro centro a un futuro que aún no está y que, por consiguiente, nos descentra.

En la pausa, sin embargo, paramos lo que estamos haciendo para rehacernos a nosotros mismos. La pausa se nos presenta, por tanto, como una extraordinaria ocasión para el centramiento.

Toda educación desde el Corazón es, en cierto modo, *un acto de reivindicación de la pausa*: pausa en la respiración, pausa en el movernos, pausa en los pensamientos, pausa en las tareas...

Una buena pausa nos brinda una oportunidad extraordinaria para poder acallar los ruidos de nuestros gestos, silenciar las pretensiones de nuestras actuaciones, calmar las ansiedades de los quehaceres y atemperar las expectativas de nuestras acciones.

Los puntos o momentos *STOP*

Toda pausa es, en cierto modo, un concedernos y conceder tiempo.

El gran reto que se nos plantea como educadores es cultivar y desarrollar pausas conscientes, que vayan, poco a poco, favoreciendo una actitud pausada en nuestra vida diaria y en nuestras acciones pedagógicas.

Para ello es necesario crearse el hábito de hacer pequeñas pau*sas* de un minuto o dos, o a veces de tan sólo unos segundos, a lo largo de los períodos de actividad cotidiana. Sólo hay que parar, hacer como un stop en lo que se está haciendo y dirigir la mirada hacia quien está obrando. Al detener el hacer, nos libramos de la excesiva presión del tiempo y podemos, entonces, dar más volumen a la conciencia de cómo es nuestra presencia en eso que estamos haciendo.

Aunque ya lo sabía porque mi hijo me lo había comentado en varias ocasiones, compartiste con las familias esa dinámica de recomposición de tu modo de estar en clase y a la que llamas los *puntos stop*: cada vez que te percatas de que te has descentrado o de que estás alterado, les expresas a los alumnos que el maestro necesita hacer un stop y que precisa pararse para repararse.

Para que pudiésemos ver con claridad cómo lo haces y el efecto que tiene en el ambiente o atmósfera del grupo-clase, lo representaste ante los padres. Como es habitual en mí, fui anotando fielmente cada cosa que ibas diciendo:

> *—Cierro los ojos con suavidad para llevar mi mirada y mi atención hacia mi adentro, y así poder darme cuenta de cómo estoy y cómo me siento.*
>
> *Me concedo y permito esta breve pausa, en la que voy a pararme para repararme.*
>
> *Ahora dejo de estar atento a lo que estaba haciendo para permanecer atento, a mí, a mi centro.*
>
> *Alargo la expiración como una manera de soltar cualquier tensión, inquietud o nerviosismo que pueda estar sintiendo.*
>
> *Tomo conciencia de mi lengua como un espacio de energía que se expande, soltando cualquier tensión que pueda notar en ella y dejándola descansar sobre el labio de abajo, como si fuese una esponjita redondita y blandita de energía.*

Siento la conexión de mi lengua con las plantas de mis pies. En cada espiración, mi lengua se expande en mi boca y las plantas de los pies se expanden imantadas al suelo.

Pienso y siento que estoy en mi centro... en mi eje...

Y ahí me quedo unos instantes, respirando sin prisa, y con pausas.

Vuelvo a abrir mis ojos, blanditos y amorosos y que miran desde atrás, desde atrás...

Todavía recuerdo cómo me llegó esa mirada reparada y reparadora que nos dirigiste una vez volviste a abrir los ojos. Una paz inmensa y un silencio delicioso envolvían el aula en aquel instante sencillamente maravilloso. Me llamó la atención el hecho de que te costó reemprender tu alocución. Y lo hiciste citando a un actor y director de teatro, Stanislavski, que decía, a propósito de su reconocido método para la formación de actores, que la manera de respirar de un actor en el escenario, determinaba el estado emocional del público. Reformulaste dicha afirmación para reorientarla hacia nuestra tarea como educadores: del mismo modo que mi respiración y mi ánimo en clase afecta al estado de mis alumnos, vuestro estado interno condiciona la manera de estar de vuestros hijos.

Vivir y actuar pausadamente, sin premuras de tiempo, sin más exigencias que las que cada momento presente nos va presentando, dotan a nuestra presencia de una energía y un alcance muy especiales.

Respondiendo a la pregunta de una de las madres sobre cómo respondían los niños a dicha dinámica de los puntos stop, en la que el maestro se para y detiene lo que está haciendo, comentaste que, las primeras veces, ibas verbalizando cada uno de los momentos y cada una de las pautas o autoconsignas, anteriormente señaladas, y que los alumnos suelen ser bastante respetuosos, si el maestro deja claro lo importante que es para él y lo beneficioso que será para ellos, una parada o pausa para mejorar el estado personal y el ambiente de clase. Con el tiempo, la mayoría de los alumnos también se van sumando y acompañando al maestro en esas pausas o puntos stop, en ese pararnos para repararnos.

Fue en este preciso instante cuando, de una de las estanterías próximas a tu mesa, sacaste un cartel con la señal de tráfico de stop.

Nos explicaste a continuación que es la señal que usas con los alumnos para que, al verla, se detengan en lo que estén haciendo, paren la actividad, sea cual sea, y se entreguen a un tiempo de pausa. En cuestión de segundos la clase se aquieta, se serena y se pacifica sin necesidad de voces ni gritos.

Y nos animaste a que en cada familia acordáramos una señal, un cartel o un gesto que sirviera al mismo fin.

Incluso nos invitaste a elaborar una especie de acróstico con la palabra STOP, a modo de recurso mnemotécnico para recordar el sentido y alcance de cada parada o pausa.

Lo hicimos por grupos y esto es lo que pusimos en común:

S – Stop, me detengo
T – Tomo aire, realizo varias respiraciones profundas
O – Observo mi cuerpo, mi estado de ánimo y los pensamientos que fluyen
P – Prosigo con lo que estaba haciendo

S – Sonrío (como manera de desdramatizar mi estado de alteración)
T – Tomo conciencia de mi estado actual (físico, anímico y mental)
O – Observo mi respiración y transito a una respiración sin prisa y con pausas
P – Presencia. Recompongo mi postura, asegurando la verticalidad y el centramiento

S – Stop (paro un momento lo que estoy haciendo)
T – Tomo varias respiraciones profundas (prestando atención al recorrido del aire)
O – Observo lo que sucede y el propio estado interno como un espectador pasivo
P – Presencia. Desde mi centro, creciendo y en conexión con lo mejor de mi

S – Stop. Para. Detente. Haz una pausa breve en lo que estés haciendo
T – Tómate un momento, un respiro escuchando y sintiendo tu respiración
O – Observa y conecta con lo que estás viviendo en tu cuerpo, en tu emocionar y en tu mente
P – Prosigue y continúa abriéndote a otro modo de presencia.

Agradezco infinitamente que seas el maestro de mi hijo, porque nos has ayudado a instalar las pausas, como tú también haces en tu labor docente, en el movimiento cotidiano de nuestras casas y en la dinámica habitual de las familias.

Ahora reconocemos, en las pequeñas pausas que vamos recuperando y habilitando en nuestro quehacer como padres, una fuente y un motivo de alivio y bienestar. Unas pausas que favorecen enormemente la conciencia de presencia, la inmersión, la distensión corporal y el silencio mental. Y, por si esto no fuera ya bastante, también suavizan o eliminan la ansiedad, la prisa, el cansancio y la irritabilidad.

La pausa no sólo es una posibilidad, es también un reto y, sobre todo, un derecho; el reto de pararnos, aunque sólo sea un instante, para poder responder y no meramente reaccionar ante las situaciones y estímulos que se nos puedan presentar.

Ahora reconozco sin ambages el derecho a hacer una pausa, por breve que sea, porque sin ella difícilmente se puede danzar con lo que se ha presentado sin esperarlo y, tal vez, sin desearlo.

La pausa con la que respondo no obstaculiza, interrumpe o detiene nada, más bien lo reconstruye todo.

Las pausas no interrumpen nuestra acción pedagógica, simplemente la derivan hacia otras orillas, abren en ella nuevos senderos y son modos de alumbrar otras posibilidades.

6

Por tu arte para motivar

Porque consigues cambiar las prioridades de tus alumnos y los pones en movimiento hacia la cumbre del aprendizaje

Motivar es cambiar las prioridades de una persona.

(Claxton)

La desmotivación parece ser un fenómeno global. Y todos sabemos del estrecho vínculo entre motivación y aprendizaje. Si un maestro no consigue emocionar a sus alumnos, si él mismo no se motiva ni se emociona, a la hora de enseñar y educar, difícilmente se culminarán adecuadamente los procesos de aprendizaje.

Se comentan, cada vez más, los pobres resultados de aprendizaje, a pesar de la enorme energía empleada en los procesos de enseñanza.

La cuestión del fracaso escolar parece ya algo connatural a la escuela y se habla de los alumnos que no progresan, que no avanzan, que suspenden y que abandonan.

Hay estudios que ponen de manifiesto que incluso los alumnos que superan los niveles, los que aprueban, los que van pasando de curso, tampoco aprenden, o no aprenden lo que o como deberían aprender.

También se habla, a propósito del mal clima en las aulas, sobre los alumnos desinteresados y desmotivados, así como del aumento de los comportamientos violentos y los casos de acoso escolar.

Y junto a eso, tal vez como consecuencia de todo ello, se habla, también, de profesores frustrados, desmotivados o quemados (burn out).

Hay como una tendencia a pensar que las cosas en educación van de mal en peor.

Se afirma, como una verdad incuestionable, pero no demostrada, que los alumnos de hoy saben menos y están menos interesados, o que las familias se implican menos.

La sensación que se tiene, y que se respira en el ambiente, es que la educación va a menos y que cualquier tiempo pasado fue mejor.

Aunque los pocos datos comparativos de que disponemos ponen de manifiesto que todas esas afirmaciones no son ciertas, muchas familias y también muchos docentes, han acabado aceptándolas como verdad.

De hecho, los jóvenes de hoy tienen más competencias que sus padres y no es verdad que estén bajando los niveles educativos. Lo que sucede, más bien, es que cada vez hay una distancia mayor entre lo que los alumnos aprenden y lo que realmente necesitan aprender. Lo que hay es, sin duda, una mayor demanda social de aprendizajes.

Antes, los alumnos sin interés, los niños y jóvenes desmotivados, eran excluidos tempranamente del sistema escolar, con lo que no llegaban a resultar problemáticos para la escuela ni para el conjunto sistema educativo.

Al ampliarse la educación obligatoria y mantenerse dentro de ella a ese alumnado menos motivado e interesado, y que era arrojado a la calle, aparece una determinada desmotivación en el marco de una escuela inclusiva, frente a otra escuela más excluyente.

El modelo anterior era claramente selectivo. Se centraba en la transmisión de contenidos que aparecía como el objetivo y el medio fundamental de dicho modelo. La enseñanza estaba centrada en los contenidos y la formación del profesorado en las áreas o disciplinas.

Ahora, la escuela se ve obligada a afrontar un problema de desmotivación que antes no existía, al menos con la intensidad y la extensión que se muestra en la actualidad.

En este contexto y teniendo en cuenta esta situación, agradezco que seas el maestro de mi hija porque, día a día, *renuevas tu motivación como maestro*.

Es obvio para los padres de tus alumnos que, como maestro, no te reconoces ni en el rol ni en la meta de simplemente transmitir conocimiento.

Gracias, porque reconoces que ya no basta, y por tanto no te conformas, con que un alumno sepa leer y escribir. Quieres que tus alumnos lean y escriban para aprender.

Eres consciente de que no basta con ofrecer conocimiento; lo más importante es que los alumnos aprendan a usar y a hacer un uso dinámico y transformador de dicho conocimiento.

En tus clases, el conocimiento deviene en sabiduría porque ayudas a cada uno de tus alumnos a dar sentido a su experiencia, transformas sus vidas y favoreces, al mismo tiempo, una cierta transformación de sus familias y de la sociedad.

Gracias, porque tú abordas los contenidos curriculares como medios para el desarrollo de capacidades y competencias personales de los alumnos y, además, conectas los procesos de aprendizaje con la experiencia, con las emociones y con la vida de quienes aprenden, así como con sus intereses y necesidades y con las situaciones vitales que atraviesan.

Cuando comparamos contigo los rasgos característicos de la educación, que los niños reciben en la escuela y con sus familias, aclaraste cómo las ciencias de la educación y la psicología del aprendizaje nos hablan de dos grandes formas o modos de aprender: formal e informal.

Hasta la aparición de la educación más formal, hace unos 150 años, los procesos de aprendizaje se daban en ámbitos informales o artesanales.

En la educación informal la meta y el motivo del aprendizaje es la propia tarea en contexto y hay una integración entre conocimiento, acción y emoción.

Si bien es verdad que, en la educación informal, los aprendizajes no son siempre significativos y exitosos, no suele haber problemas de motivación o de desconexión emocional.

La educación familiar se considera informal porque en ella se dan aprendizajes, aunque no haya procesos educativos formales.

No hay un currículum diseñado que enseña cosas descontextualizadas y alejadas de la realidad y el proceso educativo parte de la interacción de los participantes en la actividad.

Se aprende porque se tiene una necesidad o porque se despierta una cierta inquietud que tiene unos determinados componentes emocionales.

Nuestros hijos aprendieron a hablar y adquirieron su lengua materna en un contexto informal, ya que, como padres, nunca elaboramos ninguna unidad didáctica ni programamos el proceso de adquisición del lenguaje, acciones habituales de la educación formal.

Un buen maestro consigue que, en ese espacio de educación formal que es la escuela, aprendizaje y motivación no se disocien, sino que, por el contrario, vayan de la mano.

Cuando tú enseñas, lengua, por ejemplo, procuras hacerlo siempre como algo contextualizado y acercándolo a situaciones naturales y habituales de uso. Mantienes así una conexión entre los intereses y necesidades de los niños y lo que tienen que aprender en el contexto formal escolar.

Evitas que tu enseñanza sea transmitir un saber de manera jerárquica y completamente desligado de contextos vivenciales o de situaciones reales compartidas.

Es de agradecer, que facilites y promuevas los procesos de identificación o vinculación entre el alumno y su maestro, más allá del mero aprendizaje.

La didáctica formal de otros maestros o modelos educativos, suele darse a partir de un conocimiento, que se presenta o se aborda de manera descontextualizada.

La meta o motivo es, justamente, adquirir ese conocimiento descontextualizado y escindido de toda acción o emoción significativa; lo que dificulta una adquisición significativa y más perdurable del mismo.

Tú, sin embargo, ayudas a *acceder al sentido de cada tarea que propones, justo antes de abordarla y también en el momento y durante el proceso de realizarla.* Y no motivas a un alumno diciéndole que lo que tiene que aprender ahora le va a ser útil dentro de 20 años.

Gracias, también, porque nos has ayudado a comprender la importancia de la recuperación del sentido en el aprendizaje formal.

Se ha hablado y escrito mucho de la importancia del *aprendizaje significativo.*

Se decía que lo que aprendían los alumnos debía tener significado y una relación lógica entre sí. Y se insistía en no aprender de manera reproductiva o repetitiva.

Agradezco que seas el maestro de mi hijo porque, más allá del mero significado, restableces la importancia del sentido en todo aprendizaje.

El aprendizaje con sentido va más allá del aprendizaje con significado.

No se trata solo de dar significado sino de vivir ese significado.

Sentir es algo más que comprender. Es experimentar en carne propia las consecuencias de lo que uno está aprendiendo.

Al partir de la experiencia de los alumnos, para transformarla, promueves no sólo el significado, sino también el sentido de las actividades y tareas, en contextos que sean experienciales y relevantes para los alumnos. Recuperas así el sentido del aprendizaje y la motivación para aprender.

Tenemos que recurrir a la motivación cuando, previamente, nos hemos cargado la capacidad natural de asombro de los niños.

A ellos, muy especialmente a los más pequeños, no hay que motivarlos, porque les mueve una necesidad connatural y muy profunda de hacer, de aprender, de moverse y de realizarse.

Por eso, motivar no debería ser tanto una necesidad cuanto un arte.

Motivar es el arte, la habilidad, de partir de lo que los alumnos desean aprender, para llevarlos a aquello que, de entrada, tal vez no les interesa o no tienen conciencia aún de su necesidad.

Motivar es mover a alguien hacia algo.

Tú, como maestro, tienes la facilidad de mover hacia la cumbre, que representa todo aprendizaje, sin que el alumno sienta la dureza de las pendientes o la aspereza de los senderos.

Motivar es empujar o impulsar. Pero tú eres capaz de transformarlo en un "pujar" y en un "latido".

Nos motivamos cuando nos movemos. La motivación siempre rompe o quiebra una determinada inercia. Para aprender hay que moverse. Y para moverse hay que emocionarse. Motivación, aprendizaje y emoción están estrechamente vinculados. La e-moción es, justamente, energía que se pone en movimiento. Los seres vivos aprenden moviéndose. Motivarse, emocionarse y moverse van siempre de la mano, suenan a coro y danzan en corro.

Y tú, como maestro, sabes despertar el impulso de ese movimiento interno que llamamos *curiosidad* y tienes el arte de captar la atención, de mantener vivo el interés y de generar nuevos intereses.

Agradezco ese don de emocionar y generar interés, simplemente, porque lo haces todo interesante y apasionante.

Agradezco que no pongas a los alumnos al servicio de las asignaturas, sino que te sirvas de ellas para generar interrogantes o dar respuesta a las inquietudes de nuestros hijos e hijas.

Y agradezco también, que partas de sus intereses para acabar dirigiéndote a sus necesidades más profundas, aunque, de entrada, los niños puedan no ser plenamente conscientes de ellas.

Motivar no es divertir, es más bien emocionar.

Motivar es mover hacia el aprendizaje y hacer de él algo que, si no es divertido, se vive como algo amable y que proporciona un cierto gozo.

El arte de motivar sabe conjugar, para cada persona y tiempo, la importancia que se asigna a la tarea y a las metas que se esperan conseguir, con la expectativa que se tiene de lograrlo. De ahí la importancia de la relación entre motivación y expectativas de logro.

Un alumno se motiva cuando la tarea, propuesta por su maestro y a la que se entrega, va a recompensar las energías y la dedicación volcadas en ella.

La motivación de un niño aumenta cuanto más valora las metas y mayor es su expectativa de alcanzarlas. Por tanto, no hay nada más desmotivador para él que la sensación o la frustración de no poder aprender.

Todos entendemos que sin motivación no hay aprendizaje, pero tú nos has hecho caer en la cuenta de que *sin aprendizaje no puede haber motivación*. La sensación de no aprender es lo primero que mata la motivación.

Por eso, se han de proponer aprendizajes que estén en la zona de desarrollo próximo de los alumnos, no en lo que son capaces de hacer sin apenas tener que dedicarse a ello, sino en lo que les requiere una cierta disposición y entrega, pero sabiéndose capaces de alcanzarlos.

Si la tarea requiere mucho esfuerzo y está muy alejada de sus competencias, sus capacidades y sus posibilidades actuales, en el siguiente intento renunciarán, carentes de motivación, porque pensarán que no van a lograrlo.

Agradezco que seas el maestro de mi hijo porque, aunque aprendizaje y conocimiento implican muchas veces un viaje largo y costoso, tienes la capacidad de *seducir y generar las ganas de viajar, la habilidad de hacer de la travesía una aventura y, con sabiduría, enamorar del destino o la meta que justifican el viaje y lo hacen algo deseable.*

Y porque, además, cuando fracasa en algo, no lo censuras ni condenas, sino que le ayudas a entender qué es lo que ha hecho inadecuadamente o qué le ha llevado a un resultado insatisfactorio, a no lograr lo que se esperaba o a no alcanzar la meta prevista.

En Psicología se distingue entre motivación intrínseca y extrínseca.

A) Motivación intrínseca

Uno está motivado para aprender porque aquello que aprende tiene sentido en sí mismo o tiene sentido o relevancia para uno mismo. La propia actividad te mueve a aprender porque es algo que responde a alguna necesidad o suscita un singular interés.

B) Motivación extrínseca

El motivo para aprender es ajeno a lo que se está aprendiendo. La meta del alumno ya no es aprender aquello sino conseguir otra cosa. Se trata, por tanto, de lograr o evitar algo ajeno a aquello que se está aprendiendo.

Los motivos para aprender son primaria y básicamente dos:

- Alcanzar una recompensa. Uno se mueve para conseguir algo deseado. El deseo de conseguir algo pone en marcha todo un circuito neuronal para alcanzar una meta o recompensa.
- Evitar una amenaza. Uno se mueve para evitar algo indeseable, desagradable o que puede perjudicar o dañar de algún modo. Esos contextos educativos amenazantes dificultan, no obstante, una implicación personal profunda en los procesos de aprendizaje.

La motivación extrínseca es un tejido muy frágil y poco consistente, que se teje o se trama con los hilos que representan esos motivos primarios de recompensa y amenaza.

Así, se amenaza al alumno con las consecuencias del no aprender o se le recompensa y premia cuando el aprendizaje se consigue.

El sistema de recompensa/castigo a base de aprobados/suspensos funciona, sobre todo, para determinado tipo de alumnos, especialmente para aquellos bien insertados y que se encuentran cómodos dentro del sistema educativo. Pero deja de funcionar para buena parte del resto de alumnos.

Y tanto para unos como para otros, más allá de que se produzcan o no los aprendizajes y más allá de la consistencia y validez de los mismos, este sistema o modo de motivar, no sólo dificulta o impide la vivencia de una motivación mucho más íntima, personal, profunda y auténtica, sino que también puede acabar siendo un sistema de modelaje de conductas y de configuración de caracteres y personalidades.

No sería extraño que un alumno al que básicamente le movieron motivaciones externas, que vivió los procesos de aprendizaje como una continua y ardua carrera de obstáculos o como un camino lleno de experiencias desagradables, negativas e incluso dolorosas, pueda acabar siendo alguien engreído o resentido, insensible o incluso vengativo.

Los aprendizajes, sus contenidos y continentes, así como los procesos y dinámicas para alcanzarlos, terminan configurando y modelando temperamentos y modos de ser y de vivir.

De ahí que agradezca, que no seas de esos maestros o profesores, más frecuentes en los niveles educativos superiores, que basan su valor o autoridad en lo duros que son y su prestigio en los pocos alumnos que le aprueban.

No creo que haya un solo médico que presuma de los pocos pacientes que le sobreviven, pero sí que hay algún que otro docente que se jacta o se ufana de los pocos alumnos que aprueban su asignatura.

Agradezco que, como maestro, no seas para mi hijo un hueso duro de roer, sino una pulpa sabrosa y dulce, que calma la sed y el hambre de aprender y que es tremendamente nutritiva.

Agradezco que seas para tus alumnos, auténticos héroes en la aventura de aprender, algo así como un don mágico, una especie de hada madrina o de genio de la lámpara, y no algo similar a esos monstruos que aguardan justo ante la puerta de la cámara secreta, para evitar que el protagonista consiga el tesoro escondido.

Agradezco que seas el maestro de mi hijo, porque haces del mismo hecho de aprender una recompensa que no necesita premios o gratificaciones añadidas, ni tampoco precisa amenazas de ningún tipo.

Gracias, por dejar bien claro a las familias que no se puede motivar desde el miedo, porque la motivación es algo que nos mueve mientras que el miedo suele ser paralizante.

Cuando un niño tiene miedo no explora, no busca, no se arriesga, no indaga y no se atreve.

La motivación intrínseca surge fácil y naturalmente en tus clases porque procuras siempre una estrecha relación entre el modo de aprender y los motivos para hacerlo, asegurando un entorno emocionante de aprendizaje, en un ambiente seguro, acogedor y sereno.

Logras que los alumnos se interesen por lo que aprenden y no sólo por las consecuencias de dicho aprendizaje. Y lo haces, alejándote de esa visión romántica del aprendizaje, que cree que basta con generar contextos, en los que los alumnos estén a gusto o se lo pasen bien, para que aprendan. Tú *facilitas, propicias y recuperas la posibilidad del aprendizaje* y, con ello, aseguras la motivación y la emoción de aprender.

Nos has dejado bien claro, que no hay, y por eso lo reitero, nada más desmotivador para un niño que *la sensación, la emoción negativa o la frustración de no aprender.*

Ya no vemos la relación entre motivación y aprendizaje como una especie de causalidad lineal y unidireccional, en la que hay una flecha que nos lleva de la motivación al aprendizaje.

motivación ⟶ aprendizaje

Ahora la entendemos más bien como un sistema complejo de interacción en el que, a medida que los niños aprenden, más se motivan y eso genera, a su vez, más aprendizaje.

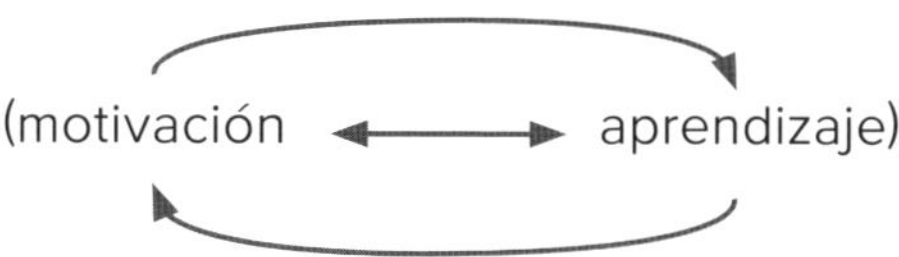

Agradezco esa autonomía que favoreces en tus alumnos para que puedan interesarse por lo que hacen.

Tú me has enseñado que, si les obligamos a hacer las cosas, es imposible que ellos sientan eso como un interés propio.

Como buen maestro, siempre ofreces alguna capacidad de autogestión y te aseguras de flexibilizar las actividades, para que se adapten a los intereses, capacidades y competencias de los distintos alumnos y a sus diversos y diferentes ritmos de aprendizaje.

Garantizas su motivación, asegurando que se sientan protagonistas y responsables de su aprendizaje. Y lo haces, además, facilitando y fomentando el trabajo y las dinámicas cooperativas de aprendizaje.

Al crear espacios de aprendizaje cooperativo y fomentar la cooperación entre ellos, fomentas su responsabilidad y, como consecuencia, su motivación.

Los alumnos que cooperan tienden a estar más motivados porque tienen que responder no solamente ante sí mismos, sino ante sus compañeros y, por lo tanto, hay un compromiso personal que les hace entregarse más en la tarea e implicarse más profunda e intensamente en ella.

Si hay algo que motiva a un alumno es la motivación que percibe en sus maestros.

Si hay algo que se contagia de alguna manera en el aula es, sin duda, la motivación.

Los maestros no van a conseguir que sus alumnos se contagien, como por ósmosis, de sus conocimientos, de sus estrategias o de su saber. Pero si es posible que les contagien su entusiasmo, su fe, su convicción y, en definitiva, su motivación.

No hay nada más desmotivador para quien aprende que la desmotivación de quien enseña.

No hay nada más desmotivador para un niño que sentir, en lo más profundo de su corazón, que no necesita a su maestro.

7

Por tu manera de saludar

Porque en cada saludo
te das a ti mismo

Cuando nos saludaste en el primer encuentro que tuvimos contigo como tutor de nuestros hijos, escribiste la palabra saludar y nos invitaste a escucharla, colocando en mayúsculas la sílaba tónica de dicha palabra:

Salu**DAR**

Saludar es "dar la salud". Y te quedaste, por un momento, en silencio.

La verdad es que nunca había reparado en ello, no se me había ocurrido abordar los saludos como una cuestión o fuente de salud.

Nuestras caras, expresando a partes iguales sorpresa y desconcierto, reclamaban una explicación, que no tardaste en aportar, comentando que la salud es mucho más que no estar enfermos. La salud, a la que se refiere el saludo y que es alentada por él, es un estar en orden, equilibrio y armonía y en coherencia y sintonía con la Vida.

Saludar es dar la salud a través del saludo; es la acción de desear el bien a otra persona, expresada y comunicada mediante un gesto o una palabra.

Damos salud siempre que ofrecemos amor en esas palabras sinceras que desean al otro un buen día, en la sonrisa que enciende nuestros ojos e ilumina nuestra cara y en el beso o el abrazo con el que acercamos los corazones.

Damos salud siempre que entregamos lo mejor de nosotros mismos, ofreciéndonos por entero en la sencillez de un gesto, en la calidez de un abrazo, en la autenticidad de una sonrisa o en la sinceridad de unas palabras de bienvenida.

Hasta ese momento, no había sospechado y no era para nada consciente del sentido profundo y el tremendo alcance que tiene el gesto de saludar, así como de sus implicaciones educativas en la familia y en la escuela.

Saludar es la primera posibilidad educativa que se presenta a todo educador: a padres y madres en las casas y a los maestros en la escuela. Simplemente, porque todo encuentro humano tiene, en el saludo, su pórtico y su puerta.

Comprendí, entonces, por qué vives el saludo como tu *primera intervención pedagógica* de acercamiento a los niños, a las familias, a tus compañeros de trabajo y al resto del personal del centro.

Ciertamente, todo camino se abre en una dirección dependiendo de dónde y cómo se da *el primer paso*. El saludo es el primer paso que ya despeja un sendero y apunta un determinado horizonte para todo encuentro humano.

Ese saludo que realizas con plena conciencia amorosa y con el que te acercas a mi hijo cada mañana es para él como una especie de bendición sencilla y cotidiana. Haces de una simple palabra, o de un breve gesto con las manos, el eco visible de algo indescriptible y profundamente conmovedor. Y es que, todo saludo auténtico acerca, aproxima y, a veces, atraviesa a quienes se reencuentran.

El saludo es una pequeña y fugaz, pero valiosísima muestra de amor y una humilde pero poderosa ofrenda de reconocimiento y encuentro con el otro.

El saludo es una oportunidad que se me ofrece para *dar cuenta de que me he dado cuenta* de la presencia de alguien que no es irrelevante en mi vida.

En un momento determinado, una de las madres te interrumpió, comentando cómo ella solía saludar siempre que llegaba a algún sitio o se encontraba con otras personas, que demasiadas veces no se respondía a su saludo y que, alguna que otra vez, incluso se hacían los despistados y hasta llegaban a darse la vuelta, ignorando su gesto.

Recuerdo que te giraste de nuevo hacia la pizarra y, con una tiza de color rojo, volviste a remarcar y a rodear con un círculo la sílaba -DAR, de la palabra Salu-DAR que seguía ocupando el centro del encerado.

Insistías, de nuevo, en que lo decisivo de un saludo está en los que damos en él.

Al saludar, damos, nos damos.

Y podemos dar paz, sosiego, alegría o ternura en cada saludo.

Pero lo más importante de todo es que nada de lo que damos se pierde porque siempre hay alguien que se beneficia de lo que se entrega. Cada vez que saludamos no estaremos sino vertiendo sobre el otro “eso” de lo que nos sentimos colmados. Simplemente porque si bien es verdad que no podemos dar lo que no tenemos, más verdad es que no podemos dar lo que no somos y, sobre todo, que no podemos no dar lo que somos.

Nunca se pierde lo que uno da porque uno siempre se colma, se llena, se autorrealiza a través de lo que expresamos, de lo que damos y ofrecemos.

Sólo quien tiene puede dar y sólo se tiene aquello que se da. Sólo al dar verifico que soy libre de tener. Y es al darme, cuando más me tengo a mí mismo en mi mismidad y autenticidad, cuando más soy yo mismo. Por eso, en cierto modo, somos aquello que damos.

Entregando a raudales, en cada pequeño saludo, el tesoro de lo que soy, mi cofre se mantiene repleto y mi vida se colma de alegría y hermosura. Saludo para dar y doy para ser. Nada de lo que doy cuando saludo a alguien se pierde, porque todo lo que entrego, me ha colmado a mí mismo previamente. Al dar, vivo y soy eso que estoy entregando con mi saludo. Lo que hace con ello, quien recibe aquello que yo doy, siempre levantará el vuelo con las alas de su propia responsabilidad.

Esa es la enorme grandeza del saludar como expresión de lo que somos: *un dar libre del cómo se recibe aquello que se da.*

Recurriste entonces a una imagen muy poética para reforzar en nosotros esta predisposición a dar, sin que ello esté condicionado o afectado por cómo los demás puedan acoger o responder a nuestros saludos y ofrecimientos:

> *—Esa es la enseñanza maravillosa y profunda que encierra la belleza y la fragancia de las flores: desparraman su color y su perfume, aunque nadie se acerque y se percate de ellas y lo hacen para todos, incluso para el egoísta y para el desagradecido. Simplemente, no pueden hacerlo de otra manera.*

Te giraste de nuevo hacia la pizarra y anotaste estas tres frases ya dichas, para que no pasaran desapercibidas. Recuerdo que dijiste que muchas veces pasamos sobre las palabras, sobre los conceptos y sobre las ideas, como las bailarinas de ballet, de puntillas. Y que, como educadores, tenemos que hundir nuestros pies y nuestra conciencia y detenernos en ideas, que pueden ayudarnos a reorientar y adecentar nuestra tarea educativa, para dejarnos fecundar por ellas.

No podemos dar lo que no tenemos...
No podemos dar lo que no somos...
No podemos NO dar... lo que somos.

¿Qué es lo que soy y que, por tanto, no puedo no dar?

A fecha de hoy, *lo que no puedo no dar*, lo que soy, es cuánto y de qué modo he ido poniendo en movimiento, expresando y actualizando, de lo que Soy en mi Identidad Esencial.

Y aportaste un ejemplo para que pudiésemos comprender lo que acababas de decir: Si saludo con una sonrisa, yo me estaré colmando con esa alegría que soy. La alegría que puedo derramar en el cuenco de mi sonrisa, es aquella que he ido actualizando. movilizando y expresando a lo largo de mi vida.

En ese momento, comprendí la importancia de ser conscientes de lo que damos y de lo que estamos movilizando en cada saludo, por pequeño o breve que sea. Se trata de ser consciente de lo que estoy movilizando al dar los buenos días, procurando que no sea un gesto mecánico o sin conciencia.

Para reforzar esa constatación de que habitualmente nuestros saludos son mecánicos, automáticos e inconscientes, una de las madres provocó las carcajadas de todos los asistentes, al compartir lo que había vivido esa misma mañana:

> *—Eso es verdad. Esta misma mañana, si me descuido un poco, le doy el beso de despedida al cartero en lugar de a mi marido.*

Para constatar y certificar que este mecanicismo, superficialidad e inconsciencia en los modos de saludar, es algo común a padres y maestros, aportaste que, en cierta ocasión, tuviste la oportunidad de ver cómo un maestro recibía a sus alumnos, sin mirarlos a la cara y entregando precipitadamente la primera ficha de trabajo; al tiempo que entregaba la ficha, iba diciendo un “buenos días” de modo mecánico y frío, sin vibración ni energía.

Es la conciencia la que intensifica el gesto y la vivencia del saludo, transformándolos en experiencia.

No basta con sonreír, ni con dar los buenos días o un abrazo. Lo fundamental es la conciencia que habita en dicho gesto y la vivencia que hay al realizarlo.

Desde dónde saludamos es también desde dónde educamos.

En el humilde y fugaz saludo encontramos la clave de toda educación: el cómo soy. Es decir, cuánto y cómo de lo mejor que Soy, de lo que realmente Soy, se muestra en el cómo estoy en este instante, en el gesto de saludar.

Cada una de las palabras y de las frases que ibas diciendo, para argumentar y justificar el sentido e importancia de los saludos en la educación de los niños, eran como un abrazo para mí y me sentía abrazada por ellas.

Cada saludo es fruto de cómo soy y de cómo estoy y me siento en un momento dado. En el fruto del saludo que ofrezco están las semillas que podrán florecer en el corazón, cuando es tierra acogedora y fértil, de quien lo recibe.

Saludar es sembrar, en el huerto de cada encuentro, nuestra humanidad, esa esencia divina, actualizada, realizada y manifestada, en la sencillez y pequeñez de cada saludo.

Se trata de entregarse a sí mismo en cada saludo ofrendado. Cuando esto ocurre, el saludo deja de ser un regalo solo para quien lo recibe y pasa a serlo también para el que lo ofrece.

La calidad de mi saludo consiste en llenar de mi mismo cada palabra y cada movimiento con el que efectúo el saludo.

Saludar es un gesto de reconocimiento, de acogida y de bienvenida.

Una de las primeras y más importantes alegrías que puede sentir un niño es *cómo se siente visto y acogido.* Para algunos niños, las pequeñas alegrías que les pueda proporcionar la escuela, son un regalo impagable.

Saludar es *un gesto terapéutico*, en el sentido más etimológico de la palabra, es decir, en el sentido de cuidado. Es un gesto a través del cual cuidamos a la persona que saludamos.

Saludar es, por tanto, *un gesto sanador*, como se expresa en la conocida frase evangélica: *Una palabra tuya bastará para sanarme*. Ciertamente, una palabra acogedora y tierna de un maestro puede ser bálsamo o medicina, para el corazón del niño o de la niña que ya llega tocado o herido en las primeras horas del día.

En el sentido amplio de las palabras terapéutico y sanador, el saludo puede ser una práctica, que ejercitamos cada día, encaminada al tratamiento y cuidado de las dolencias y pesares de los alumnos.

Para recalcar la importancia del primer momento del día en la casa y del primer espacio pedagógico en la escuela, haciendo uso del sentido del humor, lanzaste a las familias una tan inesperada como seria advertencia:

> *—No es lo mismo despertar a los niños con una canción que con una retahíla o a base de gritos, con un masaje y con caricias que con un zamarreo o a base de empujones, con una cara sonriente, luminosa y tierna que con el rostro de la crispación y del enfado. El primer movimiento del día, tenedlo muy presente, no es levantarse sino despertar.*

Se trata, pues, de organizar el despertar en casa y el primer momento de clase de otro modo.

Lo primero es dejar de echar un pulso, en ese primer saludo de los padres a los hijos en el momento del despertar, y adentrarnos en él con el pulso de un corazón sereno y alegre. En lugar de vivirlo en clave de lucha o resistencia y desde la tensión o la crispación, acogerlo como un primer momento de reencuentro y una ocasión para disfrutar de los hijos, hablándoles con suavidad, poniendo una música agradable o acariciándolos para despertarlos.

Tomé nota de que, del mismo modo que tú das su tiempo a la acogida y al saludo y le das carta de ciudadanía y legitimidad en tu plan de trabajo del día, también yo, como madre podía dar su tiempo al momento del despertar, viviéndolo como una oportunidad para disfrutar de mi hijo y dejando de vivirlo solo como una tarea, una obligación o una carga. Para ello, bastaba con adelantar, aunque sólo fuese un par de minutos, la hora grabada en el despertador.

Hay que dar tiempo al despertar en la casa y dar su tiempo también a la acogida, recepción y saludo a los alumnos en la escuela, sintiéndolo y viviéndolo como parte de la tarea pedagógica.

Descubrimos ante nosotros la posibilidad de hacer del saludo un primer espacio de trabajo personal, la primera dinámica educativa del día, el primer ámbito para la alegría y el primer espacio o tiempo para trabajar nuestro emocionar y el de los niños.

De este modo, el saludar se presenta como *primera ocasión de encuentro con el Alma del niño, con el Ser del hijo o del alumno.*

Podemos aprovechar cada saludo para que, lo mejor de cada uno salude a lo mejor de los otros. Miramos, reconocemos, acogemos y nos entregamos a lo mejor del niño, a su Ser, a su Esencia, cada vez que lo saludamos. Gracias al saludo, podemos acceder al alma del niño, de una manera tangible, sencilla y concreta, a través de un gesto o ademán con el cuerpo.

Al preguntarte por los saludos que son más recomendables, oportunos o preferibles, insistías en que podemos saludar de muchas y diversas maneras: con nuestros actos, gestos o palabras y, también, con las actitudes y el emocionar que les sirven de fondo.

Ante nosotros, aparece como un desafío, la posibilidad de poder convertir todos esos pequeños espacios y esos breves momentos de los saludos iniciales en impresionantes ámbitos para el trabajo y desarrollo personal y en dinámicas de autorrealización, tanto para los adultos como para los niños.

El maestro saluda con la mirada, según cómo mira y hacia dónde la dirige. El simple hecho de verse mirados y vistos es para los niños un modo especial de sentirse saludados por su maestro.

Una mirada puede ser el primer gran regalo que el maestro o la maestra puede hacerle a muchos de sus alumnos: mirarlos y, al mirarlos, verlos, y, al verlos, reconocerlos en lo que realmente son. Porque hay niños y niñas que no son vistos por sus familias o no son vistos por el mundo, y no hay mayor drama humano que ser invisible al mundo. Quien creció siendo invisible al mundo, andará perdido y errante, buscando que alguien le diga y le reconozca en lo que es.

El niño se siente saludado por los ojos de su maestro, si encuentra en ellos una mirada blanda que siente y recibe como caricia. Al saludar con los ojos, el maestro vierte esa mirada especial del Corazón que es una mirada que ve, que reconoce y que no etiqueta, compara, juzga ni condena; una mirada que simplemente saluda y se deja saludar por el niño.

El maestro saluda de veras con sus ojos cuando su mirada se dirige al Ser del niño, a su Fondo, a su Corazón.

También saluda el maestro con las palabras.

A veces, para determinados alumnos con más carencias afectivas en su entorno familiar, un simple "*Hola*" puede suponer todo un torrente de cariño y afecto.

Un saludo, un "hola" vivido con plena conciencia y en toda su hondura y alcance, más allá de una simple ola, puede convertirse en un auténtico tsunami.

La cuestión es que al decir "buen día" o "buenos días", realmente nos llenemos de bondad.

"Bienvenido" es una de esas palabras que el niño necesita escuchar y que podemos ofrecer en nuestros saludos. No podemos darla por hecha. Cada día hay que reestrenarla de nuevo: que, al ser recibido por su maestro, el niño sienta que es, realmente, bienvenido.

Toda palabra que sea expresión auténtica de gozo por el reencuentro, de reconocimiento y de valoración del otro, es digna de ser considerada y atendida como saludo.

La sonrisa es un modo de decir lo mismo de antes, pero silenciosamente, sin palabras. El silencio no consiste en cerrar la boca sino en abrir el Corazón. Y la sonrisa es esa rendija que se abre en la cara, para que por ella se asome la alegría de nuestro Corazón.

Sabemos por nuestros hijos que, una manera que tienes de saludarlos en cualquier momento del día es llevando tu mano al corazón.

Al preguntarte por el sentido de dicho gesto, explicitaste que invitas a los niños a que coloquen la mano a la altura del corazón, para facilitarles que la atención esté en ese *espacio*, al que ahora apunta o señalada la mano. Y que, como uno está donde está su conciencia, donde ponemos nuestra atención, al ponerla en el lugar del corazón, como referencia y símbolo de ese otro Corazón que representa lo mejor de uno mismo, nos estamos situando justamente ahí para, desde ahí, saludar a quien tenemos delante.

Algo mágico sucede cuando situamos nuestra atención y conciencia en ese "ahí" misterioso de nuestro Corazón.

El saludo deja de ser una mera expresión de buena educación para convertirse en expresión de nuestro Ser más auténtico, dejando de ser un simple gesto formal y protocolario de cortesía.

Agradezco que seas el maestro de mi hijo porque nos has devuelto la conciencia de la importancia de los sencillos, breves y fugaces saludos con los que nos acercamos a los niños. Simplemente, porque *nunca sabemos lo que se va a grabar a fuego en el corazón tierno de cada niño en su encuentro con los adultos.*

8

Por tu presencia

Porque no eres un volumen arrojado al aula sino alguien presente, un regalo

La palabra *Presencia* no es fácilmente definible, pero cuando la escuchamos y miramos, cuando la abrimos y nos adentramos en ella, parece significar algo así como *presentar nuestra Esencia*.

La Esencia hace referencia a nuestra identidad más real y auténtica, a la fuente de cualidades y potenciales, que constituyen nuestra naturaleza como seres humanos.

Por eso, cada vez que como adultos estamos presentes, cada vez que nos vivimos en presente, los hijos y los alumnos nos reciben como un presente y un aquí-ahora, es decir, nos pueden acoger como un regalo.

Al agradecer tu presencia estoy reconociendo que, como maestro, eres mucho más que un modelo a imitar.

La imitación, dinámica necesaria e inevitable en los más pequeños, es el modo más fácil de identificación. Pero, la mayoría de las veces, la imitación no es sino una reproducción artificiosa, que no va más allá de la apariencia formal y que, por no implicar ni tocar realmente al sujeto, apenas tiene significación o relevancia.

Agradezco, en ese sentido, que no busques una identificación contigo sino la construcción, en cada alumno y alumna, también en mi hijo, de su propia identidad. Tu peculiar modo de presencia hace que los alumnos te reciban como un signo referencial ya que, con tu solo "estar", educas, interpelas e interrogas.

Gracias, por ser una presencia iluminadora que siempre cuestiona, aun sin preguntar nada de manera explícita. Siempre estás haciéndote notar y continuamente revelas cosas, incluso desde la quietud y el silencio.

Dices sin decir nada y actúas incluso sin hacer nada. Por eso, ante ti, mi hijo se interroga y exclama, admira y contempla.

Me gusta eso de sentir que no estás tanto para adelantar respuestas cuanto, sobre todo, para ser un continuo interrogante para ellos. Eso sí que es un regalo digno de agradecer: hacer de tu presencia una pregunta sin fondo, un motivo para el cuestionamiento y una razón para la alegría. Los niños sienten tu presencia mucho más allá del mero hecho de estar en la clase, desarrollando una serie de trabajos con ellos. Tu presencia es un *estar como invitación, como sugerencia* y como una especie de *pregunta fundamental.*

Y así como las esencias florales son respirables, mi hijo puede también respirar la esencia de su maestro en tu modo peculiar de presencia.

Por eso, este agradecimiento por tu presencia tiene que ver con el sentido ancestral del olfato, nuestro sentido más primitivo, animal o reptiliano.

La pregunta fundamental para todo maestro o maestra es, desde esta perspectiva en la que nos estamos ahora situando, la siguiente: ¿qué respiran ante ti tus alumnos?

De la misma manera, la pregunta fundamental para toda madre, para todo padre es ¿qué respiran ante ti tus hijos?

Los adultos, tanto en el ámbito familiar como en el escolar, no siempre estamos presentes.

No siempre estamos en lo que estamos y, pocas veces, nos vivimos conscientemente haciéndonos en lo que hacemos.

No siempre nuestra conciencia está anclada en el presente, sino que, en muchos momentos, vivimos nuestra acción educativa, preocupados y amarrados por el pasado o ansiosos y arrastrados por el futuro.

Toda familia debe sentirse profundamente agradecida a los maestros de sus hijos por lo que respiran a su lado.

La Presencia nos acerca, nos adentra y nos instala en *el aspecto más sutil de la labor de cualquier maestra o maestro.*

El olfato, como sentido, tiene un claro componente aéreo. Para poder respirar una fragancia hay que agitarla y espolvorearla en el aire. Recordad esa secuencia de dibujos animados en la que el perro puede seguir la estela del aroma de un pastel a través del aire.

El aire tiene que ver con el *pneuma-espíritu*, es decir, con lo esencial que es invisible.

Cuando la familia agradece la presencia de la maestra o del maestro, está agradeciendo algo muy importante. Está agradeciendo que la esencia, el aroma o la fragancia, de lo mejor de ellos, se haga presente en el aula y se derrame, cada día, sobre el cuerpo y sobre el alma de los alumnos.

Agradezco, por tanto, que estés presente en cuerpo y alma.

Un maestro lo es en cuerpo y alma, o simplemente no es maestro.

Maestro o maestra es quien muestra su alma invisible en las posturas, los gestos y los movimientos de su cuerpo.

El *Cuerpo* de los maestros, como encarnación de la presencia, es una cuestión pedagógica fundamental; un Cuerpo, entendido, acogido y vivenciado, como un *cuerpo de cuerpos* y como la integración armónica de las dimensiones somática o física, mental, emocional, energética y espiritual.

Nuestro cuerpo se asemeja a las famosas *matrioshkas* rusas, esas muñecas tradicionales que son huecas por dentro y que, en su interior, alojan a otra figura similar de menor tamaño.

Así es el cuerpo de todo educador: unos cuerpos más sutiles e invisibles que se precipitan y se tornan perceptibles en su cuerpo físico.

De ahí la importancia y dignidad de nuestro cuerpo más denso, frágil y vulnerable y, al mismo tiempo, más accesible. El cuerpo **físico** se convierte así en puerta de entrada y salida de lo inefable, en epifanía del misterio que lo habita y en ese escaparate público donde la profundidad que somos emerge y se hace visible.

Tanto el maestro como la maestra no demuestran, sino que *muestran* y *se muestran.*

Sólo tenemos que cambiar la "a" de maestro por una "u" para advertir que como maestro soy aquello que muestro.

Sólo hay que cambiar, de igual modo, la "a" de maestra para reconocer que una maestra lo es, por aquello que diariamente muestra. Muestra unas determinadas maneras de pensar, sentir, emocionar, actuar y relacionarse. Pero, sobre todo, se muestra a sí misma.

Del mismo modo, lo más importante que puede hacer un maestro no es dar matemáticas o lenguaje, sino *darse a sí mismo.*

Por eso agradezco que des, cada día y en cada momento, lo mejor de ti como maestro y como ser humano, para que mi hijo pueda *llegar a ser lo que percibe y recibe de ti.*

Cuando un maestro está presente, es una fuente generosa que siempre está vertiendo, ofreciendo y dando. Los niños saben que, en cualquier momento, pueden acercarse con su vaso, con su corazón abierto y beber de ella.

Y, agradezco que sientas a mi hijo y a todos tus alumnos, también como veneros que te proporcionan un agua fresca y transparente. Y que, con humildad y reverencia, cojas tu jarro y tomes de ellos esa agua de vida que pueden ofrecerte, porque tienes la sabiduría y la humildad de reconocer que también tú tienes sed y necesidad de ella.

No dejas de recordarnos a los padres de tus alumnos que, como maestro, eres aquello que muestras en el escaparate permanente y transparente de su cuerpo.

La esencia, lo mejor de cada maestro, sólo se va a hacer visible y tangible para los alumnos gracias a su cuerpo. En efecto, esta presencia que estamos agradeciendo es, básica y radicalmente, corporal. Somos una realidad corporal. El cuerpo marca el umbral y la posibilidad de la presencia de los adultos, ante los niños y ante el mundo.

Presentamos a los alumnos y a los hijos, mostramos a la Vida, lo que somos y cómo somos, en nuestro cuerpo. La profundidad esencial que somos se hace visible, perceptible, sensible y accesible, en las posturas, expresiones y acciones de nuestro cuerpo.

A veces, los adultos, más que presencias, parecemos volúmenes arrojados en el espacio y que se mueven alocadamente, actuando de manera mecánica y automática. Sin embargo, la presencia es un *estar habitado* y *consciente*, que implica y conlleva un determinado estado de conciencia, que, a su vez, se sostiene y se asienta en un estado corporal y en un modo particular de gestionar y usar el propio cuerpo.

La presencia es atención, lucidez, darse cuenta, acción responsable y entrega amorosa. Todo eso sucede y es posible gracias al cuerpo y en el cuerpo.

El cuerpo del maestro es el templo de su presencia y su Corazón el altar, en el que pone todo cuanto ofrece en cada momento pedagógico.

Agradezco que sea la tuya una *presencia abierta*.

Así te siente mi hijo, como un inmenso ventanal que se abre ante él cada mañana.

Así te siento yo, como una presencia abierta a los niños y también a sus familias.

Cada día te abres como una flor para derramar sobre los alumnos tus mejores esencias, para que ellos puedan ir libando ese néctar, con el que van modelando el panal de sus conciencias.

Abrir es el gran infinitivo que conjugas permanentemente en clase, en todo tiempo, modo, lugar y persona: abres tu mirada y tu escucha, abres tus manos y tus brazos, abres tu mente y tu pensamiento, a otros modos de comprender las cosas, y abres el corazón para que los demás podamos entrar en él.

El aire fresco sólo puede entrar y renovar el ambiente cuando hay alguna apertura.

Cada día abres de par en par tu corazón para que cualquier olor a rancio salga y se desvanezca. Todo lo que se mantiene cerrado se oscurece, se deteriora y se enferma.

Agradezco tu firmeza y tu valentía, porque el gesto de abrir siempre supone un exponerse, un entregarse y un arriesgarse.

Abrirse siempre conlleva un riesgo porque, cuando uno se abre, se muestra en lo que es y entonces puede volverse vulnerable. Pero sólo entonces puede ser accesible.

Cada vez que te abres ante mi hijo, puede acercarse y entrar, sintiéndose no sólo alguien cercano o próximo, sino incluso alguien íntimo.

Sin apertura, no puede establecerse vínculo alguno, ni personal ni pedagógico, que sea consistente y perdurable.

Siento cómo tu solo estar, interroga, interpela y educa a mi hijo. Cuando contemplamos tu presencia, también a nosotros, como familia, nos interrogas, nos interpelas y nos educas.

Y sentimos, además, que eres una *presencia abierta a los niños y a las familias*, también presencias que, a su vez, te educamos, te interpelamos y te interrogamos como maestro.

Gracias por ver, sentir y comprender a nuestro hijo y al conjunto de tus alumnos, como *presencias en proceso de aprendizaje*.

Gracias por no verlos sólo, ni tan siquiera fundamentalmente, como objetos de instrucción y enseñanza, sino como sujetos con los que encontrarse y relacionarse.

Al encontrarte con los niños y no limitarte, sólo, a estar delante de ellos, creas las condiciones propicias para que ese estar en la clase sea, sobre todo, una ocasión y una oportunidad para un encuentro verdaderamente humano y profundamente educativo.

Contigo, el estar en clase no queda reducido y empobrecido al hecho de trabajar juntos, sino que se experimenta como un vivir juntos.

Eres, además, un maestro que *expresa* y que procura liberar, en cada momento, lo mejor de sí mismo.

No sólo dices, sino que "te dices".

Expresas palabras, ideas, pensamientos e incluso visiones del mundo..., pero, sobre todo, te expresas, te revelas y te muestras a ti mismo.

Y eres un maestro que, y esto es algo que las familias también agradecemos, cultiva y desarrolla con los alumnos los distintos modos expresivos y comunicativos.

Cada día que pasa compruebo que reconoces, en todos y cada uno de tus alumnos, una riqueza interior tan inmensa que la vas extrayendo poco a poco: unas veces con los cubos de la palabra (oral o escrita), otras en los recipientes icónicos o imágenes y, a veces, también, con el balde del silencio o con la cubeta de los gestos.

Toda esa riqueza interior, toda esa hondura, la sacas a la superficie en tres instancias o niveles: en tu propio cuerpo y sus posturas, gestos o movimientos, en el cuerpo de cada encuentro y, también, en el cuerpo de cada acontecimiento que sucede.

Tu presencia maestra expresa y se expresa, cuando habla y cuando se mantiene en silencio; cuando toca y se deja tocar; cuando entra en contacto y, también, cuando vive el espacio y la distancia, como posibilidad de una mayor conexión y un más profundo respeto.

Eres un regalo como maestro, cada vez que te expresas con todo tu cuerpo, con la mirada, con la sonrisa, con tu voz y a través de tus palabras y cuando compartes con nuestros hijos e hijas lo más valioso de tu mundo interno.

Sabemos que hay muchos niveles de comunicación. Podemos limitarnos a hablar sobre *tópicos externos,* donde el contacto es muy superficial y trae consigo una implicación mínima, asociada al desempeño de unos roles y funciones. Me estoy refiriendo a expresiones en la escuela del tipo "sacad vuestros cuadernos", "esto no lo entiendo", "voy a explicaros...", etc.

En los hogares son expresiones en torno a las tareas y situaciones domésticas: "recoge tu ropa", "es hora de acostarse" o "¿qué hay hoy para cenar?".

Los intercambios son básicamente de tipo *funcional*, en una comunicación orientada a facilitar la ejecución de las tareas propuestas, así como a asegurar el clima adecuado en el que se han de desarrollar.

En un nivel algo más profundo o elevado, damos un paso más y nos adentramos en la comunicación de *hechos personales y opiniones*. Aparece un primer y mínimo compromiso personal, porque contar algo personal o expresar abiertamente nuestra opinión nos revela y, de algún modo, nos describe. Estamos, entonces, en una comunicación con cierto *carácter vincular*, ya que permite establecer algún tipo de vínculo y una relación mucho más cercana, que el simple hecho de referir cosas externas y ajenas a quien las dice.

Atravesamos un umbral significativo y decisivo, cuando lo que comunicamos son nuestros sentimientos y emociones. Hay una mayor implicación y compromiso, cuando expresamos algo de nuestro mundo más íntimo o personal y compartimos experiencias y sentimientos que nos importan, nos marcan o nos han marcado especialmente.

Por eso agradezco el tipo de vinculación que estableces con mi hijo, con tus alumnos.

Tu relación con ellos no está mediatizada, ni exclusiva ni fundamentalmente, por la programación, por los libros de texto o las fichas de trabajo. Te interesas por ellos, sabes de ellos y también de nosotros, sus familias. Les hablas también de ti, de lo que te afecta, de lo que vives y de cómo te sientes.

Y gracias, por esos momentos y situaciones especiales, en los que facilitas y propicias una relación más intensa aún, casi metafísica, entre "esencias".

Desde lo más hondo de ti, te conectas misteriosamente con los alumnos y con las familias. En esos momentos, la presencia, la relación y la comunicación parecen casi rozar lo sagrado; momentos en los que aparece el sobrecogimiento y en los que uno se emociona y guarda silencio.

Por eso es de agradecer el que compartas con tus alumnos, más pequeños que tú, lo más grande de ti mismo.

Gracias, por compartir esas cosas que el niño, más allá de poder entender de un modo meramente cognitivo o intelectual, puede comprender desde otro nivel, desde su Corazón.

Es de agradecer, que cada día continúes trabajando y trabajándote, para poder ser una presencia cada vez más plena y más serena en todo aquello que haces.

Agradecemos que sea la tuya una *presencia total*: con todo tu cuerpo, siempre suave y flexible, presente en cada postura y en cada movimiento, con la mente y con el corazón abiertos y presente, también, con tu respiración y en cada aliento.

Agradezco que seas el maestro de mi hijo, porque estás presente para hacer lo que has de hacer y porque tu acción pedagógica es un hacer habitado y consciente, en el que se implican y participan la totalidad de tu cuerpo y todo tu ser.

Tú nos has ayudado a desarrollar y a afinar, como padres, una atención *total* dirigida a toda la persona.

Nos has enseñado a estar atentos a todo y a todos: a percibir el más mínimo cambio en la respiración y en la tensión de los músculos, a observar las colocaciones y alcances de las miradas, y a advertir cualquier fluctuación en la voz, cualquier agitación en los párpados o los movimientos involuntarios de los dedos, de las manos o de los ojos. Y también cómo en cada postura modelamos una escultura en la que damos forma material a *cómo vivimos lo que vivimos y a cómo nos vivimos en eso que vivimos*.

Ahora sabemos y reconocemos que nuestras posturas son, además, la base para la relación con los otros y con el mundo: las relaciones humanas y nuestro modo de reaccionar o responder a los estímulos externos, son, en cierto modo, interacciones posturales. Nos relacionamos a través de las posturas y formas que construimos.

Nos construimos, nos hacemos más humanos cuando en cualquiera de las posturas que adoptamos no hacemos sino construir un pequeño templo en el que un espíritu renovado, sereno y alegre puede moverse a sus anchas.

En una de las sesiones de formación de la comunidad educativa, uno de los padres participantes mostró un especial interés en la postura corporal y te preguntó cómo podemos posturarnos para facilitar o asegurar ese modo peculiar de presencia.

En tu respuesta, pusiste un especial énfasis en asegurar que, especialmente cuando estamos de pie o sentados, garantizamos que estamos *bien plantados, bien enraizados, bien suspendidos y bien centrados.*

1. Bien plantados. Para ello, hay que velar por asegurar el pleno contacto de las dos plantas de los pies con el suelo, cerciorándonos de que las dos plantas reciben el mismo peso. El equilibrio corporal sirve de base y sostiene nuestro equilibrio mental y emocional. Esto es algo a tener en cuenta en todas las posturas y movimientos, pero muy especialmente, cuando estamos sentados. La colocación de las plantas afecta y condiciona la posición global del cuerpo. De hecho, cuando decimos de una persona *¡qué buena planta tiene*! no solemos referirnos al estado de su planta del pie, sino a la postura general de su cuerpo, a un buen porte, a una buena presencia.

No basta con saber que se tienen los pies en el suelo. También podemos saborear un amplio contacto de la planta con la tierra.

Gracias a una lluvia de ideas que planteaste a los padres, en torno a lo que queremos decir cuando usamos la expresión *tiene los pies en la tierra*, pudimos percatarnos de que, asegurar un buen contacto de los pies con el suelo es un "estar en la realidad", un saber lo que quieres y un estar presente. De todas las aportaciones realizadas, tuvimos que quedarnos sólo con una y elegimos *estar en la realidad.*

Aprovechaste para comentar algo, relacionado más concretamente con los alumnos, que fue tan novedoso como revelador para los padres presentes en aquel momento:

> *—Cuando explico en clase, aspiro a que mi explicación sea la única realidad para los alumnos en ese momento. Os recuerdo que, real es, para cualquier persona, en un momento dado, aquello en lo que pone la energía de su*

atención. Por eso, si quiero que mis alumnos estén atentos a una explicación, es decir, estén en la realidad de mi explicación de ese momento, he de procurar que tengan los pies en la tierra.

Fue entonces cuando aclaraste por qué había distintos tamaños en las mesas y sillas de la clase:

—Los alumnos tienen distintas estaturas, por consiguiente, no tiene mucho sentido que el mobiliario sea exactamente el mismo. A los que se les queda pequeño, tendrían que encorvarse. Estaría con ello, jorobando los cuerpos y la vida de vuestros hijos.

Esta expresión, acompañada de la gesticulación corporal correspondiente, a pesar de mostrar una realidad dolorosa en la gran mayoría de los colegios y de la que no somos para nada conscientes ni los maestros ni los padres, provocó una espontánea carcajada en casi todos los asistentes.

—Pero a los que el mobiliario les queda grande, de manera que los pies de los niños quedan al aire, sin poder tocar suelo, les estaremos, sin saberlo, dificultando la capacidad de atención, de estar presente, de estar en la realidad de lo que se hace en cada momento; de estar, en definitiva, con los pies en la tierra.

Aunque nos había quedado clara la cuestión, quisiste mostrarnos unas imágenes grabadas en clase. En ellas se podía observar con claridad cómo, cuando algún alumno despegaba los pies del suelo y, sobre todo, cuando movía sus pies en el aire, en ese preciso instante, se distraía de la tarea del momento. El movimiento agitado de los pies, aclaraste, suele reflejar una cierta o momentánea agitación o dispersión mental.

Fue entonces cuando dibujaste en la pizarra un pie, para compartir con las familias la dinámica que usas para invitar a los niños a plantar todo el pie en el suelo, sobre todo en los momentos en los que están sentados.

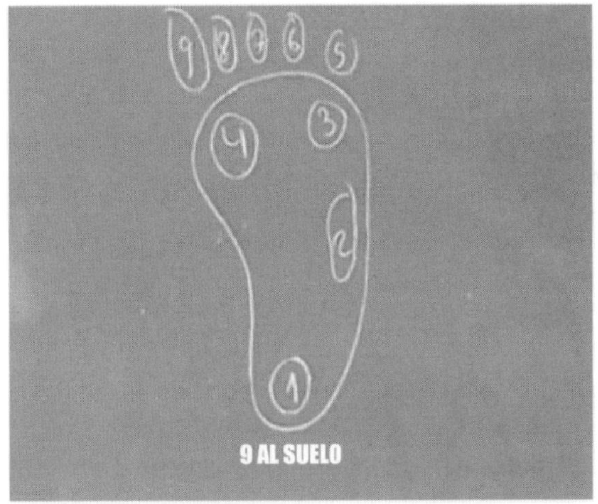

La llamas *9 al suelo*, porque se refiere a los 9 puntos o zonas del pie que hay que asegurar que están tocando el suelo. Cada vez que te percatas que hay varios alumnos con los pies al aire lanzas a todo el grupo esa invitación. Cuando es sólo un alumno o alumna quien desconecta sus pies de la tierra, dicha consigna o pauta, la haces de manera personalizada, individualmente y de manera más discreta.

Para remarcar que puede haber otras muchas maneras de invitar a este estar bien plantados, propusiste una nueva lluvia de ideas para generar otras pautas o consignas y, de todas ellas, seleccionar finalmente dos. Surgieron muchas alternativas y se eligieron las de *"pies a tierra" y "aquí y ahora".*

Lo importante es usar una expresión, que sea clara para los niños y que garantice que llevan los pies al suelo, como una manera de traerlos, de nuevo, al aquí de en lo que estén involucrados o a un estar atentos y presentes.

2. Bien enraizados. Si un árbol se desarraiga, se seca. Un educador desarraigado convierte su vida y su acción pedagógica en algo frío, mecánico y sin impulso vital. Estamos conectados al suelo, a la tierra, a través de nuestras piernas. Una persona enraizada, arraigada, mantiene una adecuada conexión vital con la tierra: tiene los pies en ella, sabe quién es, dónde está y se conecta y fluye con la situación que la vida le presenta. La cualidad del enraizamiento en una persona, configura su sensación interna de seguridad y de firmeza.

Para esta conciencia de estar bien enraizados, de la misma manera que haces con tus alumnos, nos invitas a pensar en dos raíces de energía que crecen desde el centro de cada planta de los pies y en una tercera que, desde el coxis, se proyecta, como un ancla, hacia la tierra. Esta tercera raíz, podemos pensarla y sentirla como una tercera pierna invisible, formándose un trípode desde el que uno se siente mucho más estable, firme y seguro.

3. Bien suspendidos. El ancla o raíz del coxis-tierra es consecuencia inevitable de la fuerza de atracción de la Tierra. La tierra solemos considerarla como una especie de símbolo de la realidad. Cuando el peso de la realidad se nos viene encima, si no sabemos o no podemos compensar y equilibrar dicho peso, el cuerpo se nos viene abajo.

Cuando hablamos de depresión, nos estamos refiriendo a una caída del ánimo, que trae consigo un cierto desplome del cuerpo, que también se viene abajo. Por eso, es tan importante el poder compensar esa fuerza gravitatoria que nos lleva hacia abajo.

Nunca se me habría ocurrido pensar, hasta que lo escuché de tus labios, que cada postura de maestros y padres es un diálogo con la fuerza de gravedad.

Y que, por eso precisamente, tenemos una tremenda posibilidad y responsabilidad: equilibrar esa gravitación hacia abajo con un movimiento consciente de suspensión hacia arriba.

La presencia de padres y maestros ha de ser la expresión de un equilibrio en esta doble conexión *arriba-abajo, cielo-tierra*.

Agradezco que seas el maestro de mi hijo, porque estas cosas tan importantes y fundamentales, que yo tengo la suerte de poder aprender de adulta, él tiene la fortuna de haberlas aprendido contigo de niño. Fue precisamente él quien me enseñó lo que había aprendido de ti: que podemos pensar en un hilito invisible de energía, que sale desde el centro de nuestro cerebro y se proyecta hacia arriba, hacia el cielo, hasta el infinito. Es él, también, quien me invita con frecuencia, a participar del juego del *botoncito azul imaginario.* Consiste en imaginar, a la altura del lateral derecho de la primera falange del dedo índice, un botón azul que hay que pulsar con la yema del dedo pulgar, con un continuo golpeteo, para invitar a que, quien veamos que ha perdido su suspensión, reactive su hilito invisible de energía, es decir, recomponga su presencia como postura suspendida, en crecimiento y en expansión.

Gracias, por mostrarme que mis hijos y el mundo entero tienen que verme, como los alumnos ven y reconocen a su maestro, como *un espacio de energía que crece y se expande.*

El *bien plantados* y *bien enraizados* hacen referencia a la conexión hacia abajo, con la tierra y el *bien suspendidos* a la conexión hacia arriba, hacia el cielo. Ahora, se trata de asegurar, también, un estar bien centrados. Centrados en nuestro centro-eje, que no es otro que, el que representa nuestra médula-columna. Estaremos bien centrados, si garantizamos una conexión consciente con ese centro, en el que se equilibran los dos lados (izquierdo y derecho) y las dos direccionalidades (arriba y abajo).

Gracias, por mostrarme mi presencia como madre, como un estar en mi centro y en mi eje, con todo lo que ello significa o representa de equilibrio de polaridades: derecha-izquierda, masculino-femenino, dar-recibir, hacia afuera-hacia adentro...

En resumen, las 4 actitudes descritas para garantizar una plena presencia (bien plantados, bien enraizados, bien suspendidos y bien centrados), hay que asegurarlas y afianzarlas, muy especialmente, en el estar de pie del adulto, cuando habla o enseña, y en el estar sentado de los niños, si se quiere lograr y mantener su colocación justa y la atención necesaria.

9

Por tu cara

Porque en el espejo de tu cara, mi hijo ve reflejado lo mejor de sí mismo

Nunca se me habría ocurrido reconocer que la cara es una cuestión pedagógica de primer orden y que, por tanto, es un espacio decisivo en el quehacer educativo.

Nos sorprendiste a todos los padres aquel día en el que nos dijiste con rotundidad y plena conciencia que, *el primer texto que leían los niños cada mañana, al entrar al cole, era la cara de su maestro o maestra.*

Nos alertaste sobre nuestras caras, al afirmar que algunos niños llegaban al cole tras su primer trauma matinal.

Con ese sentido del humor, que consideras imprescindible para todo buen maestro, ironizabas diciendo que, cada mañana, nada más despertar, algunos niños y niñas pasan del séptimo cielo de sus sueños, al primer infierno que representan la cara desencajada y el rostro de la crispación, la prisa o el enfado, del adulto que los despierta. La música celestial del descanso da paso, de manera abrupta, a los gritos que urgen a levantarse, a la queja por la lentitud en el despertar, a los lamentos de la falta de tiempo y a la recriminación por la tardanza.

Cultivas con tus alumnos una especie de *rostrología, es decir,* el arte y la ciencia de leer y descifrar el libro abierto que es, para ti, cada una de las caras de tus alumnos y alumnas.

Una vez me dijiste, de manera muy poética, que, para todo maestro de Corazón, la cara de un niño es como un firmamento donde brillan o se oscurecen las estrellas de todo cuanto vive o ha vivido y que los soles o las lunas, los días o las noches y la luz o la oscuridad, modelan la bóveda celeste de cada rostro.

Con ello querías afirmar e insistir en que, padres y maestros tenemos que mirar, contemplar y escudriñar las caras de los niños porque *cada facción de ella es una huella y cada rasgo un vestigio.* El rostro viene a ser como un álbum biográfico y una especie de curriculum vitae siempre a la vista.

Si rastreamos las huellas de las vivencias de un niño nos conducirán a su fisonomía.

Todo el desorden que rodea a un niño, el caos en el que vive o la alteración que padece, aparecen y se muestran en su cara.

Cada cara es, ciertamente, resultado, fruto o consecuencia de todo lo vivido. Pero también puede ser semilla o causa.

Cada rostro no es sino el rastro visible, que los educadores tenemos que aprender a seguir, para acceder a lo que en él se expresa de lo más intangible, oculto o invisible.

La cara de cada alumno es signo de su individualidad y expresa su unicidad. Eso convierte cada cara humana en rostro.

La mayor individualidad de los seres humanos sobre los minerales, los vegetales o los animales, ha sido marcada por la naturaleza con algo obvio, visible y manifiesto, pero de lo que no era consciente: nos dotó de rostro.

Parece ser que ya los antiguos romanos distinguían con gran exactitud la cara (*os*) y el rostro (*vultus*). El *os* o cara es común al hombre y los animales superiores; el *vultus*, es decir, el rostro, es patrimonio exclusivo del ser humano.

No somos repeticiones de un mismo molde. Es algo que evidencian nuestras caras. Por eso no podemos impartir una docencia *en serie*, basada en la repetición o que no respete la individualidad que cada rostro refleja. Una educación personal e individualizada tiene su primera y más básica justificación en la diversidad de semblantes a los que se dirige.

Cuando en pedagogía se tiene en cuenta el rostro de los alumnos, el acto educativo ya no se plantea para un niño en abstracto sino para alguien concreto, singular e irrepetible. Es lo que hace que no atendamos privilegiadamente el "qué" del niño, sino, sobre todo, su "quién".

En el rostro de cada niño se nos muestra el rastro de su sagrada singularidad y de su divina humanidad.

Para ti, como maestro de almas, es una labor pedagógica hacer de la cara un ámbito para la búsqueda, el encuentro o el reconocimiento propio y de los otros.

Para ti, cada mañana, ahí están los rostros de cada uno de tus alumnos, luminosos y resplandecientes, esperando a ser mirados, vistos, reconocidos e incluso bendecidos porque, según tú, en el rostro se cumple cabalmente la verdad de cada ser humano.

Sólo cuando somos capaces de plantarnos y de ponernos en presencia de un semblante, nos es posible percibir la verdad de la persona que está ante nosotros.

Es la cara la que nos permite saber lo que un niño quiere decir realmente; por tanto no nos limitemos a escuchar lo que dice, sólo con sus palabras o sus silencios.

Las caras de los niños hablan tanto como su lengua y esta especie de dialecto facial tiene la ventaja de no necesitar diccionario para ser entendido por todo el mundo. Cuando la cara dice una cosa y la boca otra, intuitivamente, tendemos a fiarnos más del lenguaje de la primera.

Cada rostro puede dejar un rastro de alegría, de esperanza o de amor, allá por donde pasa. Tal vez no seamos, como educadores, enteramente responsables de la cara que tenemos, pero sí podemos hacernos conscientes y responsables de la cara que ponemos y de los destellos que emerjan de ella. Por eso, tenemos que estar continuamente autoinvitándonos a ser conscientes del estado interno de nuestra cara.

La cara de un adulto siempre está hablando al niño o niña que la mira, simplemente porque *nuestras caras siempre expresan, muestran y reflejan*. Nuestra cara es ese escaparate o espejo público en el que, hasta los más pequeños, pueden mirar y mirarse.

Los ruidos internos de cada persona, padre o maestro, resuenan en su rostro. Las tensiones, el cansancio o la falta de descanso, los miedos, las inseguridades y todo aquello negativo que pueda vivir, asoman a la cara, modelándola, oscureciéndola e incluso apagándola.

La cara del maestro es una puerta de acceso al Corazón. Por eso, padres y maestros tenemos el reto de *hacer de nuestra cara un espacio acogedor y silencioso, y un remanso de paz*.

Hay niños que, en la cara de su maestra o maestro, ven y sienten un oasis de alegría.

Para ello, es preciso borrar de la cara el rastro de agobios e inquietudes.

Una cara adulta siempre es algo hermoso para un niño, cuando trasluce y revela la belleza interior. Un maestro ha de ser una persona de cara hermosa, pero no en el sentido de guapa. La guapura depende de las facciones externas de nuestro rostro. La cara de un maestro ha de atraer, no obstante, por su luz, la mirada del alumno.

Las distorsiones en la cara, expresión del desasosiego y la disarmonía internos, tienden, por el contrario, a confundir a quien se mira en ella o a quien nos mira a través de ella.

> *En el rostro dejamos grabado el rastro de nuestro estado interno.*

Por eso nos permite identificar a las personas y nos informa sobre su salud y su estado emocional. Popularmente decimos ¡*qué mala cara tiene*! como manera de advertir que, internamente, no se encuentra bien.

Un niño no tiene que abrir la boca para decirnos cómo se encuentra, porque la verdad de su estado interno la podemos encontrar en su cara. En el rostro, podemos percibir el rastro silencioso de situaciones difíciles, que pueden estar marcando a los niños, o de un posible bullying que reclama a gritos nuestra intervención.

La cara nos informa, también, de las segundas intenciones, de posibles bondades o maldades, de si miente o hay un comportamiento sincero y de la veracidad o falsedad de un arrepentimiento.

La cara, a un mismo tiempo, nos informa de los estados internos y también conforma una determinada disposición o actitud interior.

Un día, al llegar a casa, mi hijo nos dijo que habías estado explicando algo que habías leído en el libro *La felicidad* del doctor José M. Rodríguez Delgado, al que presentaste como una de las personas que más había estudiado el funcionamiento del cerebro.

Con un lenguaje adaptado a su comprensión, les explicaste lo que dicho autor afirmaba: que nuestro cerebro establecía *una correlación entre las tensiones de la cara y los estados emocionales internos*.

Este hecho tan simple era sin duda muy importante, ya que significaba que podíamos modular o modificar lo que sentíamos, simplemente, cambiando voluntariamente la expresión facial.

El mismo científico sugería una demostración experimental muy fácil de realizar, y que, por cierto, planteaste a los niños a modo de juego: si ponían una cara tranquila y relajada, que no fuese una mueca forzada sino una sentida expresión de alegría, podían sentir por dentro una especie de felicidad. Y advertía, que lo contrario también era posible y que, al poner una cara triste y preocupada, se producirían en nosotros percepciones desagradables.

De manera habitual, invitas a tus alumnos a mirar, a sentir y rehacer sus caras, pero por dentro, y a que adviertan y se hagan conscientes del estado de sus caras, en sus diversos estados y en las acciones y conductas que realizan.

Si el alma, que no es sino una manera de nombrar nuestra profundidad y nuestra esencia más auténtica, emerge y aflora en la cara, a los adultos, como a los niños, se nos brinda una oportunidad y se nos lanza el reto de pacificar nuestro adentro, sembrando serenidad, sosiego, ternura y contento en el jardín de nuestra cara.

La pedagogía ha de reconocer la cara como una vía de acceso a esa profundidad, a ese hondón de nuestra esencialidad.

Los niños, como los adultos, tenemos que aprender a mirar y mirarnos en esa superficie de nuestra cara, que refleja y custodia nuestro verdadero Ser.

La cara del niño, como la de los maestros o padres, es expresión, revelación y consecuencia, del estado global, en el que nos instalamos y desde el que vivimos, pero también puede ser causa, fuente o manantial, de otro estado más descansado y saludable, de un silencio o de una presencia, que todo lo rehabilita y lo reconstruye.

Cuando veo cómo consideras la cara y cómo la incorporas en tu trabajo cotidiano en el aula, me parece estar asistiendo a una cierta reconsideración educativa e incluso espiritual de la cara del alumno y del maestro: su continente, su contenido y su significado; su morfología, su sintaxis y su semántica.

Hay una serie de expresiones y frases hechas con la palabra cara, que reflejan muy bien cómo ha de situarse todo educador, padre o maestro, de manera especial en presencia de los niños y, por supuesto, como actitud general y permanente ante la vida y el mundo.

La cara es el espejo del alma.

Esta frase proverbial, atribuida a Cicerón, es una idea o concepto que puede inspirarnos y guiarnos en nuestra labor educadora.

En esta ocasión, el refranero popular no se equivoca y viene a decirnos que, en nuestra cara, se refleja nuestro estado de ánimo, del ánima, es decir, del alma.

La cara, como espejo, alberga dos aspectos.

Al ser espejo, mi cara se trasluce, de adentro hacia afuera, mi estado físico, emocional y anímico. Pero también, como espejo, quien mira una cara puede verse reflejado en ella.

Esta doble dimensión de la cara como proyección y como reflejo plantea dos preguntas que, en el fondo, no son sino las dos caras o aspectos de un único hecho o realidad: qué es lo que se proyecta de mí en mi cara y qué es lo que ve de sí mismo quien se mira en ella.

La cara como espejo nos plantea, de manera decisiva, una radical responsabilidad ante aquello que nuestra cara muestra o expresa.

La cara del maestro, como la de cualquier miembro de la familia, como espejo del alma, es texto, lienzo, partitura y escaparate para los niños.

Toda cara es, al mismo tiempo, mapa y territorio, brújula y horizonte, forma y fondo, sendero, tesoro y misterio.

La cara como espejo, plantea la necesidad pedagógica de atender la cara de adultos y niños, aprendiendo a leerla, a escucharla, a cuidarla y a mantenerla limpia, luminosa y resplandeciente.

Ir de cara

Expresa un singular modo de afrontar las cosas y de posicionarse ante las situaciones: es un actuar sin dobleces, con sinceridad y honestidad. Vamos de cara cuando nos conducimos sin tapujos ni subterfugios. Es un ir con la verdad por delante y sin rodeos.

Las familias agradecen que vayas siempre de cara, planteándonos todo lo que tiene que ver con nuestros hijos con rigor y claridad, y con contundencia y ternura al mismo tiempo. La honradez, la dedicación y la coherencia de un maestro desarman a la familia, dejándola rendida, pero no en el sentido de derrotada o vencida, sino de entregada.

Hablar cara a cara

Es un hablar frente a frente. Es un igualar las estaturas, poniéndose a la altura de quien tenemos delante, sin dobleces. Es un velar por la claridad en nuestras interrelaciones. En el cara a cara reconocemos, valoramos y damos volumen a los aspectos o elementos no verbales de la interacción. Facilita, sin duda, la captación de la atención de nuestro interlocutor. Cada vez que un maestro habla "cara a cara", con los niños o con sus familias, está fortaleciendo ciertos vínculos de confianza y expandiendo el espectro del entendimiento con ellos.

A cara descubierta

Es actuar sin disimulo, sin engaños ni mentiras. Un maestro se presenta a cara descubierta, cuando en él no queda el más mínimo resquicio para el temor o la incoherencia, cuando sus acciones son conforme a su naturaleza más sana y auténtica y, cuando obra sin disimulo, procediendo con sentido común, de manera adecuada y conforme a razón. El niño y la familia se arrodillan ante la coherencia, la congruencia y la transparencia del maestro.

Cara de pocos amigos

Es una manera de referirnos a la cara cuando tiene un aspecto nada amable o desagradable. Es la cara que expresa la carencia de tolerancia y el exceso de enojo. Significa un aspecto facial hosco y poco amistoso y puede llegar incluso a sugerir o entrever una cierta agresividad latente. Por eso es una cara que, más que invitar a la aproximación y al encuentro, despide y expulsa al otro de nuestra cercanía.

Una cara así provoca recelo o rechazo, dificulta el trato con los niños y obstaculiza el entramado de los lazos afectivos consistentes con ellos. La cara de un maestro de Corazón siempre convoca a esa amistad peculiar, que le vincula misteriosamente con sus alumnos.

Cara larga

Una cara larga es expresión de decepción, desagrado, enfado o tristeza. Los educadores tenemos que procurar que, lo que el niño vea en nosotros, no sea una cara larga, sino una cara profunda. La longitud nos sitúa en la medida de la superficie de las cosas, cuando una cara ha de llevarnos a la profundidad del otro y a contactar con lo que no puede medirse.

La cara larga distancia, aleja y dificulta la conexión y el encuentro.

La cara de un maestro, como la de los padres. en su textura y tono, ha de acortar distancias y propiciar la aproximación y la cercanía con el niño.

Cara dura

Aplicamos esta expresión a quien se nos presenta sin escrúpulos ni vergüenza.

El cara dura es un sinvergüenza, un descarado y alguien que actúa con desfachatez, se mueve desde la insolencia y se aprovecha de los otros.

Es obvio que un educador ha de ser, por tanto, alguien de *cara blanda*, que ejerce su labor con osadía, pero revestido de prudencia, sensatez y respeto. La cara blanda hace presente a un maestro tierno, pero con fuerza; suave y resistente, al mismo tiempo.

Un maestro cara dura es un desprestigio y una deshonra para el Magisterio.

Es curioso que contemos con casi una veintena de sinónimos para referirnos al sinvergüenza. Tal vez tenga algo que ver con el hecho de que seamos el país de la picaresca. Lo que resulta obvio es que, no puede ser educador, alguien que no es educado y destaca por su desaprensión, indecencia, inmoralidad o insolencia.

La altura ética, la anchura deontológica y la profundidad de espíritu, conforman la talla moral y humana de todo educador, y tendrían que ser aspectos, a tener en cuenta, en la formación inicial y permanente de todo maestro y maestra.

Echar en cara

Es una expresión recurrente a la hora de reprochar, recriminar o reprender a alguien. No solamente se echa en cara la realización de una conducta reprochable o indeseable, sino que también se usa como una manera de exigir algo por un favor realizado. Este segundo aspecto es especialmente importante, porque muchas veces, de manera inconsciente, el echar en cara no es sino una sutil manera de chantaje emocional: echamos en cara algo que no se corresponde con nuestro nivel de dedicación y entrega.

El adulto suele echar en cara determinadas conductas y comportamientos sin darse cuenta de que, al hacerlo, deja de mirar el Ser del niño. Echar en cara, nos instala en el ámbito y en la energía del reñir y de la culpabilidad, en lugar del de llamar la atención y de la responsabilidad.

Dar la cara

Quien da la cara lo hace hablando y actuando de modo claro y abierto, respondiendo de los propios actos y afrontando las consecuencias de los mismos.

Cuando se da la cara por algo que tiene que ver con uno mismo, estamos reconociendo, afrontando y asumiendo lo que se ha hecho, así como sus efectos, repercusiones y consecuencias.

El adulto que da la cara, es una persona responsable, consecuente, coherente e íntegra.

Pero también se puede dar la cara por alguien, cuando atendemos las causas y condiciones o contextos de las conductas,y no identificamos o confundimos el ser del niño con sus comportamientos.

Por eso, agradezco que seas el maestro de mi hijo, por todas esas veces en las que has dado la cara por él, es decir, has salido en su defensa, lo has respaldado o has respondido por él.

Una pedagogía del Corazón es siempre un cara a cara

Mirar cara a cara en una situación pedagógica, la convierte, de manera inmediata y sin remedio, en una relación ética. Por eso, mirar la cara del otro, mirarle cara a cara, deviene en un imperativo educativo de primer orden.

Una y otra vez nos recuerdas y pones de relieve la implicación ética que ha de tener, para un maestro, el semblante de los niños.

El rostro es lo que nos invita a respetar al alumno, lo que evita la más mínima falta de respeto o la más leve agresión hacia él.

Mirar la cara desactiva, o al menos hace más difícil y menos llevadera, la violencia hacia el otro. En efecto, los relatos de guerra insisten, una y otra vez, en lo difícil que es matar a alguien que te mira de frente. Tal vez por eso, poner una venda o una capucha a los condenados a muerte, no solo es un acto de piedad para el que va a morir, sino que también lo es para el que lo ejecuta.

El cara a cara resitúa el encuentro adulto-niño en sus términos y posiciones justas, al convertirlo en una relación donde los participantes se sitúan uno frente a otro, como distintos pero no separados, diversos pero no enemigos y diferentes pero con idéntica dignidad.

La relación cara-a-cara transforma el acto educativo en una experiencia de unidad, en la pluralidad y la diversidad.

Pero, para mirar cara a cara, para escuchar de veras y ver lo oculto o profundo, en el rostro que se mira, es preciso que uno esté abierto, pasivo y receptivo; una pasividad que no es sinónimo de insensibilidad, desinterés, apatía, inercia, impasibilidad, indiferencia o inacción.

Mirar cara a cara a un niño, es contemplarlo con una suerte de pasividad, en la que el adulto abandona su dinamismo soberano y activo de intencionalidad, quedando así libre de proyecciones, expectativas o reclamos. Se trata, por tanto, de una pasividad que, como tal, no tiene fuerza ni intención, y permite que uno pueda darse totalmente y sin reservas. Es, en definitiva, una pasividad que comporta el ser vulnerable; pasividad que no buscará protegerse, sino que permanecerá abierta a la conmoción que el niño provoca, al mirarlo a la cara, en el propio corazón.

Cuando el adulto mira cara a cara a un niño, su rostro deja de ser un mero objeto de percepción y se siente, más bien, como una demanda, como un reclamo y como exigencia de atención y cuidado. La cara es, para un maestro, el lugar privilegiado donde puede escuchar la llamada de su alumno.

El rostro del niño se impone, en cierto modo, al yo adulto, sin que este pueda permanecer sordo e impasible a su llamada, ni olvidarla, es decir, sin que pueda dejar de ser responsable de lo que ve.

Tu manera de mirar a mi hijo me ha hecho ser consciente de que, para acceder al significado de un rostro, hay que dejar de querer imponerse, controlar o cambiar a los otros. Solo ve en lo que mira quien, a su vez, se deja mirar por lo visto y abandona la más mínima intención de manipularlo. Solemos mirar para cambiar lo que vemos. Mirar cara a cara, es una manera de mirar, para que lo que vemos cambie algo en nosotros y nos transforme.

El encuentro con el rostro del niño es una epifanía, un acontecimiento que necesariamente sorprende al adulto, que lo sobrecoge y que, de algún modo, lo interpela y lo reclama.

Mirar a un niño desde el Corazón, aviva el sentido de la responsabilidad infinita del maestro para con su alumno.

Gracias a ti, he comprendido que el rostro de mi hijo solicita y convoca mi responsabilidad para con él. Cada vez que lo miro, surge en mí como una especie de mandato, un requerimiento y una respuesta que van a tener que ver, sobre todo, con mi presencia.

La responsabilidad, a la que convoca cada cara mirada y reconocida, es irrecusable y no se puede obviar, negar ni rechazar. En ella se recibe y se acoge libremente una orden, una especie de ob-ligación a la que uno se adhiere con plena conciencia, libertad y fervor.

El rostro del niño recuerda al adulto sus obligaciones para con él, cuestiona el modo cómo se sitúa ante él y le recuerda sus deberes para con la Vida.

Desgraciadamente, la presión curricular o académica, en el caso de los maestros, y las mil y una ocupaciones domésticas y personales, en el caso de los padres, desvían la mirada de los educadores adultos, apartándola de la cara y fijándola en otros centros de interés o focos de atención que no son, precisamente, los rostros de los niños y niñas.

De nuestra cara, sin embargo, se ha apropiado la cosmética. El continente de nuestra cara ha sido ocupado y colonizado por el imperialismo de los ungüentos, las cremas y las pomadas.

La tierra de nuestra cara está siendo arada, sembrada y cultivada con potingues y maquillajes. Sus recodos, pliegues y fallas están siendo rellenadas a base de botox o silicona. La cara ha quedado reducida a fachada, mera apariencia y puro pellejo.

Tú nos propones, sin embargo, devolver nuestra cara a su legítimo propietario, a quien mejor va a cuidarla, y gritas a los cuatro vientos ¡*devolvamos nuestra cara al descanso y al silencio*!

En cada una de las relajaciones y meditaciones, que propones a tus alumnos, dedicas un momento a sus caras para que, conscientemente, puedan apropiarse de nuevo de ellas, adecentarlas y reconstruirlas.

Al ocuparte de la cara de mi hijo, te acercas y tocas su alma como si estuvieses preparándola, del mismo modo que el campesino predispone sus tierras antes de sembrar en ellas. Atiendes la cara de cada alumno como ese campo, en el que vas a ir sembrando las semillas de la sonrisa, propiciando el que florezcan en ellos su paz y su alegría.

Agradezco que seas el maestro de mi hijo, porque nos has mostrado "la otra cara" de los niños y nos has enseñado a pacificarla, a silenciarla y a transformarla.

Escuchar la cara es la primera aproximación que podemos hacer para comenzar a silenciarla y transformarla. Darse cuenta de cuanto hay en ella y de cómo está "aquí y ahora" tiene un gran valor terapéutico y curativo. Y también pedagógico.

Nos has enseñado a intensificar y a afinar nuestra escucha cerrando los ojos. Y a cerrarlos sin violencia alguna, con suavidad y delicadeza.

No cerramos los ojos para no ver... sino para mirar nuestra cara por dentro y para escuchar todo lo que ella puede decirnos o revelarnos.

Podemos ir recorriendo todo el paisaje de nuestra cara y amplificar el volumen de las sensaciones que nos llegan.

Es así como podemos observar las partes de la cara que sentimos más intensamente y aquellas otras que percibimos de manera más difusa o imprecisa.

Tal vez lleguemos incluso a percatarnos de que hay zonas que no sentimos en absoluto.

Podemos focalizar la atención en la zona de la cara que más resalta y sentirla, escucharla y dejar que nos hable.

Podemos, conscientemente, autoinvitarnos a que una profunda sensación de sosiego, de descanso, de paz y de ternura vaya recorriendo toda nuestra cara.

Es como ir remodelando la cara con una mirada blanda y silenciosa y con pensamientos amables y amorosos hacia ella. Esa mirada y esos pensamientos son como la arcilla con la que vamos a poder esculpir un rostro más transparente y luminoso.

Podemos mirar, escuchar, devolver la paz y recubrir de ternura, las distintas partes de nuestra cara: la frente, las cejas, los párpados, nuestros ojos (globo ocular y músculo orbicular), los pómulos y mejillas, la nariz, los labios, el conjunto de la boca, las mandíbulas e incluso la garganta.

Gracias, por mostrarnos que necesitamos y podemos oxigenar nuestra cara.

Podemos pensar y sentir que los poros de la cara se van abriendo, y darle volumen a la conciencia de inspirar y espirar por ellos.

Podemos llevar la respiración a toda la cara, como una sola pieza, como una unidad y sentir cómo toda la cara respira, se oxigena y descansa.

Se trata de llevar la respiración al conjunto de la cara, atendida como una unidad.

También podemos hacerlo dirigiendo nuestra atención, respiración, energía amorosa y pensamientos amables y positivos hacia las distintas partes de la cara: frente, ojos, pómulos...

Incluso, podemos ubicar la conciencia y la respiración en las zonas en las que notemos más afectada nuestra cara, con la piel más deteriorada y con más arrugas o pliegues.

Es posible pensar en un *respirar dentro, muy dentro*, en la profundidad de las grietas y surcos de las arrugas o desde la hondonada de cada poro.

Es un dejar que respiren y se renueven las partes de la cara que sientas más castigadas por el cansancio o por el paso de los años.

Podemos, en definitiva, *ungir nuestra cara del sosiego, el gozo, la calma, la alegría o la ternura que podamos estar necesitando.*

Agradezco que seas del maestro de mi hijo, porque el gran souvenir que trae a casa, tras cada viaje al cole para encontrarse contigo, es la cara de una presencia luminosa y alegre, una cara iluminada por su sonrisa y en la que puedo ver reflejado lo mejor de sí mismo.

Agradezco que seas el maestro de mi hijo porque, cuando lo mejor de ti mismo se refleja en el espejo de tu cara y tus alumnos la miran, ven en ella su más auténtica humanidad y el aspecto más gozoso y amable de la Vida.

La cara llama, pues, a una relación que va mucho más allá de la pura comunicación de contenidos.

La cara no es un medio para conocer al niño, sino un lugar de encuentro con él.

Es mirándolo a la cara, como un maestro o un padre puede reconocer la alteridad del niño, y considerarlo y aceptarlo como "legítimo otro".

En eso consiste, ni más ni menos, según el biólogo y filósofo Humberto Maturana, el amor.

10

Por tu mirada

Porque no solo miras,
también ves y te dejas mirar

El primer gran regalo que maestras y maestros pueden hacerle a muchos de sus alumnos es mirarlos, y al mirarlos, verlos, y al verlos, reconocerlos.

A veces, incluso en la familia no sabemos reconocer que cada niño, cada niña, es lo que Es.

Es triste tener que reconocer que muchos niños no son vistos por sus familias ni por otros adultos que le rodean, desconociendo de que no hay mayor drama humano que ser invisible al mundo.

Quien creció siendo invisible para los demás andará perdido y errante por el mundo, buscando que alguien lo reconozca en lo que Es.

Todavía recuerdo, como si fuese ayer, aquella experiencia que nos regalaste en uno de los primeros encuentros a los que convocaste a las familias. Nos mostraste unas imágenes que formaban parte de un libro llamado *El ojo mágico*. Eran unos dibujos con una particularidad que, en aquel momento, me pareció ciertamente algo asombroso. Al mirar la lámina solo se veía una composición de muchos colores. Nos invitaste a pegar la nariz a la lámina y luego, manteniendo la mirada fija y como desenfocada, ir distanciando nuestra cara del dibujo. Aún mantengo viva en mi memoria esa sorpresa, mezclada con emoción y perplejidad, cuando de pronto pude ver como se podía percibir un dibujo tridimensional. No sólo se nos abrió la boca, lo más importante es que, desde aquel momento, nos abrimos a otro modo de mirar a nuestros hijos.

Pero no dejaste que nos quedáramos fascinados por esa magia visual, por un mero efecto óptico, sino que nos dijiste:

> *Las manchas de colores es lo que vemos a simple vista. A veces nos quedamos en una mirada superficial que solo atiende lo que los niños hacen y tras cada conducta visible hay escondida otra realidad más profunda, con volumen y hondura. Como educadores tenemos que ver las conductas y acciones de los demás y de uno mismo, pero manteniendo la mirada en algo más allá, en algo más hondo, real y auténtico. Las manchas de colores son un símbolo de nuestra personalidad, de lo que hacemos; la imagen tridimensional que se muestra a quien sabe verla, representa nuestro Ser, nuestra Identidad más auténtica.*

Al oírte decir esas palabras me dije por dentro: Gracias, Dios mío, porque mi hijo tiene a un maestro que va a mirarlo y reconocerlo a él, más allá de sus actos y conductas.

Y, por si ya no hubiera sido suficiente con la experiencia del Ojo mágico, nos recordaste el modo singular como se saludaban los personajes de la película *Avatar*, diciéndose unos a otros:

> *—Te veo.*

Confieso que me recorrió un cierto escalofrío cuando fuiste mirando a cada padre, a cada madre y a cada abuela presente en la reunión e ibas diciéndonos.

> *—Te veo.*

En apenas un segundo, me sentí vista, acogida y reconocida por el maestro de mi hijo.

En apenas un segundo, creo que, por primera vez en mi vida, me sentí acariciada por una mirada que no me etiquetaba, no me juzgaba... simplemente me miraba.

Fue entonces cuando nos lanzaste una pregunta que, desde ese momento, procuro hacerme cada día. Todavía no me había recompuesto del todo de ese "te veo", cuando, como si tal cosa, nos lanzaste como una daga, como una paloma mensajera, como una interpelación, como un reto y como una tremenda posibilidad, la dichosa pregunta que nunca me habían hecho:

—Y, ¿tú qué ves cuando tienes delante a tu hijo, a tu hija?

Se hizo un silencio profundo. Tal vez por su hondura, no resultó nada incómodo, a pesar de su duración.

Fue entonces cuando explicitaste que era esa una pregunta fundamental para la pedagogía, para cada maestro o maestra, para cada padre o madre.

¿Qué veo cuando delante tengo a un niño/a? Dependiendo de cómo respondamos a esa pregunta vamos a conformar un determinado estilo educativo y vamos a desarrollar una concreta acción pedagógica.

Y fuiste lanzando posibles respuestas.

¿Qué veis? ¿Un espacio vacío? ¿Veis a alguien que tiene dos o tres años y no sabe nada o que tiene seis o siete y aún tiene mucho que aprender? Si los miramos así, nuestra labor educativa será meramente instructora y nos dispondremos a rellenar ese espacio vacío con información, con datos y con conocimientos.

Los maestros pueden caer en la distorsión de ver al alumno como *un objeto curricular,* es decir, como alguien al que se mira y con el que uno se relaciona siempre desde la mediación, el tamiz y la perspectiva del currículum académico.

Desde esta mirada, se piensa que el niño está en la escuela, no para desarrollar su ser, sino para avanzar en un plan de estudios, no para edificar su personalidad en coherencia y al servicio de su ser esencial, sino para seguir un determinado diseño curricular. No se ve al niño como el *sujeto de su propio aprendizaje*, sino como el *consumidor de unos procesos de enseñanza*.

Otras personas cuando ven a un niño/a lo que ven es una fotocopia reducida y de mala calidad de un adulto. Entonces lo que se hace es lo de los mayores, pero en pequeñito, a escala reducida y adaptado a ellos. En el fondo, esta mirada nos va a llevar, sin darnos cuenta, a caer en la dinámica actual de quemar, o mejor dicho, adelantar etapas.

Un niño no es una fotocopia de mala calidad, no es una personita, sino que desde el primer segundo de vida es ya una persona. Todo ser humano, desde el primer día de vida, es más, antes de salir al mundo, ya es un ser inconcluso pero completo.

Un niño de 1 año es un ser completo, pero sin concluir. Igual que un joven de 20 años, un adulto de 40 o un anciano de 80. Todo ser humano, independientemente de la edad que tenga, es un ser incluso pero completo en cada momento, en cualquiera de las etapas o estadíos de su vida.

De nuevo se hizo el silencio. Ese silencio que es fundamental en tu manera de estar con los niños e interaccionar con ellos. Sentí que el silencio que conscientemente provocaste era preludio de otro orden de respuestas a la pregunta.

Lo que hiciste a continuación fue dejar en el aire, para que nos envolviera y la respirásemos, una respuesta que venía en forma de interrogante:

> *¿Y si lo que veo es un Misterio con mayúscula, ante el que tengo que postrarme y arrodillarme cada mañana, a cada instante?*

Sentí, por un momento, que con esa pregunta nos llevabas a un lugar nuevo y desconocido entonces para mí. Estamos acostumbrados a, tras una pregunta, encontrar la respuesta. Pero tú hiciste otra cosa. No nos diste la respuesta, sino que nos descubriste ese espacio de silencio del que pueden brotar un sinfín de respuestas. Y brotó, entonces, un espontáneo y profundo sentimiento de agradecimiento por ello.

También cambió mi manera de ver a mi hijo, lo que comentaste sobre cómo era tu mirada hacia los alumnos:

> *—No fijo o limito mi mirada a la edad cronológica del niño/a. Cuando le hablo a cualquiera de vuestros hijos, no le hablo a su edad cronológica, sino a su alma.*
>
> *Le hablo a ese SER con mayúscula, eterno, sin edad, que está dentro de ese cuerpo de 6 años. Y me he dado cuenta de que, cuando me dirijo a ese lugar en los niños, los niños me comprenden.*
>
> *Tal vez no entiendan mis palabras, pero me comprenden, porque cuando hablamos desde aquí, de corazón a corazón, comprendemos. La mente entiende, pero es el corazón el que comprende. Por eso hay que unir la mente y el corazón, el corazón y el cerebro para que podamos entender comprendiendo, es decir, amando.*

Nuestras miradas de perplejidad ante lo que nos decías, a propósito de cómo mirabas a nuestros hijos e hijas, estaban expresando nuestra necesidad y deseo de seguir ahondando ese modo de mirar.

Solemos mirar analizando, calificando, clasificando y juzgando. Y eso cansa y nos cansa. Y nos distancia, nos aleja y nos desvincula de aquellos a los que miramos.

La mirada silenciosa, la mirada del Corazón, es una mirada libre de todo juicio, de toda expectativa y de toda interpretación.

Para ver es imprescindible estar presente, es decir, ser una presencia que observa con atención y amor. Ahora bien, para transformar la simple mirada en ver, en ese estar presente de la persona, ha de hacerse presente una determinada conciencia que es la que convierte la mera visión en invitación y llamada.

La riqueza y profundidad de un niño, de un ser humano, de lo Real, siempre está ahí. Verlo, sentirlo, percibirlo, amarlo... no es cuestión de ojos, sino de conciencia.

Es como poner un mirar en la mirada, una presencia en la hondura del ver. Es entonces cuando todo el cuerpo, todo el Ser, participa de ese sencillo, pero impresionante gesto de ver en aquello que se mira. Y, sobre todo, de reconocer en aquello que se ve.

Un ver de esta manera contiene dentro de sí alguna de las respuestas a las que convoca aquello que se mira.

Ese mirar transforma nuestros ojos en un beso lleno de ternura porque no es sino la expresión física, visible y tangible del "ver del Corazón".

Al explicar tu visión y vivencia de la mirada como maestro, me di cuenta de la importancia y necesidad que yo también tenía, como persona, como mujer y como madre, de reeducar mi mirada.

Si bien es verdad que mirar es un gesto natural y espontáneo, nuestro modo de ver en aquello que miramos es algo que hemos aprendido y que hemos ido adquiriendo y modelando. Las experiencias que hemos vivido y la educación recibida, han ido dirigiendo nuestra mirada hacia determinados recodos y perspectivas del mundo y han destacado unas siluetas y ocultado otras.

Los adultos, y muy especialmente cuando ejercemos como educadores, tenemos que aprender a mirar nuestra mirada y habituarnos a mirar al que mira.

Reeducar la mirada es reorientarla, redirigirla, no solo hacia fuera, sino también hacia adentro, no solo hacia los objetos del exterior, sino también al sujeto que mira en el interior.

La maestra o el maestro no solo han de mirar a su alumno, han de mirar la mirada con la que lo miran y mirar a quien está mirando eso que sucede.

La madre o el padre no solo han de mirar a su hijo, han de mirar el estado de los ojos con los que miran y darse cuenta de cómo está quien está mirando eso que está aconteciendo en el propio interior, mientras ve lo que sucede ahí fuera.

Contrastando tu manera de mirar a mi hijo, como alumno, me di cuenta de la enorme importancia que tenía el ser consciente de mi propia mirada y de la urgente y fundamental necesidad de limpiarla.

Mis pupilas hace tiempo dejaron de ser un espejo inmaculado en el que la realidad se iba reflejando en toda su nitidez, verdad y transparencia.

Mis ojos ya no son un estanque de agua clara y cristalina al que vienen a asomarse los objetos y los acontecimientos para ser reconocidos, en su esencia, en la pila bautismal de mi conciencia.

Mis ojos se han ido transformando en un pantano embarrado a base de propósitos, pretensiones, curiosidades, apegos, fascinaciones, ilusiones, alusiones, precauciones, prevenciones, escrúpulos, ideas, razonamientos, juicios y conclusiones.

Casi siempre miro a mi hijo y a los demás, incluso a mí misma, valorando las cosas que veo, en lugar de atender al valor y la cualidad de mi mirada.

Tú, el maestro de mi hijo, me has enseñado a que sea mi alma la que se asome por el ventanal de los ojos y así pueda mirar cara a cara, de frente, sin dobleces, sin segundas intenciones y sin añadir ni sustraer nada a aquello sobre lo que dirijo mi mirada.

Únicamente a través de una mirada purificada y limpia, puedo verlo todo en su condición original, esencial, virgen e inmaculada.

Lo invisible está en lo visible. Gracias a tu forma de mirar a tus alumnos, de mirar lo visible como un sendero a lo invisible, he comenzado a mirar a mi hijo de otra manera. Y me he dado cuenta de que nada se esconde a unos ojos puros y limpios.

Recuerdo que, en algunas ocasiones, dirigiéndote especialmente a algunos padres que, a pesar de su condición de creyentes y religiosos, expresaban su dificultad para entender lo que nos explicabas sobre los modos y maneras de mirar el mundo y ver a los niños, recurrías a una cita bíblica que decía algo así como que *la lámpara del cuerpo es el ojo. Si tu ojo está limpio, todo tu cuerpo será luminoso.*

Una de las veces hasta me puse a tomar notas por escrito de lo que les decías a estos padres, pero que yo sentía que me las dirigías también a mí.

Como sueles estar atento a todo, te percataste de que estaba tomando apuntes de tus comentarios, y recurriendo, una vez más, a esa magia tuya de las palabras de la que nunca llego a cansarme, dijiste que *lo importante no es tomar nota, sino que se nos note.*

En una sola frase me revelaste que tú no nos estabas hablando de los ojos, de las maneras y alcances de nuestras miradas, sino que nos invitabas a practicar, a experimentar y a vivir ese modo de mirar. Tardé un poco en darme cuenta de que tus conceptos, tus ideas y tus palabras no eran sino los envoltorios, los emisarios de una propuesta de ejercitación o vivencia, la invitación a una experiencia o la posibilidad de encarnar o incorporar eso que llamabas una y otra vez, la mirada del Corazón.

Sin darme cuenta, había estado mirando a mis hijos, y a la vida en general, analizando, calificando, clasificando, juzgando e incluso, no pocas veces, condenando.

Poco a poco comencé a dejar mi mirada libre de todo juicio y expectativa.

Mis ojos han ido entregándose a una especie de visión circular y elevada que me muestra que la realidad no se acaba en lo que veo sólo de frente.

Mi ver ha comenzado a elevarse hasta alcanzar una especie de mirada global: mi globo ocular se ha ido ablandando por dentro y siento, a veces, que se suspende como un globo; se suelta y, al soltarse y distenderse, deja suelto todo lo que veo. Mi mirada, más libre y ligera, está aprendiendo a volar sobre lo que estoy mirando y a adentrarse en las entrañas mismas de lo que veo, sin aferrarse a eso que miro.

Es así como estoy aprendiendo a comprender y desarrollar una mirada sin pretensiones hacia mis hijos y hacia mi vida.

Agradezco que seas el maestro de mi hijo porque tu modo de mirarlo afecta y modifica al mío. Tú me has mostrado que a los niños no hay que mirarlos, hay que contemplarlos.

En esa mirada contemplativa no vamos detrás de las cosas ni de las personas, sino que nos quedamos quietos, abiertos y receptivos para que, por si mismas, nos revelen lo que hay detrás de ellas.

No es una mirada de búsqueda o indagatoria, sino una mirada que se deja mirar, que permite y propicia ser observada en sí misma y que se deja amar a través de todo aquello que ve.

He ido aprendiendo a contemplar a mi hijo, en lugar de simplemente mirarlo.

Dejarnos mirar por los niños cuando los miramos, repites una y mil veces. Para que al mirarnos puedan verse a sí mismos y puedan reconocer, al vernos, lo mejor de sí mismos.

Insistes una y otra vez: *mirar la mirada*.

Solemos mirar a través de nuestros ojos, pero pocas veces detenemos nuestra mirada en ellos. Miramos con los ojos, pero no nos han invitado ni nos han educado a mirar a los propios ojos, para ver y hacernos consciente de nuestra propia mirada.

Lo planteas como una dinámica sencilla y directa que permite crear y saborear un espacio saludable con respecto a aquello que se mira, un espacio de respeto hacia lo que se dirige la mirada y de descanso para quien mira.

Mirar los ojos es un movimiento que transforma la acción de mirar en una experiencia de presencia. Cuando miramos la mirada, nuestro modo de mirar se recompone, se transforma y nos transforma: no es lo mismo mirar a una persona que atender la mirada que mira a dicha persona.

Pude percatarme de cómo el mirar la mirada con la que miraba a mi hijo, igual que tú hacías con tus alumnos, iba modelando mis ojos con la energía de la ternura y derramaba, sobre el lienzo de lo que miraba, las acuarelas transparentes de la misericordia. Simplemente porque quien mira su mirada, en el acto de ver, reconoce y permite que cada cosa sea lo que es y esté como está. Mirar la mirada es, en este sentido, un acto de reconciliación y aceptación de lo que sucede.

¡Cuánto me costó aceptar la aceptación, esta rendición incondicional a lo que miro en cada momento, a lo que es, a cómo mi hijo es y a cómo yo soy! ¡Cuánto me costó reconocer que no había nada más alejado de la resignación, de la indolencia, de la apatía o de la indiferencia que esa mirada blanda y misericordiosa!

Estoy aprendiendo a mirar, aceptar y acoger las cosas que no me gustan de mi hijo, viendo cómo tú lo haces con sus conductas y comportamientos como tu alumno.

Estoy aprendiendo a mirar, ver, aceptar y, a continuación, actuar. Estoy aprendiendo a aceptar eso que está ante mis ojos y a acogerlo como si yo misma lo hubiese puesto ahí, mirándolo más como un amigo o aliado que como un enemigo con el que tengo que batallar.

Me dijiste una vez, cuando te comentaba uno de los defectos que yo veía en mi hijo, que siempre hay que *trabajar con lo que vemos, no contra ello.*

Cuando uno mira su mirada es más consciente de lo que está viendo. Es este *mirar el ver* lo que nos permite tocar con los ojos el Corazón, el adentro, lo invisible, lo que está más allá de aquello que se ve. Es entonces cuando el Corazón del que mira puede ser *tocado* y afectado, de algún modo, por lo que se ha visto.

Cuando un maestro o una madre se sienten conmovidos por aquello que miran, brota tan espontánea como misteriosamente, el impulso de un movimiento de acercamiento, de aproximación e incluso de comunión con lo mirado. Brota en ese momento, a modo de revelación, una respuesta que, acogiendo y respetando lo que se ve... abre caminos y horizontes hacia lo que está por verse.

La mirada se convierte así en camino de esperanza, en motor de cambio o en principio de transformación... de uno mismo y del mundo que ve.

Los ojos se me están revelando, gracias a ti, como un espacio revolucionario porque cuando cambia mi mirada el mundo se transforma. Todo depende del estado de mis ojos y de la cualidad de mi mirada, o como dice el refrán, todo depende del color del cristal con el que se mira.

La mirada del Corazón, nos dices una y otra vez, es un mirar a los niños, las cosas y las situaciones que se nos presentan, desde otra perspectiva, ver lo que se esconde detrás, intuir lo que puede haber más allá de los primeros planos y sentir el bosque que aguarda tras este árbol que representa su conducta concreta y que es la que ahora abarca todo mi campo visual.

Los educadores, padres y maestros, podemos regalar a nuestros ojos, cada vez que miremos lo que los niños hacen o nos hacen, horizontes más amplios, luminosos y hermosos. Es cuestión de mirar a esa Vida con mayúscula, que está siempre detrás, arriba o abajo, de aquello que vemos.

Cambiar mi modo de mirar a mi hijo, me está permitiendo hacer, actuar y vivir de otra manera.

Me he dado cuenta de que nuestra vida está condenada a ser más de lo mismo a menos que nuestra mirada cambie.

Agradezco que seas el maestro de mi hijo porque has sabido reconocer que una tarea pedagógica decisiva se asienta en los ojos: en ellos podemos observarnos observando al mundo y el modo como actuamos en él.

Son los ojos los que nos hacen cambiar porque todo depende de la calidad de mirada con la que acogemos, recibimos, nos comprometemos y respondemos a lo que tenemos delante.

En la escuela, en la casa, por las calles, tenemos que mirar cara a cara, sobre todo a los más pequeños, a los más humildes, a los que más sufren y dejar que el Corazón nos cuente lo que ve.

Esa es la mirada que nos estás haciendo ver: una mirada en la que favorecemos y permitimos que sea el Corazón quien, a través de la ventana de nuestros ojos, se asome al mundo, y nos diga cómo situarnos y qué hacer ante aquello que estamos viendo.

Gracias por recordarnos, una y otra vez, que la conciencia de los educadores, seamos padres o maestros, siempre se mueve en la esfera del ver: el alcance de nuestra mirada lo marca y lo perimetra nuestro nivel de conciencia.

Por eso, a cada educador, en función de su nivel de conciencia, le corresponde una mirada, es decir, un modo peculiar de ver.

Elevar el nivel de conciencia de los educadores implica ampliar el horizonte que son capaces de ver y, sobre todo, profundizar el alcance y la hondura de sus miradas.

Cada vez que elevamos nuestra conciencia es como subir un peldaño que coloca nuestros ojos algo más arriba, de manera que nuestro campo de visión se amplía. Cuando la mirada es más honda y más centrada, su radio de acción se amplifica: nada de la periferia se le escapa, adquiere una más amplia perspectiva y es mucho más global y abarcadora.

Cuanto más se eleva el nivel de conciencia de los educadores, más se acercan con la mirada a la esencia de las cosas y de las personas con las que tratan.

Cuanto mayor es la conciencia, mayor es la implicación con respecto a aquello que ve. Simplemente porque los ojos se van impregnando de amor y la mirada de comprensión y misericordia.

Todo educador o educadora ha de aprender a considerar sus ojos como un reto y su mirada como una posibilidad; sentir los ojos como regalos y la mirada como presente, es decir, como presencia que irrumpe en sus ojos para, desde ellos, acercarse y contemplar a los niños, a los hijos y a los alumnos.

> *—Mirar a un niño es crear un espacio, una actitud y un tiempo de intimidad para con él.*

Necesitamos y podemos aprender a mirar a los hijos o alumnos, así como las situaciones que la vida nos presenta, creando una distancia saludable de todo aquello que vemos.

Necesitamos y podemos recuperar nuestros ojos como un espacio para la distensión, el descanso y el silencio. Nuestros ojos necesitan descanso porque solo el descanso de los ojos nos devolverá el silencio de nuestra mirada.

Siento que cada mirada que derramas sobre mi hijo es como una bendición.

Es la tuya una mirada que es escucha, una mirada que es puro darte cuenta.

Puedo reconocer que, cuando miras a mi hijo, tu mirada expresa una plena confianza en él y en la Vida.

Esta forma de mirar no es ingenua ni ilusa, sino tremendamente poética y simbólica y nunca cae en el vacío ni se pierde. Simplemente porque con ella, los ojos movilizan lo mejor de quien mira y de quien es mirado y el mirar se convierte así en un encuentro con la propia esencia.

La pregunta radical que formulas y que como educadores hemos de plantearnos permanentemente es esta:

> *—¿Dónde coloco, dónde sitúo o desde dónde efectúo yo el «ver»?*

Gracias porque tu mirar, como maestro, a mi hijo, es un llenar de amor tus ojos, un poner tu corazón en lo que ves.

Gracias porque tu *mirar* no es sino *amor que se derrama.* Un mirar que es puro amor que se vierte desde los ojos, como una caricia y como una bendición sobre todos aquellos a los que miras.

Gracias por hacerme ver y sentir que *el mirar de un maestro, como el de una madre, es amar.*

11

Por tu sonrisa

Porque es la línea curva
que más directa llega al Corazón de los alumnos

Nada más llegar a casa hoy, mi hijo se plantó ante nosotros. Se quedó de pie, sin tan siquiera deshacerse de su mochila que, por cierto, es lo primero que hace nada más entrar por la puerta. Solo estaba ahí, de pie, con una cara muy luminosa y sonriendo. Al unísono, con un acople y sintonía más propios de un dueto que de una pareja, su padre y yo le preguntamos de manera inmediata:

—¿Es que te pasa algo?

Y entonces comenzó a reírse a carcajadas y a repetir entrecortada y animadamente:

> *—El maestro lo ha acertado, el maestro lo ha acertado.*
>
> *—Pero, ¿qué es lo que ha acertado el maestro?* nos apresuramos a preguntarle, tan sorprendidos como intrigados.

Manteniendo la sonrisa en su rostro, sacó uno de sus cuadernos, un lápiz y dibujó una línea curva.

> *—Esta mañana, el maestro comenzó la clase haciendo este dibujo en la pizarra y nos preguntó qué podía representar.*

—Hicimos una lluvia de ideas sobre qué podía ser y dijimos muchas cosas: un agujero, parte de una cara, un trozo de Kiwi, un huevo cortado por la mitad, la punta o yema de un dedo, una hoja, el extremo de la lengua, y muchas más cosas. Cuando una compañera dijo que para ella esa línea curva representaba la sonrisa, le añadió como una pata o base al dibujo.

—El maestro nos explicó que la sonrisa dibuja en nuestra cara como una especie de copa, de cáliz o de cuenco. Y que eso significa que, cada vez que sonreíamos a alguien era como si, en la copa de nuestra sonrisa, le diéramos a beber de nuestra alegría. Fue entonces cuando nos dijo lo que pasaría cuando al llegar a casa estuviésemos un buen rato sonriendo y sin decir nada. Nos dijo que os llamaría la atención y que nos preguntaríais si nos pasaba algo.

¿Es que tiene que pasarnos algo para que dibujemos en nuestra cara ese cuenco de la sonrisa? La sonrisa no es porque nos pase algo sino para que por nosotros pueda pasar o circular esa alegría que somos y no tenemos por qué hacerla depender de nada ni de nadie.

Mi hijo, satisfecho y contento con el acierto de su maestro, encantado por el cumplimiento de la profecía de ese maestro al que tanto adora, se fue a rebuscar de nuevo en su mochila, extrajo otro de sus cuadernos y nos dijo:

> *—Eso lo dibujó el maestro porque, al llegar hoy al cole, se encontró al bajarse de su coche con un papel que hablaba de la sonrisa. Nos dijo que, como le gustó tanto y podía sernos muy útil para cómo nos sentimos por dentro, había decidido comenzar la clase de hoy haciendo ese dibujo y luego leyendo y comentando, entre todos, el texto del papel misterioso que se había encontrado. Le pedimos que lo escribiera en la pizarra y así poder copiarlo y tenerlo en nuestro cuaderno. ¿Queréis que os lo lea?*

Ante el entusiasmo e interés, seducidos por aquella sonrisa que seguía presidiendo el rostro de nuestro hijo, no cabía sino una respuesta afirmativa. Complacido con nuestro sí y sintiéndose importante por la relevancia de lo que tenía entre manos, con gran solemnidad, leyó el siguiente texto, escrito con pulcritud y sin ninguna falta de ortografía en uno de sus cuadernos:

> *Una sonrisa cuesta poco, pero vale mucho.*
> *Quien la da es feliz y quien la recibe la agradece.*
> *Dura sólo un instante y su recuerdo, a veces,*
> *perdura toda una vida.*
> *No hay nadie tan rico que no la necesite,*
> *ni nadie tan pobre que no la pueda dar.*
> *Produce felicidad en el hogar*
> *y sirve de contraseña a los amigos.*

Es una buena medicina para muchos de nuestros males.
No se puede comprar ni pedir prestada,
tomarla o robarla; sirve sólo como regalo.
Y nadie necesita tanto una sonrisa
como aquél que se olvidó de sonreír.
Sonríe siempre porque una sonrisa es el mejor regalo
que puedes recibir y ofrecer.
Si, por lo que sea, me olvido de darte una sonrisa, discúlpame.
¿Tendrías la bondad de ofrecerme una de las tuyas?

Agradezco que seas el maestro de mi hijo por todas y cada una de las sonrisas que dibujas en su cara cada día. Y agradezco también que seas un maestro que, cuando se topa con un texto anónimo en el suelo a las puertas del colegio, es capaz de dejarse encontrar por él, abrirle las puertas de su corazón y meterlo de lleno en el trabajo de ese día.

La programación o el plan de trabajo ya previsto no te impide estar abierto y receptivo a lo imprevisto, a lo que no se puede prever de antemano, a las sincronicidades o coincidencias que una vida mágica nos presenta.

Aquel papel, traído no sé de dónde a hombros del viento, ha iluminado hoy el rostro de mi hijo y ha dibujado en todos tus alumnos una sonrisa.

Y yo lo traigo aquí y ahora, cómo pórtico de mi profundo agradecimiento por hacernos ver, comprender y aceptar que la sonrisa tendría que ser considerada un elemento típicamente escolar, como lo son los libros, los cuadernos, los lapiceros o las pizarras. Y algo tan doméstico o familiar como los platos de comida, los elementos de aseo o los juguetes.

Tal vez por eso no dejas de recordarnos que *la sonrisa es la acción pedagógica más barata y efectiva del mundo.*

La sonrisa es herramienta y obra de la Pedagogía del Corazón; es una de las piedras angulares en una educación que esté centrada en el amor y envuelta con el humor.

Sin sonrisas y sin la alegría que ellas dibujan no hay educación saludable ni gozosa.

Es preciso recuperar la escuela, la educación toda, como un espacio para la sonrisa, el humor y la alegría. La educación está llamada a ser una educación de la sonrisa y con la sonrisa, para ella y desde ella.

Cuando el maestro sonríe mientras enseña, muestra a los alumnos cómo disfruta de su trabajo. Es así como los niños pueden vincular la tarea a la alegría y el trabajo al gozo. Es la sonrisa la que revela la amabilidad del hacer: si la sonrisa está presente en la ejecución de una tarea, nos está diciendo mucho del modo como se está viviendo la misma.

También podemos aprender a no hacer depender la sonrisa del hecho de que las cosas salgan tal cual se había deseado o programado.

Como sueles decir a los niños: "Sonreír antes de hacer, sonreír mientras hacemos y mantener la sonrisa una vez terminada la tarea".

Estás enseñando, de este modo, una especie de "sonrisa incondicionada", en esa invitación permanente a sonreír simplemente porque sí.

Sólo cuando el alumno sonríe puede su corazón liberar el alborozo y la alegría que necesita y conlleva todo aprendizaje.

Cuando mi hijo sonríe mientras aprende, está involucrando a todo su ser en lo que está haciendo: *la letra con la sonrisa entra*.

La sonrisa está llamada a ser contenido y continente curricular y ha de ser considerada y atendida como una rutina escolar cotidiana, simplemente porque es una de las competencias básicas del Corazón.

Ahora puedo mirar y entender una sonrisa como esa *línea curva que todo lo endereza.*

La sonrisa, en su configuración oblicua, quiebra la rigidez de una pedagogía marcada con el trazo de una programación lineal o de un curriculum excesivamente rígido. En la educación, como en la vida, todo se afloja, se suelta y se distiende en la curvatura de una sonrisa.

La sonrisa es la línea curva que nos pone derechos y nos lleva derechos al Corazón del otro. La sonrisa es la línea que al curvarse aproxima lo que se estaba alejando y acerca lo que se había distanciado.

La sonrisa es la línea que más directamente nos conduce a la alegría del corazón. Es el arco que nos hace disparar las flechas del regocijo.

Cada vez que sonríes se dibuja en tu cara la silueta de una copa, de un cuenco sobre el que viertes tu gozo. Cada vez que mi hijo te ve así, sonriendo, es como si se acercarse al altar de tu boca y bebiese de esa alegría que se derrama en el cáliz de tu sonrisa.

Con tus sonrisas, haces de tu boca ese cáliz donde ofrendas el júbilo por lo que haces, el cuenco en el que derramas tu alborozo por lo que eres y la copa en la que sirves el dulce licor de la alegría que actualizas y expresas.

Cada una de tus clases es una permanente invitación a la alegría.

Y es esa alegría tuya al enseñar la que hace florecer en la cara mi hijo, mientras aprende, los pétalos de sus sonrisas.

Ahora sabemos bien que la línea ondulada de nuestras sonrisas adultas acuna, masajea y conforta, con su oleaje de júbilo sereno, al Niño que duerme en nuestro interior y a los niños y niñas que despiertan junto a nosotros cada día.

Ya sabemos ver y recuperar la sonrisa como expresión de un estado de suspensión.

Levantar las comisuras de nuestros labios es la primera piedra sobre la que podemos erigir un cuerpo y una vida que sean manifestación y expresión de suspensión, centramiento, equilibrio y calma.

La sonrisa es el trazo más sencillo y fiable de la alegría.

Cuando una alegría es redonda nuestra boca, necesariamente, necesita curvarse.

La sonrisa es la desviación que nos reconduce y devuelve al camino del contento y del gozo.

A veces perdemos de vista la conciencia de que perder la sonrisa no es otra cosa que haber perdido la suspensión de nuestra columna, de nuestro cuerpo y de nuestra vida. La negación y disolución de la sonrisa no es sino la afirmación de un desplome, de un venirnos abajo.

También nos has enseñado que es en los ojos donde podemos descubrir la verdad de una sonrisa. La sonrisa interior provoca una onda de energía que fluye hacia arriba, iluminando la cara y encendiendo los ojos.

La eficacia y autenticidad de una sonrisa está muy relacionada con la amplitud de la misma. Los efectos se hacen notar con mucha más claridad y rotundidad cuando la sonrisa no se limita ni circunscribe a la boca y a los labios, sino que se expande hasta llegar a alcanzar la zona orbicular del ojo. Dicho de otra manera, la sonrisa que sólo afecta e implica a los músculos de la boca y de los labios es menos sentida internamente y, exteriormente, se muestra como una sonrisa forzada, superficial e incluso falsa. Cuando la sonrisa alcanza y activa los músculos orbiculares de los ojos se presenta como más profunda, sincera y veraz.

La amplitud de una sonrisa es, por tanto, lo que la hace más profunda y verdadera.

En los viajes al Corazón que haces con los niños, en las meditaciones, siempre convocas a los alumnos a que, en algún momento del ejercicio, dibujen en su cara la sonrisa.

Les invitas, más o menos con las palabras siguientes, a que la sonrisa ascienda a la cima de los ojos desde el valle de los labios, desde donde inician su andadura:

> *Piensa en el espacio que va desde la comisura de tus labios hasta tus ojos como un espacio de energía en expansión.*
>
> *Da más espacio a ese espacio, de manera que toda la musculatura de esa zona se vaya soltando, recuperando su tono justo.*
>
> *Piensa en el punto de energía de las comisuras de tus labios y piensa cómo la energía se desborda por ellas y se suspende.*
>
> *Esa energía, como raíces profundas, va ascendiendo buscando los ojos. Con la misma paciencia, lentitud y cuidado de un alpinista, la energía de las comisuras de tus labios,*

el dibujo de tu sonrisa, va ascendiendo por la ladera de tu cara hasta llegar a la cumbre de tus ojos.

Cada espiración, cada soplo es como un pequeño empujón que ayuda a ese ir acercando, milímetro a milímetro, la comisura de tus labios hacia la cima de tus ojos.

Una vez haya alcanzado los ojos, les invitas a que piensen y sientan cómo esa luz y energía de la sonrisa desciende por todo el cuerpo y, como una lava silenciosa, arrastra consigo cualquier malestar interno hasta dejarlo en el suelo.

Otras veces, les invitas a pensar, sentir y vivir este descenso de la sonrisa, desde los ojos hasta los pies, como un ungir, un bendecir a todo el cuerpo con esa sagrada energía de la sonrisa.

En la persona que sonríe los ojos se encienden y brillan como expresión de que alguien está dentro y habita en el interior. Por eso, *más ilumina una sonrisa que mil bombillas.* Y por eso, al sonreír y con la luz en los ojos, no hacemos sino expresar que estamos en nuestra casa, en nuestro hogar y que hemos vuelto a nuestro Corazón.

Tú nos has mostrado el alcance, el sentido, el significado, el poder, la fuerza y todo cuanto puede traer consigo y albergar en su interior cada una de las sonrisas que dibujamos en nuestra cara.

La sonrisa es energía y expresión de vida, de una vida en plenitud y gozo. Por eso, la más leve o fugaz de las sonrisas tiene la fuerza de un huracán y el poder del trueno.

La sonrisa es un alimento que nutre, una medicina que sana y una vitamina que restablece.

Es el maquillaje que más embellece la cara.

Es el foco que devuelve la luz a nuestro rostro e ilumina los ojos.

En el mapa de la cara de mi hijo, su sonrisa me indica que hay en él un oasis, un lugar de reposo, un remanso de calma y un espacio con vistas panorámicas al valle de su paz interior.

En la sonrisa de mi hijo emerge suave a la superficie visible de su cara ese gozo sutil e invisible que él es.

El júbilo de lo que realmente somos se refleja en el espejo de la cara gracias a los destellos de las sonrisas.

De ahí que cada sonrisa sea una puerta que nos adentra en lo mejor de nosotros mismos y de los otros.

De ahí que cada sonrisa sea esa llave que abre, como ninguna otra, el cofre de nuestras alegrías.

Agradezco que seas el maestro de mi hijo porque le has entregado el pincel de la sonrisa para que, con ella, pueda trazar el lienzo de su faz más luminosa y hermosa.

Cada sonrisa es una bendición, algo que, en la medida que la entregamos, nos colma.

En cada sonrisa ungimos a los niños y al mundo con los óleos de nuestro regocijo.

Sonreír es como un bautismo en el que nos reconocemos y somos reconocidos como Hijos de la Alegría.

Por todo ello, la sonrisa es ofrenda sagrada, regalo divino y presente humano.

Por eso, consideras la presencia o no de sonrisas como uno de los más fieles y sensibles barómetros para medir la atmósfera de una situación pedagógica o en una relación educativa.

La sonrisa es siempre un termómetro preciso que refleja la calidez o frialdad del encuentro humano en el que se sostiene un determinado modo de intervención pedagógica.

La sonrisa es una medicina que actúa de manera fulminante y eficaz, es la vitamina por excelencia para nuestro corazón. Afecta positivamente a todo el cuerpo de la persona que sonríe, beneficiando a todo su organismo. Lo más interesante de todo es que no hay ninguna contraindicación para la presencia de la sonrisa en los espacios educativos. No se ha publicado ninguna advertencia sobre sus posibles peligros. Todos los efectos secundarios de su uso o manifestación son positivos y saludables.

Tú nos describes y descubres la educación como un campo para el cultivo de sonrisas y al maestro y a los padres como sembradores de sonrisas y cultivadores de la alegría.

Por eso procuras que lo primero con lo que se encuentre mi hijo cada mañana, al comenzar una nueva jornada escolar, sea tu sonrisa.

Esta es, conscientemente, y así nos lo has expresado, tu primera actividad o lección cada día: la energía de la sonrisa, el regalo de la sonrisa, el arte de sonreír, pero, sobre todo, el derecho a la sonrisa.

Una sonrisa siempre alisa y allana el camino para llegar a los demás y nos abre sus puertas.

Al trazar una sonrisa en el momento en el que te encuentras con mi hijo le estás diciendo:

—*¡Aquí estoy!*

Y cada vez que mi hijo te devuelve una sonrisa no está sino respondiéndote:

—*Pasa y entra.*

Porque, sin lugar a dudas, como proclamas, una y otra vez a tus alumnos y a sus padres, *la sonrisa pone la llave y abre la puerta*.

En las familias sabemos y somos conscientes de cómo regalas tu sonrisa a los alumnos y cómo ellos te la devuelven multiplicada.

Gracias por no dejar de recordarnos que la sonrisa es también una energía que es preciso atenderla, enfocarla, activarla y cultivarla. La sonrisa, en ese sentido, es una actividad o un gesto cultivable, pero que, al mismo tiempo, cultiva, es decir, hace crecer y desarrollarse a uno por dentro. La generosa siembra de sonrisas de un adulto produce siempre una abundante cosecha en el corazón de los niños.

Día a día, momento a momento, en cada situación que se va dando, vas puliendo y limpiando tus sonrisas y las de tus alumnos, distinguiéndolas de esas otras sonrisas moldeadas por la malicia, el sarcasmo, el cinismo, la mordacidad o la acritud.

Agradezco que seas el maestro de mi hijo porque no solo a él, también a nosotros, nos descubres, nos instruyes y nos educas en el arte de sonreír y no solo con los labios.

Ahora sabemos que sonreír es mucho más que un mero movimiento de la boca, es un gesto en el que se implica y se expresa todo el cuerpo y, por tanto, la totalidad del ser.

Ahora sé que puedo sonreír a mi hijo con las manos, cuando cada una de mis caricias es una experiencia auténtica de encuentro con una piel, en la que reconozco una Presencia y no sólo una superficie que palpo, en la que hurgo o simplemente rozo.

Sonrío con los brazos cuando me abro para recibir a mi hijo, desde la aceptación y la acogida tal y como es, y lo acerco a mi parte más cálida y tierna.

He aprendido a sonreír con los pies, cuando ejecuto cada pisada como una caricia a la tierra y, en cada paso, me siento y me reconozco haciendo camino. Sonrío cuando el caminar no es un simple desplazamiento, sino un gesto consciente y amoroso de acercamiento o un movimiento respetuoso de distanciamiento.

Sonrío a mi hijo con los oídos cuando, al hablarme, reconozco en él a un mensajero de algo que puede ser importante para mí, cuando mi manera de escuchar despierta en él su palabra más certera y auténtica, cuando me oigo en lo que oigo y cuando le ayudo a expresarse en aquello que me dice.

Sonrío con los ojos, cuando mi mirada es profunda porque llega al centro sagrado de todo aquello que veo, cuando desde mis pupilas se proyecta un sutil halo de luz y calor que ilumina y acoge todo aquello que ve.

Sonrío con el alma cada vez que transformo el sencillo gesto facial de sonreír en puro don, en ofrenda o en regalo.

Me dijiste un día, a la salida del colegio, cuando fui a recoger a mi hijo, que una de las máximas recompensas de tu trabajo era poder escuchar cómo cantan y cómo ríen los niños, que se marchan y alejan tras una jornada de labor compartida.

Hoy, quizás más que nunca, es preciso devolver la sonrisa a los rostros de los niños y niñas, pero también al semblante de sus maestros y maestras.

Cuando te oí decir que "la sonrisa de un niño que es feliz en la escuela no tiene precio, pero que la sonrisa de un maestro que es feliz en la escuela... eso tampoco tiene precio" trasladé eso mismo a nuestra familia, de manera que ahora considero que la sonrisa de un niño que es feliz en la casa no tiene precio, pero que la sonrisa de sus padres o abuelos tampoco lo tiene.

Cada vez que sonríes a mi hijo le estás diciendo: *Me gusta estar aquí.*

Cada vez que mi hijo te sonríe te está diciendo: *Soy feliz estando contigo.*

Cada vez que un niño o una niña sonríe, ante la presencia de un adulto, es como si con él o con ella, fuera el universo entero el que se regocija en sus sonrisas.

Esta es, sin lugar a dudas, una de las máximas felicidades que sentimos las familias: escuchar cómo saltan y cómo sonríen nuestros hijos, cuando salen del cole y vuelven a casa tras haber pasado toda una mañana contigo.

12

Por tu paciencia

La paciencia es energía,
es una forma de conciencia
(Fedora Aberastury)

La paciencia, en palabras de Fedora Aberastury, "crea el único ritmo energético que no acelera el corazón".

La paciencia es, sin duda, un factor imprescindible para el desarrollo justo y adecuado de toda intervención pedagógica.

Cuando estamos junto a los alumnos o con los hijos, la paciencia es como una compañera que siempre ha de marchar junto a nosotros, al lado de los adultos que ejercemos como educadores.

La paciencia es una cualidad que ha de estar presente cuando afrontamos cualquier situación de la vida o cualquier acto educativo.

Todo gesto pedagógico se torna impecable cuando es gestado en el vientre de la paciencia. Es entonces cuando un niño, una actividad o cualquier proceso humano, se desarrolla, crece y madura en el espacio y tiempo necesarios y que sólo la paciencia es capaz de reconocer y otorgar.

La paciencia es el sencillo arte de conceder, a cada cosa y a cada persona, el tiempo justo y necesario.

Cicerón escribió sobre la necesidad de ser pacientes con la naturaleza, con los ancianos y con los dioses. No quebraríamos ni dañaríamos la sabiduría del filósofo romano si añadimos la necesidad de ser pacientes con los niños y con uno mismo.

Lo natural tiene su ritmo, sus ciclos y su tiempo. No tiene sentido precipitarnos en la siembra o arrancar un fruto antes de tiempo.

Agradezco que, como maestro, no hayas caído en la tentación de adelantar los momentos o etapas, ni seas víctima, tampoco, de esa obsesión, tan característica y común en estos tiempos, por acelerar los procesos.

Gracias porque en tu acción educativa cotidiana, la paciencia no es ningún añadido, un adorno o una mera condición externa, sino una necesidad y un requisito fundamental para la realización y el cumplimiento de su naturaleza o esencia.

Al verte actuar con tus alumnos y ver cómo, en tu paciencia, te concedes y estableces pausas, hemos comenzado a preguntarnos como madres y padres: *¿Y por qué no nosotros con nuestros hijos?*

Muchas veces se ha comparado la educación al hecho de sembrar.

Educar es, en cierto modo, cultivar y hacer florecer las semillas de humanidad que han sido plantadas en el corazón de cada ser humano.

Por eso, maestros y maestras vienen a ser como los agricultores del alma de los niños. Y si algo caracteriza al hombre o a la mujer del campo es su paciencia, el saber respetar y esperar los ciclos naturales y los tiempos que necesita aquello que siembra.

En este sentido, el bambú es un símbolo y un buen referente para nuestra paciencia como educadores, un modelo para nuestra actitud ante el crecimiento de los niños y niñas y una propuesta ante nuestras dinámicas educativas y de desarrollo.

Una vez han sido sembradas las semillas del bambú, al principio, apenas pasa nada relevante, visible o destacable durante los primeros siete años. La mirada ciega, superficial o inexperta sospecharía de una tierra yerma, de la infertilidad de la semilla o de una siembra fallida. Sin embargo, en sólo seis semanas, a lo largo del séptimo año tras la siembra, el bambú crece más de 30 metros.

Pero no nos equivoquemos. No es que el bambú haya crecido sólo en las últimas seis semanas, sino que ha estado desarrollándose a lo largo de los siete años.

La pedagogía tiene que evocar continuamente el ciclo madurativo del bambú porque el alma de los niños se desarrolla de manera similar.

Educar es el gran arte de la paciencia, la vocación de la siembra, el reclamo al crecimiento y la apelación al desarrollo de lo mejor de cada ser humano, que se condensa, como semilla, en los secretos y hondos surcos del cerebro, en cada célula y, aguardando, como esbozo, en la tierra prometida del Corazón.

Agradezco que seas de esos maestros que ven lo que sucede en lo profundo y, por eso, no te desesperas cuando no ves florecer brotes verdes en las ramas visibles, ni te desanimas al no poder constatar resultados inmediatos.

Agradezco que seas ese maestro que, desde una extraordinaria sensibilidad, no eres ajeno, sino muy consciente, de lo que está operando dentro, muy dentro, con la lentitud de los procesos naturales y auténticos.

El maestro o maestra impaciente se frustra porque no sabe ni confía en el movimiento escondido de las raíces.

Para que nuestros niños y jóvenes crezcan robustos y puedan dar luego abundante fruto, sabroso y nutritivo, han de ser sembrados con la paciencia, regados con el goteo continuo de la ternura y calentados con el fuego de la entrega amorosa. La exquisitez y abundancia de la cosecha siempre provienen de las raíces.

Por eso agradezco infinitamente que, como maestro de mi hijo, no te dejes vencer ni atrapar por la impaciencia.

Es la impaciencia la que nos impide ver el lado amable de las cosas y el ser auténtico de las personas.

Como nos decía Fedora Aberastury, "*No tener paciencia es, si observamos bien, una manera oculta de no poder soportar nuestros miedos profundos*".

Para ella, *la impaciencia es el despilfarro de nuestras energías*.

A veces, *cierto tipo de pasión está asociada a la impaciencia*. Una persona, ya sea madre o maestra, excesivamente apasionada puede ser, al mismo tiempo, muy impaciente.

Educar es colaborar adecuadamente en el proceso madurativo y de crecimiento de un ser humano. Y la maduración tiene un requisito fundamental, que es el tiempo.

Lo que hace madurar un fruto es la exposición prolongada al sol.

A veces, en ciertos ámbitos educativos, y sobre todo en algunas familias, se quiere justificar de alguna manera esta falta o escasez de tiempo que se está con los niños, afirmando algo así como que lo importante es la calidad del tiempo.

Cuando te preguntamos al respecto, nos invitaste a imaginar la siguiente situación.

Estamos, dicen, en un movimiento cósmico muy intenso, hay grandes tormentas solares, es decir, Padre Sol está un poco agitado, tiene poco tiempo.

Imaginad que el Sol dijera a un tomate canario:

—Eh, chico, tengo poco tiempo, así que ahí va, toda una radiación solar intensa y de calidad.

El tomate se achicharraría, se quemaría, porque lo que hace madurar el fruto no es la intensidad del sol, sino una prolongada exposición, un duradero y amplio contacto con un sol moderado que no abrase.

Necesitamos paciencia para dejar que el fruto caiga por su propio peso y no porque lo arranquemos apresuradamente, para que así el aprendizaje de los niños pueda caer cuando el niño esté maduro, y no porque lo precipitamos con nuestra impaciencia.

Es curioso y llamativo que, en ocasiones y cada vez con mayor frecuencia, se arranquen los frutos de los árboles cuando aún están verdes, cuando aún no están maduros. No dejamos que la fruta caiga a su tiempo, cuando ya esté completamente madura, sino que la arrancamos y la dejamos madurar luego en cámaras frigoríficas. Olvidamos que, cuando la fruta está verde y sin madurar lo suficiente, no es saludable, sino que mantiene aún cierta toxicidad que se irá disolviendo o que irá transmutando, justamente gracias al tiempo del proceso de maduración. Si se recoge la fruta aún no madura, y lo que se hace es dejarla que envejezca expuesta al frío, esa toxicidad no se disuelve ni se transforma adecuadamente. La maduración requiere tiempo.

Es importante tener presente y no olvidar, por tanto, que lo que hace madurar es la exposición durante el tiempo necesario y adecuado a la luz y energía del sol.

Lo que nos hace madurar en educación es la presencia y permanencia de la luz y de la energía de ese sol interior que no es otro que nuestro Corazón.

Nos falta paciencia.

Carecemos de paciencia.

Y mientras tanto, los niños, los hijos y los alumnos, como los tomates, necesitan de la paciencia de los soles que representamos los padres y los maestros.

La paciencia es lo que hace madurar los frutos.

Cuando no tenemos, mejor dicho, no nos concedemos ni concedemos tiempo, nos volvemos impacientes e impedimos una maduración justa y natural.

El impaciente, al destrozar la más mínima posibilidad de pausa, dificulta también la posibilidad de la paz. Recordemos que la pausa nos conduce a la paz. Tal vez por eso, los impacientes no brotan, ni crecen, ni maduran, ni dejan madurar y, además, se violentan personalmente y violentan a los demás, crispando las situaciones y tensionando lo que acontece.

A veces me pregunto de qué recónditos lugares y desde qué insospechadas motivaciones ocultas surge e irrumpe en mí la impaciencia: desde la propia impotencia, desde el miedo al fracaso o desde la ansiedad por los buenos y rápidos resultados.

Al mirar con atención esas situaciones o momentos en los que solemos impacientarnos, vamos a poder darnos cuenta de algo fundamental: la impaciencia nos asalta, nos invade y se adueña de nuestro estado de ánimo, cuando desplazamos la motivación de nuestra actuación hacia el logro de algún objetivo marcado o hacia la conquista de la meta señalada, en lugar de asentarla en el desarrollo de la misma acción, independientemente del resultado que pueda darse u obtenerse.

La paciencia presidirá nuestro emocionar si dejamos de obsesionarnos tanto con los resultados y dirigimos más nuestras energías hacia los procesos.

Ya no se trata de que mi hijo haga bien una determinada cosa, sino de cómo se desarrolla el proceso de ejecución de la misma. Ahora doy más importancia a las dinámicas de interacción, a los procesos relacionales y a la vivencia de encuentro con él, cuando compartimos momentos, situaciones o tareas.

Es la paciencia la que nos permite sentir y desarrollar otro tipo de impecabilidad en nuestra acción educadora.

Un día me dijiste algo sobre mi hijo que modificó para siempre mi relación con él, sobre todo en lo relacionado con sus tareas y quehaceres.

Recuerdo que te dije:

—Mi hijo te tiene muy engañado. No es que no pueda, es que no quiere.

Y, entonces, como un rayo, dijiste:

—Tal vez es que no puede querer.

Al ver mi cara de perplejidad por tu respuesta, comprendiste que necesitaba un desarrollo de aquella frase que me dejó tan atónita como desconcertada.

> *—Pero, ¿tú piensas que tu hijo es imbécil, que acaso no le gustaría hacerlo todo a las mil maravillas? ¿Acaso dudas de que, a todo alumno, y por supuesto también a tu hijo, le encantaría poder recibir de sus maestros todo tipo de felicitaciones y parabienes? Tu hijo no comete errores o actúa para sacarme de mis casillas y enfadarme. Él es el primero que sufre su no hacer bien las cosas o el que las cosas no le salgan bien.*

Fue entonces cuando compartiste una experiencia, que habías vivido hace años con un antiguo alumno que estaba dando sus primeros pasos en el aprendizaje de la lectura.

> *—Estoy en mi clase de primero. Me encuentro sentado junto a un alumno, al que estoy ayudando en la lectura de un texto. Se detiene una y otra vez, duda, retrocede y, finalmente, lee incorrectamente. Yo comienzo a corregirle tranquila y suavemente, pero conforme se van repitiendo los errores, conforme se van poniendo de manifiesto nuevamente equivocaciones ya comentadas y corregidas, mi estado anímico se va alterando: empieza la escalada del nerviosismo, la impaciencia se acerca a pasos agigantados, hasta que las observaciones que le hago a mi alumno comienzan a subir de tono, se van crispando. La última corrección ha sido a base de gritos.*
>
> *El alumno hace un sutil gesto de encogimiento y se retrae. Afortunadamente, me doy cuenta de lo que está sucediendo. Le digo:*

—Perdona, pero me parece que me estoy poniendo nervioso.

Cierro los ojos y realizo varias respiraciones profundas; sobre todo rehabilito las pausas en una respiración que se había alterado y agitado, esperando así recuperar una calma que me permitiera seguir con la tarea. Sin embargo, un impulso desde dentro me dice: Basta por hoy.

Abro los ojos y miro a mi alumno. Está expectante, pero sigue nervioso. Le cojo las manos y le digo:

—Creo que hoy no damos más de nosotros mismos. Vamos a dejarlo y a ver qué pasa mañana.

Al día siguiente volvimos al mismo texto. Y, sorpresa, lo lee prácticamente todo sin ningún error.

Supuse que lo había trabajado en casa, pero él me lo desmintió. Lo felicité, le di un abrazo, y volví a disculparme por mis maneras del día anterior. Aún recuerdo que se levantó como si una felicidad suprema le llevara en brazos.

Terminada la narración de la anécdota, noté una cierta amargura al hacer referencia a que, por un momento, te viste como un médico al que le llega un enfermo muy herido y se enfada con él por la gravedad de sus heridas y le increpa porque eso le va a suponer muchas horas de quirófano.

Al oír el relato, me vi como una madre que se enfada por las dificultades que tiene su propio hijo, para hacer las cosas como a ella le gustaría que las hiciese, y que no para de increparlo y echarle en cara sus fallos y carencias.

Esa experiencia, que a primera vista puede presentarse o entenderse como nefasta o negativa, puede ayudarnos a comprender que si algo justifica la presencia de maestros y padres es precisamente esto: ayudar al que no sabe, colaborar con los que tienen dificultades, atender, corregir y sanar.

En la mayoría de las situaciones educativas que nos impacientan, nos tensan o nos enfadan, no es cuestión de malas intenciones por parte del niño, sino de incapacidad, *en ese momento*, para realizar óptimamente una tarea. A veces, puede ser sólo cuestión de hacer una pausa, de dejarlo para otro momento o para otro día, asumiendo y respetando el *momento madurativo* en el que cada uno pueda estar.

Cuando llegamos a sentirnos frustrados o molestos a causa de algún niño o a propósito de una situación, podemos recordarnos a nosotros mismos que la reacción no es contra esa persona o situación, sino como consecuencia de los sentimientos que se generan en nosotros acerca de esa persona o de dicha situación.

Estos sentimientos comienzan a modificarse desde el momento mismo en el que aprendemos a ver la inocencia del comportamiento de los niños, de los alumnos y alumnas, de los hijos.

Cuando alguno de ellos “no hace algo bien”, es porque no puede hacerlo mejor. Con los niños se descubre la invalidez de esa famosa afirmación que sostiene que querer es poder. La mayoría de las veces quieren, pero no pueden o no saben. Y las veces en las que, supuestamente pueden, pero no quieren, es porque, en el fondo, como ya hemos comentado, no pueden querer.

Cuando alcanzamos a ver esta inocencia en los niños, la paciencia hace acto de presencia y cualquier irritación que pueda iniciar su despliegue queda, inmediata e irremisiblemente, disuelta o desactivada.

Otro de los grandes obstáculos, que podemos superar en el desarrollo de la paciencia, es *la impaciencia de querer conseguir resultados a corto plazo*, sin detenernos a considerar las posibilidades reales de éxito ni el tiempo o las capacidades que se requieren y precisan para alcanzar un objetivo determinado.

La paciencia puede mostrársenos como algo que nos permite comprender y aceptar los contratiempos y las adversidades con fortaleza y sin lamentaciones. Desde la paciencia y con paciencia, es más fácil y posible llevar la moderación a las palabras y a la conducta, favoreciendo una actuación mucho más acorde con cada situación.

La paciencia va inhibiendo esa *demasiada prisa* para hacer y va desactivando esa *demasiada impaciencia* por llegar.

Bien saben los maestros, más que nadie, que son los alumnos quienes nos proporcionan una fuente inagotable de paciencia ante su falta de destreza, conocimiento o pericia para llevar a cabo las cosas o tareas. Una maestra puede ejercitar y desarrollar su paciencia con el niño que no entiende aquello de sumar "llevándose", o con la niña a la que tiene que explicarle más de dos veces, a ella sola, lo que ya ha explicado por tercera vez a toda la clase, o con ese alumno o alumna cuya lentitud a la hora de abordar los trabajos supera toda medida.

Cuanta más paciencia desarrollamos, más fácil nos resulta aceptar las cosas y a las personas tal y como son, y los acontecimientos tal y como suceden.

Volvernos un poquito más pacientes cada día implica abrir el Corazón a cada momento presente, aún a pesar de que la situación no sea especialmente gratificante o agradable.

El cultivo y la ejercitación de la paciencia puede comenzar por acciones muy pequeñas. Podemos comenzar por decirnos a nosotros mismos: *durante los próximos cinco minutos no voy a crisparme ni alterarme por nada. Seré paciente y mantendré mi paz.*

Este propósito de ser paciente, sabiendo que es por poco tiempo y por un período limitado y asequible, nos ejercita en la paciencia y nos hace crecer en ella.

La satisfacción de lograrlo es un estímulo para continuar por más tiempo y nos lanza al reto de concedernos una especie de prórroga o prolongación. Y si la perdemos antes de concluir el tiempo prefijado, será el momento de recordar que *siempre podemos empezar de nuevo*. Será el momento, entonces, de abrir y otorgarnos un nuevo plazo, de concedernos unos nuevos cinco minutos de ser pacientes.

Los cinco minutos de paciencia, multiplicados en varios momentos a lo largo del día, van a surtir su efecto y permitirán ver y reconocer que, ciertamente, tenemos la capacidad de ser pacientes, incluso durante períodos más largos. Una paciencia que nos hará comprender, en medio de situaciones complicadas, difíciles y complejas, que lo que tenemos delante, ese reto del momento, no es una cuestión de vida o muerte sino un obstáculo por abordar o un acontecimiento por vivir.

Escuchando el interior mismo de la palabra, podemos afirmar que la paciencia es *la ciencia de la paz*. En este sentido, vivir la paciencia es estar en paz con lo que sucede, un dejar que suceda.

La paz de la paciencia no es la de un tranquilizante o analgésico, no depende de nada de fuera ni de ningún agente externo. Es la paz de estar en paz con uno mismo y con lo que acontece, la paz del Ser, la paz del Corazón.

En la paciencia aprendemos a esperar y a no desesperarnos, a no impacientarnos y a no violentar el corazón de los niños y del mundo con nuestra propia taquicardia e impaciencia.

La maduración, como ya se ha dicho, es lenta, silenciosa, discreta y misteriosa. Así opera también toda acción pedagógica auténtica.

Sabia y acertadamente, nos presentas la paciencia como un factor imprescindible en la evolución de nuestras conductas e intervenciones y como algo que todo educador ha de aprender a poseer.

Básicamente, la paciencia es calma interior, sosiego y proporciona una imprescindible estabilidad de ánimo. La paciencia se nutre de buenas dosis de comprensión y confianza, es un saber esperar y respetar los ritmos, tanto propios como ajenos. Por eso es tan importante y tan necesaria nuestra paciencia a la hora de tratar con los niños, y también con los demás adultos.

Agradezco, de manera muy especial, que, como maestro, nos hayas ayudado a tomar conciencia de que hay un motivo añadido para vivir la paciencia. Y es que, en el fondo, lo que buscamos cuando educamos es lo que somos y eso siempre está ahí. Lo que buscamos, lo que queremos cultivar y desarrollar en nuestros hijos, lo que queremos alcanzar con ellos es lo que ya son, lo que forma parte de su esencia. Y eso siempre está ahí. Dentro de cada uno, de cada una.

Por eso podemos ser pacientes. Por eso estamos convocados a la paciencia.

Tú nos has enseñado a cambiar *la impaciencia de buscar por la paciencia de encontrar*. Porque lo que estamos buscando sabemos ya que nos está aguardando ahí dentro.

Tú me has hecho tomar conciencia de que lo que busco y deseo de mi hijo es lo que ya es y siempre está ahí disponible, en su interior, en su ser esencial, pero lo está de manera potencial, como posibilidad, en modo semilla y que, por eso, ha de ser incubado con paciencia. Su despliegue y desarrollo ha de respetar y seguir un proceso gradual y natural y que no hay que forzar antes de tiempo.

Cuánto agradezco aquellas palabras que me dijiste una vez en la tutoría y que tanto han cambiado mi acción como madre:

> *—Lo que yo busco en tu hijo es lo que Es y, porque lo es, siempre está ahí. Tu hijo se enfada con frecuencia, y a veces incluso se violenta con los compañeros. Yo veo su enfado e incluso la agresión que, en un momento dado, se le puede escapar. Eso lo veo, ni estoy ciego ni quiero apartar la vista de ello, pero mi mirada, mi atención, mi conciencia y en lo que me centro y trabajo con él, es en el amor, la paz, la ternura y la alegría que tu hijo es. Pero todo esto está en él como semillas que han de ser incubadas con paciencia.*

Y terminaste leyéndome un maravilloso texto de Zorba el griego que me ayudo a tomar conciencia de los riesgos de nuestra impaciencia. El texto decía:

> *Recuerdo una mañana en la que descubrí un capullo en la corteza de un árbol en el preciso momento en el que una mariposa estaba haciendo un agujero, lista para salir.*
>
> *Esperé un poco, pero tardaba en salir y me impacienté.*
>
> *Me aproximé y le eché aliento para calentarla. La calenté lo más rápidamente que pude.*
>
> *Ante mis ojos se abrió el cascarón y la mariposa empezó a arrastrarse lentamente.*
>
> *Me horroricé al ver que sus alas estaban plegadas a la espalda y arrugadas. Intentaba desplegarlas con su cuerpo tembloroso.*
>
> *Me incliné e intenté ayudarla con mi aliento. Fue en vano.*
>
> *Tenía que ser incubada con paciencia y el despliegue de las alas debía ser un proceso gradual bajo el sol.*
>
> *Ahora era tarde. Mi aliento había forzado la salida de la mariposa, totalmente arrugada, antes de tiempo.*
>
> *Luchó desesperadamente y segundos después murió en la palma de mi mano.*

En la paciencia, dejamos de buscar en el niño para que él nos encuentre a nosotros y, al encontrarnos a nosotros, se reencuentre con lo mejor de sí mismo.

13

Por tu ternura

Porque la ternura es la suavidad
con la que sale la luz que llevamos dentro

La ternura es una de las palabras con más energía y que, por el simple hecho de ser pronunciada o escuchada, toca y trastoca a quien la dice y a quien la deja resonar en su alma. La ternura es poner tacto y dedos al corazón.

Doy gracias porque procuras ser consciente de cómo acaricias todo y a todos y de los latidos o vibración que hay en tu tocar a los niños, a la vida y al mundo.

Cuando te veo saludar a tus alumnos, compruebo que inauguras cada día con gestos y palabras envueltos en una ternura que mi hijo ve, huele, siente y se siente tocado por ella.

Cada gesto de ternura que veo en ti hacia tus alumnos es para mi como un decirme y un afirmar que el tiempo de la ternura es siempre y que el momento de la ternura es ahora.

A la hora de educar, el territorio de la ternura es cada aquí, porque todo instante y lugar son propicios para la ternura: la palabra que se dice, el movimiento que se realiza, la mirada que se vierte sobre el mundo y, muy especialmente, sobre los niños, las caricias que derramamos sobre la piel del otro y la actitud de escucha con la que nuestro corazón se abre para recibir las expresiones y acciones de los demás.

Toda intervención pedagógica puede y ha de ser una estancia, un espacio y un tiempo para la ternura.

La ternura de los educadores disuelve los nudos de tensión y los brotes de crispación y es también la que envuelve aquellas situaciones gratificantes y placenteras que pueden vivirse tanto en el aula como en casa.

Nada ni nadie, ni los alumnos ni los hijos, pueden resistirse a la fuerza de la ternura de sus maestros o de sus padres. Es el arma pedagógica más poderosa y eficaz porque la ternura siempre nos desarma.

Un maestro muestra toda su fuerza y sabiduría cuando sus conductas son firmes y tiernas al mismo tiempo. El maestro tierno lo empapa todo y, como el agua, se filtra, sin apenas hacer ruido, por debajo de todas las corazas defensivas, hasta alcanzar y encender, de nuevo, el corazón de sus alumnos.

Las armaduras y las corazas más firmes y rígidas se deshacen cuando son alcanzadas por una mirada tierna, porque la ternura es una energía abarcadora que lo envuelve, lo abraza y lo transforma todo.

La ternura, con su suavidad, lo disuelve y lo ablanda todo: abre lo que estaba cerrado, reaviva los fuegos que se estaban extinguiendo y enciende lo que ya se había apagado. La ternura siempre termina devolviendo su presencia a lo que iba, lentamente, desvaneciéndose.

La ternura mira y se deja mirar, toca y se deja tocar, hace y se deja hacer, sin estridencias, sin empujes ni expectativas.

La ternura es ojo blando que no etiqueta, no compara y no juzga ni condena, sino que comprende.

Es caricia noble que nunca invade, agrede o violenta a quien es tocado por ella.

Es acción consciente, amorosa y sin segundas intenciones.

La ternura es clara y aclara, es siempre un gesto transparente y diáfano que insinúa un amor inocente y limpio. Por eso, no hay que temer a ningún gesto o movimiento que tenga su fuente, su venero, su curso y su desembocadura en la ternura.

Cada vez que entramos en tu clase, una frase bien visible reclama y capta mi atención: *La ternura es la suavidad con la que sale la luz que llevo dentro.*

Mi hijo me ha explicado que es una de esas frases mágicas que repites y comentas una y mil veces. He de confesarte que, en más de una ocasión, en momentos o situaciones de tensión, me acuerdo de la frase y la repito, como un mantra, y siento que me calma, me ablanda y me recompone.

Agradezco que, gracias a ti, mi hijo pueda tener la experiencia de una ternura con una peculiar textura, con una suavidad llena de fuerza y energía. Una suavidad, tierna y fuerte a un mismo tiempo y a la que das cuerpo en tu tacto, al mirar, en tu escuchar, cuando hablas, en cada una de tus actuaciones y en ese peculiar modo de presencia que hace de tu ternura la palabra más bella y auténtica que entregas cada día en la escuela y fuera de ella.

La ternura no es algo que un maestro programa, no se puede anticipar y no se prepara, simplemente sucede, acontece y se esparce como una fragancia que lo perfuma todo.

La ternura de un maestro es como una paloma de la paz que vuela hasta alcanzar los corazones de los niños, no para conquistarlos, poseerlos o dominarlos, sino para dejarse tocar por ellos.

Tu ternura para con mi hijo es fuerza sin violencia, música sin ruido, palabra silenciosa, fuego que no quema y pura entrega.

Tú me has mostrado que la mayor demostración de fuerza que podemos hacer como padres es, sin duda, la ternura.

Cada día, ante los alumnos, das testimonio de que ser tierno es ser humilde, flexible y manso y que un maestro de Corazón solo se somete a los dictados del amor y de la entrega.

En ti he descubierto y reconocido que un maestro ha de ser un alumno, un sirviente, un aliado y un instrumento de la Ternura. Podemos comprobar que, en el día a día, te sirves de la ternura como recurso, como herramienta y como dinámica. Pero mucho más allá de todo eso, te reconoces al servicio de una Ternura inmensa de la que te se sientes parte.

Todo sueles tocarlo, mirarlo y decirlo envuelto con los encajes de la ternura de tu corazón.

No es la piel de tus dedos, no son tus palabras o tus gestos sino la ternura que se libera por ellos, la que toca, habla y actúa cada día en la escuela.

Tus manos, tus gestos y movimientos, se despliegan como una extensión del corazón y son, por tanto, un espacio donde se extiende, se prolonga y se derrama la ternura profunda de tu alma de maestro.

Cada uno de tus gestos y de tus palabras son como una flor que se va abriendo.

Cada uno de tus dedos es un pétalo que crece, se elonga, se expande y se alarga desde el centro profundo de la palma de la mano.

En tus manos, en tus ojos y en tu boca, cuando se abren, es tu Corazón el que se abre.

La ternura es poner nuestro Corazón en todo lo que decimos o hacemos, es un gesto total que nos devuelve a nuestra más auténtica identidad y que nos acerca a la verdad de los otros.

La palabra más hermosa que entregas a mi hijo con todo lo que dices y haces es esta: *ternura.*

Tus yemas, como tus palabras y tus miradas, llegan siempre llenas de la ternura de tu Corazón. Mi hijo aprendió de ti esta frase que recoge, expresa y remite a una experiencia corporal sentida y vivida en clase y que dice:

—Mis yemas siempre llenas de ternura.

Nos has presentado a cada una de las líneas de la huella digital para que podamos pensarlas, sentirlas y reconocerlas como un surco, como una pequeña grieta volcánica de cuya profundidad emerge la ternura del Corazón.

Es la ternura la que convierte el acto educativo en una acción de cuidado.

El educar transciende la mera instrucción o enseñanza, cuando en ella se hace presente la ternura como atención y cuidado de la globalidad del alumno.

En el ejercicio de las labores de cuidado, por ejemplo, la ternura está más presente y es más continua e intensa, cuando se trata de atender a los niños más pequeños y a las personas de avanzada edad. De hecho, la ternura es la cualidad del brote recién nacido y también la textura del fruto maduro. Por eso, los bebés y los ancianos despiertan en nosotros esa ternura que siempre está aguardándonos dentro.

Un maestro de Corazón siempre atiende a sus alumnos desde la inocencia, fragilidad y vulnerabilidad propias del trato a los más pequeños, y desde el respeto, la consideración y la veneración que se han de observar al asistir a los más mayores.

Por lo general, el cuidado se entiende como una labor de vigilancia y atención a otro, como un servicio a alguien o como un dar de sí para el bien del otro.

Cuidar a un alumno desde la ternura es asistirlo y atenderlo con esmero e implica un ser cuidadoso, en el sentido de precavido, es decir, profundamente respetuoso y prudente.

Ternura, prudencia, respeto, esmero, pulcritud, diligencia y celo han de ir de la mano en cada una de nuestras intervenciones educativas.

Es la ternura la que nos hace poner un sumo cuidado, una atención suprema en el trato con los niños.

La ternura busca la impecabilidad y facilita que, en nuestras actuaciones, minimicemos la posibilidad de cometer errores.

La ternura nos mantiene en el perímetro de la fiabilidad, de la confianza y de la certeza.

Más allá de un rasgo o cualidad de lo sensible, la ternura nos instala en la ética amorosa y en la moral de la entrega de lo mejor de uno mismo al otro.

Como la misma palabra ya recoge, cuidar es básicamente un movimiento centrífugo, hacia fuera, un gesto de donación y entrega. Pero, si somos conscientes de que *sólo es posible dar aquello de lo que previamente uno se ha colmado*, nos percataremos de que cuidar es, también, un movimiento centrípeto, hacia adentro y por el cual uno puede llenarse de lo que da.

Cuidar, por tanto, ha de ser siempre también un modo de cuidarse. Del mismo modo que derramar su ternura sobre el alumno es la mejor manera que tiene el maestro de colmarse y henchirse de ella, tratar con ternura a un hijo es un modo privilegiado que tienen los padres de ser ungidos y bendecidos con ella.

Cuidar a alguien es atenderlo. Cuidado y atención son sinónimos. El educador tiene ante sí el gran reto de prestar atención no sólo al niño, hijo o alumno, sino también a sí mismo y muy especialmente al quién es el que cuida, al desde dónde y al cómo brota y surge la energía y el movimiento que dan cuerpo a sus cuidados.

Toda tarea de cuidado de otros es un espacio excelente para desplegar y expresar, de manera voluntaria, consciente y libre, la ternura que somos.

Nos recuerdas, una y otra vez, que la ternura es para ti una de esas emociones o sentimientos que consideras esenciales, es decir, que explicitan y muestran nuestra identidad esencial, nuestro Yo más profundo. Como emoción nuclear o central, la ternura siempre trae consigo el aroma del respeto, el miramiento, la cortesía, la cautela, la consideración, el recato y la prudencia.

La ternura hace de todo gesto pedagógico algo elaborado, esmerado, detallado, primoroso y minucioso. Es la arcilla con la que podemos dar forma a un acto educativo que se vive y se recibe como gesto impecable. Ternura e impecabilidad van de la mano en toda acción educativa auténtica y transformadora.

Como nos muestras con tu quehacer cotidiano en la escuela, hay, sin lugar a dudas, una fuerza sobrecogedora en la ternura del maestro. Una ternura que es expresión también de una íntima y profunda sabiduría, simplemente porque la ternura va más allá de la apariencia, de las formas visibles y de las conductas superficiales.

La ternura es el puente que conecta el Corazón del adulto con el Alma del niño.

Desde la ternura, con una mano blanda, a través de un toque delicado que, en palabras de San Juan de la Cruz, a *vida eterna sabe*, el adulto se llena y se colma de esa misma delicadeza y dulzura que entrega.

Comentaste un día en clase que el corazón es una bomba cardíaca y que podemos pensar que nuestro corazón no hace sino bombear hacia las yemas y hacia los ojos, toda su luz, su energía, su paz y su ternura.

Tú nos has enseñado que es posible focalizar, dirigir, encauzar y llevar la energía de la ternura a los ojos, a las manos, a la boca, a todo nuestro cuerpo.

Nos has mostrado que, cuando el Corazón está al mismo tiempo en las yemas y en los ojos, si tocamos o miramos a alguien, es la ternura la que toca a través de los dedos y la que acaricia con la mirada.

Cuando la ternura se hace presente, es el Corazón el que se está asomando al mundo a través de esas ventanas de nuestros ojos.

Es entonces cuando cada mirada es como una caricia, una bendición hacia esa persona que estamos mirando.

Un maestro también acaricia con los ojos y con su mirada.

Es la ternura de su Corazón la que, a través de los ojos, de la mirada, de las manos y de los dedos, acaricia a un niño que, en ese momento, se siente respetado, bendecido y amado por su maestro.

Tú no te cansas de decir, una y otra vez a los niños, que nuestras manos son una extensión, una prolongación del Corazón.

La mirada tierna es, a su vez, como una extensión de la mano blanda y del toque delicado. Allá donde no podemos alcanzar a un niño con los dedos, podemos tocarlo con los ojos o con las palabras.

Cuando hay ternura de por medio, la distancia no es lejanía ni separación, porque la ternura trasciende el espacio y se mueve en el tiempo de lo eterno.

Un adulto que se atreve a instalarse y dejarse invadir por la ternura está, aunque no lo sepa ni sea consciente de ello, abrazando a su propio Ñiño Interior.

Es preciso reconciliarnos y sentirnos en conexión y sintonía profunda e íntima con nuestro ser niño para que, como educadores, podamos enarbolar la ternura como bandera.

La ternura es el hilo que nos une a los niños, en un mismo y único pespunte. Y conecta al Niño Interior del maestro con el Corazón de niño o niña de todos y cada uno de sus alumnos.

Como maestro de mi hijo, no dejas de recordarme que, como madre, esta es la cuestión: que la energía que salga de mí, de mi gesto, de mis palabras, de mi mirada y de mis caricias, no sea otra que la energía de la ternura; y siempre atenta a sentir cómo yo me voy llenando de esa ternura que se derrama por mis ojos, por mis manos o con aquello que digo o hago.

Si, sí y sí. Una y otra vez voy retomando y volviendo a derramar esta ternura que yo soy por las manos y a través de la mirada. Una ternura inmensa que lo envuelve todo, que lo sostiene todo. Es un dejar que la ternura hable por mí, que discurra por cada rincón de todas y cada una de mis acciones.

Tú le dices a mi hijo, con tus miradas, con tus caricias y con tus palabras transidas de ternura, lo que, hasta ahora, yo no había sabido decirle:

—*Eres un foco, una fuente de luz, de energía, de vida, de amor, de alegría y de inteligencia.*

Todo eso con el simple mirar, con el acariciar de tus manos y con un abrazar a base de palabras.

Nos has animado a que sean nuestras manos y nuestras miradas tiernas las que les hablen a nuestros hijos e hijas. Gracias a ti, ahora podemos decirles, con la mirada o con una caricia, que pueden estar tranquilos y que son un regalo para nosotros, para la vida y para el mundo.

Pero no solo nos muestras la ternura como un componente pedagógico esencial, no solo das volumen a la dimensión tierna de nuestra labor educativa, también nos has revelado y nos has instado a sentir nuestra inmensa ternura como parte de una Ternura Mayor, y a reconocer que la ternura del Corazón de la Vida está permanentemente derramándose sobre nuestros propios corazones.

Ahora ya puedo aceptar que mi Corazón es un espacio inmenso de ternura que puede abrirse a una Ternura aún mayor de la que forma parte.

Es indescriptible lo que siento cuando abro mi Corazón y conecto su ternura a otra más grande que yo y de la que me siento parte.

Una ternura que alcanza cada rincón de mi cuerpo y que también acoge y acaricia mis carencias, defectos o debilidades.

Gracias a la mirada tierna y comprensiva, entendemos y acogemos las carencias como potenciales por desarrollar, los defectos como cualidades a actualizar y las debilidades como energías y fortalezas pendientes de ser activadas.

Para hacerla más comprensible, cercana y accesible a los niños, muestras o presentas la ternura como un jardín que tenemos que aprender a cuidar diariamente y de manera continua.

Encarnamos la ternura y la hacemos florecer, cada vez que aplicamos la atención, el cuidado o la suavidad de un toque tierno, a la hora de hacer las cosas pequeñas y simples en la cotidianeidad escolar o doméstica.

Desarrollar la atención en las cosas pequeñas, tales como borrar la pizarra, abrir una ventana y subir o bajar las persianas, son maneras de ir incorporando lenta y minuciosamente la ternura.

La ternura facilita de manera notable la progresión *del hacer al estar* y *del estar al ser. Somos en el estar* cuando, en el hacer, la ternura está con nosotros, está en nosotros, derramándose en cada una de nuestras acciones.

Ahora ya entiendo por qué le insistes tanto a mi hijo sobre la cualidad de su atención y la calidad y la textura de su tacto, al coger y al dejar las cosas que utiliza en sus tareas.

Ahora he comprendido esa invitación permanente, que diriges a tus alumnos, a hacer, con un toque amable y delicado, las cosas sencillas, habituales y diarias, tales como abrir puertas o cajones, sacar un lápiz del estuche, borrar algo escrito en el cuaderno, quitarse y colocar su abrigo en la percha, desplazarse por el aula, colocar objetos en su lugar o recoger sus cosas. Todo eso no lo planteas como una cuestión de orden o de disciplina, sino como una posibilidad para la ejercitación, la actualización y el despliegue de su ternura.

Algo a lo que también invitas a los niños a la hora de tomarse lo que las familias les han preparado para comer en el tiempo de recreo, convocándoles a que presten atención a los alimentos, y a que los comas sin prisa, saboreando cada bocado y cada sorbo, amorosamente y con un profundo agradecimiento y gozo.

Doy gracias porque has mostrado a mi hijo, y también a mí, cómo dialogar tierna y amorosamente con los espacios, con los objetos, con los alimentos e incluso con las acciones a las que nos entregamos.

Recuerdo sobrecogida aquel inicio de una de las reuniones que mantuviste con las familias. Comenzaste comentando el ejercicio que habías hecho con los niños para habitar el espacio del aula desde la ternura y el agradecimiento. Dijiste exactamente: *es importante que el alumno sienta el espacio del aula como algo más que un decorado para el desempeño de sus tareas; que pueda verlo, reconocerlo y sentirlo como un espacio de encuentro.*

En un primer momento nos invitaste a recorrer la clase con la mirada, con los ojos abiertos, para luego, con los ojos cerrados, darle volumen a lo que sentíamos al escuchar, desde el espacio de nuestro cuerpo, las vibraciones y sensaciones que nos llegaban del aula.

Sentí un espacio acogedor, habitado y cargado de energía, de belleza y de vida.

Minutos antes, había estado en otra clase del colegio, que me recibió y pude percibir como un espacio desordenado y frío, deshabitado y sin prácticamente decoración alguna.

Luego fuiste dirigiendo nuestras miradas hacia los distintos rincones, estancias y objetos del aula mientras ibas comentando cosas como esta:

> *—Lo que estás mirando ha sido creado con mucha dedicación, para que en este momento podamos celebrar aquí esta reunión, y para que vuestros hijos puedan disfrutarlo cada día. Cada mesa o silla, la pizarra, cada objeto de esta clase tiene tras de sí y en su interior ese tiempo, dinero y energía que han sido necesarios para su elaboración, su transporte y mantenimiento. Tomar conciencia de eso ha de llenarnos de gratitud y agradecimiento.*

Por eso, todo hemos de tocarlo con atención amorosa, con sumo cuidado, es decir, con una inmensa ternura.

En ese preciso instante, comprendí que el ver o sentir la energía, el trabajo y la vida, que hay en cada cosa, nos despierta hacia ella un trato y un uso desde la ternura.

Terminaste invitándonos a cerrar los ojos de nuevo y a imaginar de una manera nueva y distinta, las cosas, objetos y espacios de la clase e incluso el propio cuerpo. Imaginarlo todo como realidades formadas por miles de puntos de luz. Se trataba de adentrarnos en otro nivel de percepción, conciencia y vivencia de la realidad de las cosas, incluso de nuestro propio cuerpo. Algo que nos llevaba, irremediablemente, a otro modo de usar y relacionarnos con las cosas: interconectarnos y vinculamos con ellas desde el agradecimiento y la ternura.

En todas las cosas, y cuánto más en cada niño o niña, hay algo invisible, que solo se percibe desde el Corazón y que, al percibirlo, hace que volvamos a ellas rebosantes de ternura.

Doy gracias, una y mil veces, porque cada vez que estás ante tus alumnos y les abres tu Corazón, abres las compuertas de un espacio infinito y de un inmenso océano de ternura.

14

Por tu alegría

Cuentan que un maestro entró en la clase de un compañero a entregarle unos materiales y se lo encontró sonriendo, mirando atenta y silenciosamente cómo leían sus alumnos un cuento que les acababa de ofrecer.

Al ver al compañero que se acercaba a él con abundante material, puso su dedo índice sellando los labios, como invitándole a guardar silencio y le dijo:

—¡Mira la alegría de mis alumnos mientras leen!

El maestro visitante le pregunta:

—¿Cómo tú, no siendo alumno, sabes de la alegría de los niños?

El maestro sonriente le responde:

—Por mi alegría delante de ellos.

Sólo los adultos que se instalan en su ser alegría y viven alimentándose de su propio gozo, pueden barruntar, intuir, sentir y reconocer la alegría del niño o de la niña que tienen delante.

Gracias por hacerme ver y sentir que la alegría no es un contentamiento o gozo pasajero sino un *estado*.

Gracias por mostrarme que la alegría de un maestro o de una madre es como un campo que es preciso cultivar para que dé mucho fruto. Pero es que, además de proporcionar una abundante cosecha, la alegría embellece extraordinariamente el paisaje que representa todo encuentro o situación pedagógica.

La alegría de los padres y de los maestros puede ataviarse o engalanarse de muchas maneras: de alborozo, júbilo, gozo, placer, satisfacción o regocijo.

Hemos de estar, sin embargo, muy atentos a los "disfraces" de falsas alegrías, cuando estas se definen, se interpretan y se viven como irresponsabilidad o ligereza. Digo esto porque muchas veces se identifica la persona alegre con la persona superficial, frívola o poco responsable.

La alegría de un educador no es algo indiscriminado, ya que no se alegra por cualquier cosa.

Agradezco que seas el maestro de mi hijo por tu alegría sincera y profunda, por esa alegría insistente que nunca cansa ni se cansa. Al verte con tus alumnos he aprendido a reconocer esa misma alegría en mí como madre. Ahora siento tu alegría en la escuela como un compromiso contigo mismo, con tus alumnos y también con las familias.

Se que eres de esos maestros que piensan que *no hay magisterio sano y eficaz sin alegría*.

Por eso, podemos aplicar ese valor impagable de la sonrisa a la alegría que le sirve de fuente, de manera que podemos afirmar que, si la alegría de los niños en las casas y en las escuelas es algo que no tiene precio, la alegría de sus padres y maestros, tampoco.

Tu alegría, al ser contagiosa, compromete y nos compromete porque, como bien dices, trae consigo siempre una necesidad de compartirla y extenderla. La alegría es, al mismo tiempo y simultáneamente, un gesto centrípeto y centrífugo. Y es expansiva, siempre tiende a hacerse más grande para alcanzar a otros, y envuelve a quien la expresa, llenándolo de lo mejor de sí.

¡Nos has insistido tanto en que tenemos que recuperar en la familia y en la escuela la alegría de educar!

Nos haces tomar conciencia de esas pequeñas cosas y de esas sencillas situaciones cotidianas, que podemos reconocer, acoger y propiciar, como estímulos favorables para nuestro contento. Nuestra atención estaba casi exclusivamente focalizada hacia nuestras tareas y trabajos y hacia una vida sobrecargada, que nos impedía sentir, saborear y celebrar la alegría de los minidetalles y la alegría que los niños atesoran y regalan, si les dejamos.

Si algo me ha quedado claro de cuanto te escuchamos y, sobre todo, de cuanto podemos ver en la manera de vivir tu trabajo y de relacionarte con los niños, es que la alegría siempre es algo que brota de dentro: es ahí donde nace y desde donde se irradia y se asienta en la toda la persona, envolviéndola de tal manera, que no la puede sustituir ni hacer desaparecer cualquier "minucia" ni cualquier reclamo o adversidad de la periferia.

Sentido y alcance de la alegría

¡*Somos Alegría!* Es la proclama que no te cansas de reiterar una y otra vez a los niños y también a nosotros, sus padres.

De hecho, al saludarme uno de los días que acompañé a mi hijo hasta el cole, al decirte que te veía especialmente contento aquella mañana, me dijiste:

> *—Sí. Hoy me siento particularmente llamado, convocado, incluso predestinado a la alegría. Estoy predestinado a la alegría porque ese es mi origen y mi fuente. Mi Yo auténtico es intrínsecamente alegría. Otra cuestión es el mayor o menor grado o las formas concretas, en las que pueda manifestar y vivir hoy esa alegría que soy.*

Esa alegría autorreconocida, autoconvocada y autoestimulada era como un imán magnético y seductor que atraía hacia ti a cada nuevo alumno que iba llegando. Hasta seis niños y niñas llegué a contar arremolinados en torno a tu presencia sonriente, acogedora y alegre.

Antes de marcharme me regalaste un comentario en forma de pregunta que me devolvió a una conciencia clara de esa alegría que soy.

> *—Si somos alegría, ¿por qué nos cuesta tanto sentir o vivir algo que pertenece a nuestra naturaleza y que, por tanto, está siempre en nosotros y con nosotros?*

A lo largo de los años que llevas ejerciendo de maestro de mi hijo, nos has ido dejando un buen número de comentarios, observaciones, reflexiones y vivencias tangibles y reales que me han ido ayudando a entender y vivir, de una manera más consciente y continuada, la alegría de educar.

Ha sido especialmente importante para mí reconocer que la alegría no es *causal*, es decir, no necesita de una causa determinada que la haga movilizarse y expresarse.

Me equivocaba cuando creía que la alegría tenía que ser el resultado, el producto o la consecuencia de algo. Ahora siento que la alegría sólo es resultado de la expresión de lo que soy, del brotar o manar de la fuente de mi Ser. La alegría no procede de nada ni de nadie; no es algo que he de recibir de fuera, sino algo que he de permitir y favorecer expresarse y manifestarse.

La alegría, por tanto, no es fruto de una adquisición sino de una movilización de lo que ya tengo, porque yo soy eso, alegría.

Ahora veo con claridad lo absurdo que es pedir que me den o buscar algo que yo ya tengo, simplemente porque estoy colmado de ella.

Y puedo reconocer que estuve mucho tiempo haciendo depender mi alegría de unos modos concretos de funcionar o comportarse de mi pareja, de mis hijos e incluso del mundo.

La tristeza siempre va asociada a la idea o a la sensación de carencia. Es el atavío con el que nos revestimos cuando nos sentimos "desnudos" de algo, cuando creemos que nos falta algo o alguien.

Gracias a que ahora soy consciente de esto, y aunque en determinados momentos también sienta tristeza, la vivo como una tristeza provisional y provisoria; es decir, ha dejado de ser un estado habitual, y de ella, a veces, incluso consigo que brote una más nueva y renovada alegría.

Es imposible la tristeza amarga cuando uno vive con esta conciencia de la alegría como un rasgo de nuestra identidad esencial. Desde esta alegría de fondo, siempre es una tristeza provisional, episódica, agridulce, soportable y llevadera.

Es verdad, que en ocasiones, no sólo no actualizo o expreso esa alegría que soy, sino que en algunas de mis experiencias o vivencias cotidianas esa dimensión parece ser negada. Esto me ocurre cuando sigo vinculando la alegría a determinados momentos o situaciones y siempre que atribuyo mi estar alegre al desarrollo de determinadas circunstancias que yo leo como deseables o favorables.

Esto me ocurre cada vez que olvido que mi alegría es una característica, una dimensión y un rasgo fundamental de mi persona, por el cual yo puedo situarme con alegría ante cualquier cosa que se me presente. O cuando olvido que, si se manifiesta la alegría ante unas situaciones concretas, es porque esa alegría está en mí, lo que quiere decir que también puedo movilizarla, aunque no se den esas mismas situaciones.

Un día, al acabar las clases, me acerqué para saludarte y para agradecerte este aprendizaje impagable de reconocer que mi alegría no era ya algo causal.

Me respondiste con una frase tan ingeniosa como breve, que me catapultó hacia otra recomposición de mi visión y vivencia de mi alegría como persona y como madre.

—*Cierto. La alegría no es causal. Pero tampoco es casual.*

Hice el camino de regreso a casa, repitiendo mentalmente, como un mantra, como el versículo de una oración, estas cuatro palabras: *Ni causal ni casual. Ni causal ni casual.*

En los días siguientes, yo misma fui ahondando en la comprensión y en la vivencia de esta no casualidad de la alegría.

Afirmar que la alegría tampoco es casual es asegurar que no es una manifestación caprichosa del azar o de la suerte. La alegría no es ninguna lotería, porque si algo la caracteriza es su gratuidad.

Nuestra alegría no es nunca fruto de un esfuerzo sino de un acontecimiento, no es resultado de algo sino manifestación de uno mismo, no es un logro personal sino una gracia que viene de fábrica con cada uno de nosotros y no es mérito propio sino don.

Empecé a sentir que no tengo que hacer nada por alegrarme, sino dejar que la alegría dibuje su propia sonrisa en lo más hondo de mí. No es algo que se pueda disfrutar o no, según la suerte, sino algo a lo que ya, aquí y ahora, puedo abrirle paso, darle alas y dejar que sobrevuele y airee todo mi existir cotidiano. La única tarea a realizar es percibirme, entenderme y vivirme como eso, como alegría.

Del mismo modo que tú, como maestro, has reconocido en tus alumnos un estímulo favorable para declarar y expresar esa alegría que somos, ahora reconozco en mi hijo un incentivo, un aliciente y un catalizador de mi propia alegría.

Cuando esto lo tengo presente, a la hora de intervenir o interaccionar educativamente, todo mi ser se ilumina como una sala abierta de par en par, con la alegría del sol inundando todos los espacios y con la alegría de la brisa acariciando todos los rincones.

Y tengo siempre bien presente tu insistencia en que un educador, padre o maestro, ha de tener claro y asumir con realismo y sosiego que no siempre se puede estar plenamente alegre.

Esa alegría que somos se ve obligada a moverse dentro del campo de juego que señalan las propias limitaciones y otras muchas que nos vienen del medio externo.

Cuando llegamos a comprender y asumir esto, dejamos de entristecernos porque nuestra alegría no sea exuberante y plena.

Una tarde, nos encontramos causal o casualmente por la calle. No estaba yo, precisamente, en mis mejores momentos y te reconocí que llevaba unos días sintiendo mi alegría muy debilitada.

Tu mirada de aceptación incondicional de mi estado, sin juicio, sin valoración ni censura, tu sonrisa acogedora y, sobre todo, lo que dijiste, prendieron de nuevo en mis adentros la brecha de mi contento. Tus palabras fueron como una brisa suave que avivaron un fuego que se estaba apagando:

> *—A veces la alegría se debilita o decae, y no pasa nada, es algo que sucede, sin más. Pero hay que saber mirar más allá y ver si, en el fondo, la estamos debilitando por una deficiente actualización o por una expresión inadecuada o insuficiente de la alegría que somos.*

Ahí me di cuenta de que mi alegría estaba flaqueando porque me estaba sintiendo algo culpable de, sabiendo lo que ya sabía, no estar exultante y pletórica.

Ya nos habías advertido del "mito de la felicidad" y del riesgo de confundir la conciencia de ser alegría con la obsesión por estar contentos a toda costa.

Tuviste la honestidad de compartir con las familias momentos en los que determinadas situaciones de clase o en el colegio te sacaban de tus casillas, te descentraban, desanimaban y minaban tu alegría. Esto, lejos de mermar la consideración de tu profesionalidad, incrementó nuestra valoración de tu humanidad y congruencia.

Para maestros y padres, esta es la cuestión: cuando estamos con los niños ¿cuántas veces y de qué manera actualizamos y ponemos en marcha, fortalecemos y vivimos esa alegría que somos?

El drama no está en perder la alegría, es decir, en perder la conexión consciente con la alegría que somos, sino en no ser conscientes de dicha disociación y en no saber o no poder restablecerla.

El drama no es pasar por momentos malos, sino quedar atrapados en ellos o terminar siendo sus víctimas o rehenes.

Un maestro no está alegre ante los alumnos, es alegría. Una alegría que, a ojos del niño, es humilde, mansa y generosa: no sólo esboza la sonrisa del gozo en su rostro, sino también en su corazón, siempre abierto y colmado de dar y de ofrecer. En el fondo, toda alegría es siempre una forma sutil de acción de gracias y una manifestación sencilla, pero impresionante, de gratitud.

Pero, ¿cómo podemos estar mínimamente alegres en medio de situaciones y realidades tan complicadas, problemáticas, conflictivas e incluso sombrías?

Padres y maestros, los educadores en general, nos vemos inmersos e involucrados en infinidad de situaciones complejas y nada fáciles ni claras. Podremos mantener la alegría cuando sintamos que no pertenecemos a esas situaciones, aunque participemos en ellas.

Como uno está donde está su atención y su conciencia, ante esa situación que nos conflictúa y que mina o merma nuestra alegría, tenemos el reto y la posibilidad de distanciarnos mental y emocionalmente de ella, anclándonos en nuestro fondo, en el espacio-fuente de nuestra dicha.

He de reconocer que, a veces, lo que más me impresiona en muchos padres y maestros es su falta de alegría. Un maestro triste es un triste maestro. Del mismo modo, una madre triste es una triste madre.

La alegría es necesaria para iniciar y sostener cualquier acción pedagógica y para darle una atmósfera respirable. La alegría del adulto oxigena y ensancha los pulmones de quienes están a su cuidado.

Con tu manera de trabajar y con las metodologías y dinámicas que usas, haces visible cómo la alegría conforma y plenifica la dimensión lúdica de la pedagogía.

Alegría y juego van de la mano.

Agradezco que seas el maestro de mi hijo porque constato el trabajo que dedicas a que tus alumnos puedan afrontar sus tareas y actividades como algo gozoso.

Juntos trabajamos y nos divertimos. Juntos jugamos y aprendemos. Juntos somos felices.

Estas frases, siempre presentes en tus clases, escritas en grandes carteles o como pies de fotos que recogían diversas situaciones de trabajo en el aula, también las repites y comentas periódicamente en las asambleas, tutorías o ejercicios de interioridad.

Si algo me sorprende, en mis visitas o estancia mientras impartes alguna de tus clases, es la capacidad y ritmo de trabajo de los niños y niñas en todos y cada uno de los momentos del día.

Cada jornada es un “continuum” en el que el descanso, tumbarse en la alfombra, contemplar los nidos de golondrinas, el cambio temporal a otra actividad, los juegos y las canciones, son incorporados e integrados de modo natural.

Eres para nosotros un vivo testimonio y ejemplo de cómo la escuela ha de resolver, favorablemente para el niño, pero también para el maestro, la dicotomía juego-trabajo o, si se quiere, placer-deber.

Agradezco que seas el maestro de mi hijo porque ya, a su edad y gracias a ti, ha comprendido que todo lo que es valioso supone dedicación y entrega. Esto sí que le pides a tus alumnos: entregar su corazón, dedicarse en cuerpo y alma a sus tareas. Y subrayo lo de "sus tareas" porque siempre las nombras así y nunca como deberes. Y eso también me parece un acierto y me gusta.

Amparándote en la misma naturaleza, que opera con el principio del mínimo esfuerzo o economía del esfuerzo, planteas que la pedagogía tendría que ser, tal vez, algo más natural, y no exaltar ni enaltecer los sobreesfuerzos, sino alentar la dedicación, la paciencia, la perseverancia, la voluntad, la autodisciplina, el autodominio y una entrega sin reservas. Y todo ello, envuelto en alegría y ternura.

Amigo mío, para hacer bien una cosa hay que amarla. Es otra de las frases mágicas que decoran, no solo las paredes de tu aula sino también ya nuestros corazones.

Amar el trabajo es sentir que cada tarea es flor de la alegría y fruto de nuestra entrega amorosa. Porque tanto el trabajo en la escuela, como las tareas familiares, pueden sostenerse no en esfuerzos, sino en pasiones y alegrías: la pasión y alegría por leer, por escribir, por conocer cosas del mundo o de nuestro universo interior, y por estar con otros.

Una de las madres no se cansa de repetirnos una y otra vez que los niños trabajan tanto en tus clases porque te quieren.

Este es el reto de cualquier pedagogía: facilitar que sus protagonistas amen aquello que han de hacer. Es por este motivo que, por la natural inclinación del niño al juego y por el efecto seductor que este ejerce sobre él, intentas cuidar mucho el carácter lúdico, festivo y alegre de todo lo que haces en la clase.

La integración juego-trabajo es todo un arte: el arte de hacer que los niños trabajen simplemente por el placer y la alegría que les proporciona. Un niño que siente y vive su trabajo como juego se entregará a él gratuitamente, simplemente por el gozo que encuentra en su realización.

Lo que importa en el juego es el proceso, es decir, lo que ocurre mientras se está jugando; el placer acompaña a la actividad. Y ahí está tu deseo como maestro y tu propuesta pedagógica: verlos aprender mientras juegan, verlos jugar mientras aprenden.

Por eso inundas tu metodología con eso que llamas *jueguercicios*: ejercicios que divierten y juegos que enseñan.

Me gusta preguntar, de vez en cuando, a mi hijo, qué es lo que más le gusta de todo lo que va haciendo en el cole. A veces es incapaz de responder con una sola cosa y entusiasmado comienza un listado que, en más de una ocasión, parece cantar más que decir y que se intuye, a veces, como interminable: la *tabla-juego,* para la memorización de las tablas de multiplicar; el *correcaminos;* para ejercitar la lectura rápida y comprensiva, *el mercadillo, el diccjuego,* para afianzar y ampliar el vocabulario; *el memory,* para potenciar la atención; *la lotería ortográfica, los juegos dramáticos y de expresión, los juegos deportivos, las canciones.* Muchos de ellos los hacemos también en casa y por eso los conozco muy bien.

Eso también te lo agradezco. Y, muy especialmente también, que las tareas que nuestros hijos han de hacer en casa, no las vivan como deberes que el maestro les impone, sino como juegos que el maestro les ofrece y que, en muchas ocasiones, posibilitan que también los padres podamos formar parte de ellos.

Nos has eximido y liberado expresamente de la responsabilidad de que nuestros hijos hagan sus tareas porque, según tus propias palabras, como tú eres quien planteas y exiges la realización de las tareas escolares, eres tú el responsable de que los alumnos las hagan. Además dichas tareas suelen propiciar muchos buenos momentos de encuentro gozoso en casa y de actividad compartida con nuestros hijos.

¡Yo soy Alegría!

Un día mi hijo llegó con una pegatina que había confeccionado en clase. Había dibujado un sol radiante y sonriente y en él aparecía escrito:

—*¡Yo Soy Alegría!*

Me entregó también esa hoja que acompaña habitualmente cada actividad que planteas a los niños y que diriges a las familias para que sepamos de su sentido, alcance y desarrollo.

He de confesar que guardo todas y cada una de esas hojas como un tesoro, porque en ellas siempre había algo que me inspiraba, me cuestionaba o me formaba como persona y me ayudaban enormemente en mi labor de madre.

En el documento que acompañaba a la pegatina de Yo Soy Alegría, se insistía en que no se trataba de un simple slogan o de una mera frase formulada, como si dijese hace calor o mis zapatos están desabrochados. Tampoco era un adorno para ser colocado en el abrigo o en la puerta del frigorífico. Era un pretexto para "recordar" una y otra vez esa verdad esencial. Los niños debían colocarla a la altura de su corazón porque recordar, como ya se había explicado en clase, es volver a pasar por el corazón. No es lo mismo que rememorar.

La alegría que somos reside en un espacio insondable de nuestro adentro más profundo. El corazón, como símbolo de dicho espacio, resulta mucho más manejable y entendible para los niños. El corazón pasa a ser ese espacio corporal en el que ponemos nuestra atención mientras nos decimos y sentimos, una y otra vez, lo que la pegatina nos recuerda.

Animabas a las familias a que también los padres y demás hermanos pudiéramos construir pegatinas similares y, durante unos días, estar en casa con ellas puestas en el pecho, en el corazón de cada miembro de la familia.

Finalmente, aportabas varias sugerencias para que pudiésemos elegir la que más nos resonara y mejor se adecuara a nuestra peculiaridad familiar.

Una de ellas era saludarnos tocando la pegatina personal mientras decíamos "Yo soy Alegría" y luego tocar la pegatina de otro miembro de la familia mientras le recordábamos "Tú eres alegría".

Era importante que, cuando se pronunciara la frase, se hiciera sintiéndonos invadidos y absorbidos por un pensamiento sentido, por un sentimiento pensado, que nos permitiera comprender y vivir que "Yo Soy Eso".

Se trataba de que esa idea, esa noción de ser alegría, se instalara y habitara permanentemente en el núcleo más profundo del Ser, y trastocara y modificara la noción, que hasta ahora podíamos tener, de lo que somos.

Estuvimos en casa toda una semana sacando hasta la última gota de jugo de aquella sencilla pegatina. Personalmente, pude comprobar que esas tres breves palabras, que aparecían en ella, eran de tal naturaleza y fuerza, de tal certeza, que derribaron buena parte de mi edificio mental anterior como si de un castillo de naipes se tratase.

Aunque todo siguió igual que antes (seguimos viviendo en el mismo lugar, con las mismas personas y circunstancias), *todo había cambiado en parte*, pues mi manera de acercarme, percibir y vivir todo eso ya era diferente, *nueva*.

Aquella pequeña pegatina sigue grabada a fuego en mi corazón y me recuerda, una y otra vez, que "Yo Soy Alegría", una alegría tan inmensa que no se acaba nunca, aunque no la viva siempre ni plenamente. Ahora ya sé distinguir lo que Yo Soy de lo que pueda poner en funcionamiento en un momento dado. Lo que hago en los momentos de más intensa alegría, no es sino dejar expresarse a una parte pequeña y reducida de la infinita Alegría que Soy.

Ahora, gracias al maestro de mi hijo, puedo reconocer que la alegría no es algo que me dan en un momento dado, sino algo que tengo como rasgo de mi identidad más auténtica y que, por tanto, puedo hacer uso de ella, expresándola siempre y en todo lugar.

La expresión de la alegría

En la reflexión que acompañaba la pegatina solar de la alegría, había un extenso e intenso apartado en el que nos invitabas a una acción fundamental: la expresión de la alegría.

Como constaba en el rostro del sol sonriente, somos alegría, pero lo somos en la medida que la actualizamos y la expresamos.

Si somos alegría, su expresión no tiene por qué depender de los estímulos de fuera, sino de nuestra propia intencionalidad y de una decisión personal firme e incondicional. No por ello hay que dejar de reconocer que determinados estímulos y situaciones propician más fácilmente esa expresión de la alegría que somos.

Ante estos estímulos favorables podemos y debemos mantener una actitud permanente de búsqueda, receptividad y acogida. Pero sin olvidar que no son imprescindibles para que nos decidamos a expresar la alegría que somos.

Expresar la alegría, simplemente porque sí, es la mejor manera de acrecentarla, de intensificarla, de compartirla y de extenderla.

Vamos vislumbrando en tu pedagogía algo decisivo y fundamental: una invitación permanente a la expresión consciente, voluntaria, decidida e incondicionada de aquello que reconoces como rasgos o cualidades de nuestra identidad esencial, tales como la paz, la alegría o la ternura.

Los educadores, da igual que seamos padres o maestros, tenemos que expresar conscientemente "Lo que Esencialmente Somos". Por eso, continuamente nos convocas a que nos percibamos, nos sintamos y nos vivamos como sujetos que expresamos y nos expresamos desde esa alegría, serenidad y ternura que somos. Y nos recuerdas que estamos permanente invitados, especialmente cuando estamos con los niños, a expresar lo mejor de lo que somos.

En tus explicaciones, no dejas de recalcar lo importante que es, sobre todo en los primeros momentos en los que uno descubre o toma conciencia de esto, que nos autoinvitemos, cuantas más veces mejor, a la fiesta que la alegría organiza permanentemente en nuestros corazones.

Esta autoinvitación puede suponer, al principio, un esfuerzo, incluso una especie de sobreesfuerzo, sobre todo ante esos hechos o situaciones que habitualmente asociamos con la carencia o ausencia de alegría.

Autoinvitarse a la alegría es esa decisión íntima y sincera de expresarla y movilizarla aunque, en ese momento, todo parezca indicar que no existen razones para ello.

Es ese proceso o dinámica de autoinvitación a dar rienda suelta a mi alegría en momentos poco propicios, lo que más ayuda a conseguir que yo viva la alegría como un rasgo propio y como un elemento de mi identidad más profunda.

Dicho con otras palabras, lograré actualizar y expresar esa alegría que soy a base de predisponerme y decidirme a alegrarme, una y otra vez, ante las grandes y, sobre todo, ante las pequeñas cosas de cada día.

Esta autoinvitación a expresar la alegría ha de ser, por tanto, algo continuo y no algo esporádico.

La expresión de la alegría es algo a lo que permanentemente hay que estar decididos: la reconquista de la alegría no la conseguimos de una vez y para siempre, sino que tenemos la responsabilidad de estar defendiéndola continuamente de infinidad de ataques y agresiones. La mejor muralla de defensa que podemos levantar para mantenerla intacta es, precisamente, su expresión y actualización, su movilización una y otra vez, siempre.

Hay infinidad de momentos, de situaciones y de actividades que nos invitan y nos alientan a la alegría y que son excelentes ámbitos y cauces, a través de los cuales podemos expresar y actualizar la alegría que somos.

En muchas ocasiones, no vivimos con plena consciencia e intensidad la alegría que conlleva todo encuentro educativo: la alegría del saludo, de la acogida, de las fiestas y celebraciones, de las actividades en común, de los viajes o excursiones o de una sencilla conversación.

No te cansas de reiterar, una y otra vez, que la educación es básicamente una experiencia de encuentro. Por esto mismo, nos has hecho ver que tenemos una gran responsabilidad respecto al cómo nos encontramos en el momento del encuentro. Si el adulto está alegre y sereno, el niño se encontrará inevitablemente con aquello que el maestro o su madre llevan consigo.

Un ámbito privilegiado para cultivar esta expresión de la alegría lo constituyen, sin lugar a dudas, los pequeños detalles.

Si algo caracteriza a la alegría es su sencillez, su falta de aparatosidad y de espectacularidad.

Las más grandes alegrías sólo caben en los detalles pequeños: en una palabra de apoyo o de interpelación a tiempo, en el pequeño regalo que se extrae de las estanterías del cariño sincero, en el compartir las cargas y tareas, en el cuidado atento y respetuoso de las cosas, en una música o una canción determinada, en la contemplación y contacto con la Naturaleza, en un trabajo bien hecho, realizado con amor, dedicación y entrega, en la visita, en el viaje, en los ojos y en la mirada de los niños que siguen siendo niños, en los ojos y en la mirada de los jóvenes y adultos que se siguen pareciendo a los niños que fueron, en la alternancia o danza de las estaciones, en los días de sol, de niebla o de lluvia, en los sonidos que nos envuelven, en el amanecer y en los atardeceres, en las noches estrelladas, en el sonido del viento, en el moverse de las hojas, en la corriente de los ríos, en una casa o en un aula limpia y en el abrazo o beso de bienvenida o de despedida.

En todo eso, podemos expresar nuestra alegría, haciendo de ella "un pequeño detalle más" que contribuya a la apoteosis de lo que vivimos.

Me he ido dando cuenta de que la manifestación y exteriorización de la alegría que soy, acrecienta, hasta hacerlo desbordar, el caudal de alegría que recorre mis venas y arterias.

Invitas a las familias, como lo haces en clase, a usar la pequeña pegatina del sol sonriente para abrir espacios y momentos a la alegría y animas a avivarla y acrecentarla, hablando de ella.

Las palabras pueden ser madera inflamable que renueven el fuego de nuestro gozo y entusiasmo. Por eso propones que nos recordemos unos a otros, con pegatina en el pecho o sin ella, esa alegría que forma parte de nosotros y que no dejemos de verbalizarlo y comunicarlo. De ahí tu insistencia en que hablemos de la alegría y no dejemos de expresarla y ofrecerla. Lo justificas, finalmente, con esta frase que encierra, dentro de sí, toda una propuesta de trabajo personal: *Diciéndola me la recuerdo a mí mismo, expresándola la movilizo y compartiéndola me apropio más certeramente de ella.*

¡Qué bonito y emocionante me resulta poder mirar ahora la educación en casa y en la escuela como un compartir la alegría, la paz y la ternura que somos!

La alegría siempre encuentra su mejor cauce en la expresión comunitaria de la misma. Las verdaderas y más intensas alegrías suelen darse en la convivencia y estando con otros. Difícilmente el júbilo irrumpe en la más absoluta de las soledades. Por otra parte, la alegría no suele ir nunca sola, va como cogida de la mano de alguna de las demás cualidades o rasgos de nuestro emocionar esencial: alegría y bondad, alegría y entrega, alegría y gratuidad, alegría y crecimiento, alegría y autorrealización, alegría y buen humor.

Esta es la propuesta de dinámica a la que, consciente y voluntariamente te entregas cada día en la escuela y a la que invitas también a las familias: movilizar y expresar la alegría, simplemente porque sí, porque forma parte de lo que somos.

La alegría es intrínsecamente expresiva, expansiva, comunicativa y contagiosa. Por eso es un ámbito excelente de encuentro y de conexión con los niños.

Gracias, por mostrarme el estar junto a mi hijo como una ocasión privilegiada para la actualización y la expresión de mi propia alegría.

La alegría siempre se verifica, se afirma, se expresa y se comunica a través de gestos.

También nos has advertido de otras alegrías, que adoptan las formas de meras muecas y son tan aparatosas como inexpresivas, tan deslumbrantes como vacías y tan ruidosas como carentes de contenido.

La alegría de un maestro, como la de los padres, es un *don.*

Mas la alegría es también una *decisión y una apuesta:* la decisión de actualizar esa alegría que tengo-soy y la apuesta por movilizarla cotidianamente.

Una alegría así no es alucinación, ni fantasía y, mucho menos, una mera autosugestión emocional.

La alegría incorporada

Una alegría así ha de ser incorporada. O dicho con tus propias palabras, el reto para todo educador es el de *incorporar la alegría,* simplemente porque lo que está en el cuerpo, surge y sale sin esfuerzo. De hecho, para expresar que algo ya forma parte de nosotros, de nuestra manera habitual de ser, decimos que ya lo hemos incorporado.

La alegría, como estado anímico o del alma, tiene su *correlato o correspondencia corporal*. A veces, lo has expresado diciendo que "la alegría metafísica sutil que somos, se precipita en el cuerpo físico para tornarse perceptible y manejable. Y precisamente por eso, el horizonte, el mapa, la brújula y el recorrido pedagógico para abordar la alegría, como cualquier otra emoción esencial, ha de estar en el cuerpo".

Para ayudar a los niños, y de paso también a las familias, en este proceso de incorporación de la alegría, entregaste a los alumnos una hoja en la que aparecía dibujada la silueta de un niño o de una niña y en ella aparecían señalados y coloreados los que consideras los cinco espacios corporales para la alegría.

El *primer espacio para la alegría* lo sitúas en *el saludo* porque es el primer gesto con el que acogemos a los niños y porque una de las primeras y grandes alegrías para cualquier niño o niña es cómo se siente acogido o acogida.

En la cara del niño siempre se asoma y se nos muestra, indiscreta, su pena o tristeza.

Un niño apenado y triste va a tener dificultades para el aprendizaje.

Por otra parte, para muchos niños, las pequeñas alegrías que le puedan proporcionar la escuela o su maestro van a ser un regalo impagable.

En el momento del saludo, las manos del maestro, ya sea con el gesto a distancia o en la proximidad del contacto o de la caricia, las palabras sentidas de bienvenida o la mirada tierna y acogedora, van a ser, seguro, ocasión y motivo para la alegría del alumno.

El *segundo espacio para la alegría* lo ubicas en *la cara.*

La cara como el gran espejo donde más fielmente se reflejan nuestros estados del alma. La cara, también, como lugar excepcional en el que afirmar, a través de la sonrisa consciente, decidida, voluntaria e incondicional, la alegría que somos.

Ahora reconozco mi cara como un espacio privilegiado dónde mi hijo puede ver y reconocer la alegría de vivir.

Dentro de la cara, siempre resaltas dos elementos esenciales a cuidar porque son los que mejor expresan y regalan alegría: la sonrisa y los ojos.

Como *tercer espacio para la alegría* señalas *la postura.*

“Venirse abajo” es una manera coloquial de expresar la desconexión de la alegría.

Por lo general, cuando usamos dicha expresión, lo hacemos para referirnos al estado de ánimo.

Dada la unidad indivisible e inevitable del *cuerpo*, el desplome del alma, la depresión anímica o la tristeza emocional, todos ellos sinónimos de una cierta pérdida de la alegría, arrastra consigo a nuestra parte somática o más física.

Venirse abajo o perder la alegría, pueden ser causa o consecuencia. En todo caso, siempre será expresión de una pérdida de la suspensión, de la verticalidad o de la expansión de nuestro cuerpo, encarnadas habitualmente en una postura de derrumbe o hundimiento y con una caída o desplome de nuestra columna, de los ojos y de la curva de la sonrisa.

La alegría se hace presente, se fortalece y se incorpora en una postura justa, equilibrada y que garantice la suspensión en la vertical.

Un día te comenté que, en muchas ocasiones, perdía esa postura a la que siempre nos convocas y que, a pesar de las cosas que ya sé, me descoloco, me descentro y me desconecto de la alegría con demasiada frecuencia.

Tu respuesta fue todo un regalo ya que me invitaste con tus palabras a tomar conciencia del lugar desde donde salían mis comentarios, es decir, del lugar donde fijo mi mirada y ubico mi conciencia:

> *—Como uno está donde está su conciencia, tenemos que aprender a que nuestra mirada, nuestro emocionar y nuestra atención, no se queden fijadas y ancladas en la pena por descentramos y se desplacen, se asienten y permanezcan en la alegría de volver a nuestro centro.*

El *cuarto espacio para la alegría* lo asignas a *la respiración.*

Como una de las claves de la alegría consiste en soltar los pesos y pesares, y dado que en nuestra respiración contamos con un movimiento en el que soltamos el aire, nos invitas a reconocer, practicar y vivir el momento de cada espiración como espacio para la alegría, y la recuperación de las pausas respiratorias como antídotos para la ansiedad.

Finalmente, nos propones aceptar *el abrazo* como un *quinto espacio para la incorporación de la alegría.*

He de reconocer que, desde que eres el maestro de mi hijo, al ver como te prodigas en abrazos, que tus alumnos reciben como regalo, abrazo mucho más a mis hijos, familiares y amigos.

He podido comprobar que el abrazo es una fuente de alegría muy barata y eficaz.

Ahora puedo reconocer más plenamente el alcance de esas palabras, que servían de presentación a la semana que dedicaste en clase al arte de abrazar:

> *Un abrazo es siempre palabra vertida en silencio, frase concreta y exacta, expresión precisa, verbo hecho carne. El abrazo aproxima corazones, aúna latidos, acerca presencias, es pañuelo que enjuaga lágrimas y bandera que ondea al viento nuestra más honda alegría. El abrazo es el pincel que mejor traza la línea curva de la sonrisa, es lumbre que enciende nuestros ojos y luz que ilumina nuestro rostro. En su belleza, el abrazo rehace nuestra alegría y nos devuelve al mundo como regalo.*

En la hoja entregada a los niños, que no era sino una copia en miniatura de otro gran dibujo que decoraba uno de los rincones del aula, además de los espacios corporales de la alegría se recordaban los dos movimientos o actitudes corporales fundamentales para la alegría.

Desde un primer momento quisiste dejarnos claro que el *primer movimiento para la alegría* consiste en *soltar*. Lo explicaste recurriendo, como en otras tantas ocasiones, a la etimología de la palabra. Me resulta curioso que cada vez que recurres a la etimología de algún vocablo o término, nos recuerdas que te gusta acudir a ella porque la etimología nos devuelve al origen de las palabras y a las primeras razones de su existencia y de su significado.

En esta ocasión, me resultó especialmente clarificador e inspirador saber que la palabra alegría, etimológicamente, significa “estar aligerado”. Nos quedó bien claro que, para recuperar la alegría, lo primero que tenemos que hacer es soltar.

La escuela recuperará su alegría cuando suelte tanto peso curricular, tantas presiones y exigencias sociales y tanta carga burocrática sin sentido.

Si hay sobrecarga, tensión, cansancio o un exceso de tareas, difícilmente sentiremos alegría, ya sea en la escuela o en las casas.

Cuando una dicha es inmensa o intensa necesitamos liberarla y solemos hacerlo saltando de alegría. Pero para saltar tenemos que soltar, simplemente porque los pesos y cargas no liberados nos aplastan, nos inmovilizan y nos impiden saltar de gozo.

Gracias, por mostrarme que siempre tengo ante mí, mejor dicho, tengo en mí, una primera posibilidad o recurso para soltar y que no es otro que la espiración, es decir, el soltar el aire de la respiración de manera activa y consciente, viviendo el gesto con una clara conciencia, pensada, sentida y vivida de soltar, soltar, soltar eso que en un momento dado me pueda estar pesando y, por tanto, dificultando sentir y vivir la alegría.

En cierta ocasión le diste volumen a esta importancia del soltar con una expresión tan ingeniosa como inspiradora. Más o menos, textualmente, expresaste ante un grupo de padres lo siguiente:

> *—Tenemos que aprender a soltar, a través de la respiración, de movimientos corporales o de masajes, esos pesos que hemos incorporado y que han quedado anclados en nuestro cuerpo y en nuestro ánimo, impidiendo que vivamos la alegría.*
>
> *Los pesos tienen que pasar de nuestro cuerpo al suelo, a la tierra o al aire porque si los pesos no pasan y se quedan en nosotros, lo que terminamos viviendo no es sino un hondo pesar. Es decir, cuando no soltamos los pesos y cargas, cuando el peso no pasa, se convierte en pesar, en tristeza.*

Nunca hasta entonces había considerado ni visto la tristeza o la pesadumbre, como una cuestión de peso que no se suelta o no se libera.

Educar, en el sentido de "hacernos cargo" del cuidado de alguien, en este caso de los niños y niñas, de los hijos o de los alumnos, siempre va a suponer para los educadores una labor, una dedicación, un trabajo y, en cierto modo, una carga.

Toda carga supone un peso y también tiene o implica un sentido y significado.

Todo eso termina precipitándose, afectando y modelando nuestro cuerpo.

Ahora entiendo que es por este motivo por el que tanto insistes en la importancia de escuchar el cuerpo, para que seamos sensibles y conscientes de los pesos que nos pesan, de qué zonas corporales se desploman o vienen abajo, de dónde se esconden las sobrecargas, de cómo es la toma de tierra, así como del estado y colocación de los pies y de los dedos...

Completaste tu comentario con otra idea que, al menos para mi, fue muy sugerente:

> *—Si la alegría es estar aligerado, cuando soltamos, emerge inevitablemente esa alegría, que podemos considerar connatural en nosotros al ser parte de la naturaleza profunda de lo que somos.*

Además de este soltar, hay un *segundo movimiento para la alegría* que consiste en *abrir y expandir.*

En efecto, solemos identificar a una persona alegre como alguien abierto y de carácter expansivo. Todo lo que se cierra nos entristece e incluso puede terminar enfermándonos.

Todo lo que facilita y favorece la apertura es propicio y favorable a la alegría.

Al abrir y abrirnos, facilitamos el despliegue de la alegría. Cuando nos alegramos todo se abre y cuando nos abrimos, el gozo se hace presente.

Para facilitar esta incorporación de la alegría, estamos convocados a una actitud de apertura continua y permanente en nuestras estructuras o niveles corporales, mentales, emocionales e incluso ambientales.

En la parte posterior de la ficha, en la que se mostraban esos cinco espacios corporales y los dos movimientos o actitudes para la alegría, anteriormente comentados, nos regalabas este texto, dirigido especialmente a las familias:

—La alegría de ser maestro, como la de ser padres, es la alegría de estar al servicio de la Vida a través del cuidado y atención a los niños.

Podemos vivir en paz y con alegría nuestro magisterio o el ejercicio de la paternidad y de la maternidad, porque la Vida no nos pide nada que no podamos dar.

La Vida no se recrea con nuestras carencias y lagunas, pero sí se siente colmada con nuestros dones, cualidades y posibilidades.

Estamos invitados, como educadores, a convertir el cuerpo en sacramento, en anuncio y testimonio de la Alegría con mayúscula que expresa lo que somos. Nuestro cuerpo, con sus gestos y movimientos y, especialmente nuestra cara, con la sonrisa y con unos ojos encendidos, son esos espacios públicos, donde los más pequeños pueden mirar para ver un tímido reflejo de su propia Alegría interior.

La Vida nos convoca a todos y a todas, sin excepción, a llevar impreso el sello de la Alegría en nuestros cuerpos y acciones, no para deslumbrar o proclamar lo bien que estamos, sino como invitación a que, quien contemple nuestro contento, pueda alumbrar y proclamar a los cuatro vientos su propia Alegría.

15

Por tu sentido del humor

Porque la educación es demasiado importante como para tomársela en serio

El pasado jueves mi hijo llegó pletórico a casa, con una amplia sonrisa en la cara y ansioso por contarme un chiste. Sabemos que reservas unos minutos, cada semana, a contar y compartir anécdotas divertidas, situaciones graciosas y chistes en clase. De hecho, nos explicaste, en el inicio del curso, el sentido y significado de estos momentos dedicados al humor.

Comunicaste a las familias, en aquel momento, algunas de las ideas y conceptos que consideras claves con respecto al humor y su papel en el quehacer educativo, así como algunas de las dinámicas que ibas a ir abordando semanalmente con nuestros hijos, concretamente los jueves.

Desde hace tiempo se va consolidando la idea de que *la risa y el humor facilitan la comunicación y, por tanto, favorecen las relaciones personales* en cualquier ámbito y, muy especialmente, en el educativo.

Son ya muchos, y algunos de ellos bastante rigurosos y fiables, los trabajos científicos que corroboran los beneficios que el humor aporta a la salud, las relaciones, la motivación, la resolución de problemas y la predisposición al cambio.

El humor sintetiza en sí mismo las mejores esencias de la psicología positiva y de un optimismo inteligente, así como de la comunicación no violenta.

A veces la ciencia no viene sino a corroborar, confirmar o explicar de manera más precisa, algo que, de algún modo, todos hemos podido comprobar en nuestras propias carnes y es que el humor nos dispone, de una manera más relajada, animada y optimista, para afrontar cualquier tarea.

Tal vez por este motivo, invitaste a las familias a compartir ejemplos de situaciones o vivencias, en nuestro día a día, que pudiesen confirmar que realmente es así, que las tareas domésticas y nuestras acciones educativas las hacemos mejor cuando estamos de buen humor y tenemos un buen ánimo.

Compartimos con los animales la capacidad de ver, oír, tocar, gustar y oler el mundo. Sin embargo, nos diferenciamos o distinguimos de ellos porque carecen del sentido del humor. Tal vez por eso, alguien ha expresado que el sentido del humor es el que ayuda a sobrellevar los otros cinco.

A veces hablamos de una especie de sexto sentido cuando nos referimos a la intuición, ese modo misterioso de percibir, de una manera inmediata, directa y espontánea, los aspectos más sutiles, encubiertos o escondidos de la realidad. Muchos animales nos sorprenden por su capacidad intuitiva tan vinculada a su instinto: no sólo sienten, también presienten.

El sentido del humor es una especie de séptimo sentido, una manera especial y muy intuitiva de acercarse, percibir, captar, sentir, interpretar, situarse y relacionarse en y con lo que acontece y se vive.

El humor nos predispone a una nueva mirada que permite reconocernos y reconocer lo que nos rodea de una manera más amplia y abierta a nuevas revelaciones, a insólitas exploraciones y a inesperados descubrimientos y encuentros. Esta nueva mirada remodela y refresca nuestro día a día y permite un contacto vital con la realidad más allá de lo obvio y acostumbrado.

El humor, cuando se hace presente en la escuela, la inunda de inocencia, de ingenuidad y de frescura.

Una madre te preguntó por qué dedicar unos momentos específicos al humor durante la semana y por qué precisamente los jueves y no otro día.

Aprovechaste la pregunta para, con tu respuesta, recordarnos la distinción entre los ejercicios integrados y los específicos, así como la importancia en tu pedagogía de lo que llamas *aprendizaje atmosférico*.

Lo que recuerdo de tu respuesta es tu insistencia en remarcar que lo importante y decisivo no son esos minutos semanales específicamente dedicados y centrados en el humor, sino que, durante toda la semana, todos los días y en cada momento, los alumnos puedan respirar *una atmósfera sosegada, distendida, amorosa y humorosa*, aprestándote a aclarar que era esta una palabra que te acababas de inventar.

El humor no es una materia o una tarea que necesite ser asignatura, es más bien una actitud, una disposición o un talante que debe impregnar cualquier disciplina, tarea o interacción con los niños y niñas, bien sea en clase, en casa o en cualquier otro lugar. Nos predispone a situarnos, de una forma lúdica y divertida, para afrontar cualquier situación o circunstancia desde una perspectiva más consciente, lúcida y lúdica.

Hasta que esté integrado, primero como hábito y finalmente como actitud y conducta incorporada, habrá que realizar pequeñas acciones de atención consciente y de ejercitación voluntaria del humor, para ir desarrollándolo como un músculo de nuestro cuerpo emocional que, poco a poco, irá incrementando y amplificando su fuerza y eficacia.

Amor y humor riman, por eso, en educación, han de caminar de la mano, abrazándose el uno al otro. Aplicando la propiedad transitiva de la teoría de conjuntos en matemáticas, según la cual, si un elemento se relaciona con otro y este segundo, a su vez, se relaciona con un tercero, entonces el primero se relaciona con el tercero, se puede concluir que si educar es un acto de amor y el amor es alegría, no habrá educación sin el gozo y el contento de aprender.

El humor nunca será un obstáculo para los procesos de aprendizaje, será más bien una palanca, un aliciente o una motivación.

Para ti, como maestro de Corazón, el amor y el humor vienen a ser como la sístole y diástole de todo acto educativo. Por eso no te cansas de reivindicarlos como elementos típicamente escolares, como lo son los libros, los cuadernos, los lapiceros y las pizarras.

El amor y el humor, siempre abrazados y en inevitable armonía, son energías que, tanto en la escuela como en casa, hay que atenderlas, enfocarlas, activarlas y cultivarlas en la cotidianeidad educativa.

El amor pone las llaves y el humor abre las puertas para un encuentro gozoso y fructífero entre los niños y sus educadores, padres o maestros.

Por todo ello, el humor no ha de ser, en la educación de los niños, una actividad puntual, sino un aliento, una brisa de aire fresco, un clima, un contexto y un pretexto. El tiempo para el humor, como el tiempo para la alegría, para la ternura o la sonrisa es siempre, es cada ahora.

Teniendo esto claro y presente, para ir conformando y asentando esa atmósfera propicia, es importante reconocer el valor de esos momentos específicos en los que poder intensificar la conciencia de la valía, el sentido y el alcance del humor, a la hora de educar y en nuestro vivir cotidiano.

Aclaraste también que, dedicar los jueves a esos momentos concretos y especiales para el humor, respondía simplemente a un juego silábico que se muestra en el cartel que anuncia y nombra ese tiempo específico y singular destinado al humor y a la alegría compartida:

Ese juego verbal, tan trivial como arbitrario, para elegir el jueves, en el fondo no hacía sino poner el foco en el hecho de que, para el humor, cualquier día o cualquier momento puede ser bueno.

Ya va siendo hora de que nos tomemos en serio el humor en la pedagogía, en la educación y, particularmente, en la escuela.

La risa está ocupando un justo reconocimiento en campos tan "serios" como la medicina o la terapia psicológica (*risoterapia*). Nos falta ahora avanzar hacia una especie de *risopedagogía*. Será preciso, para ello, sortear y superar algún que otro obstáculo, muchas reticencias y más de un prejuicio.

Enseñar a un niño a ver, tocar y oír, desde el sentido del humor, todas sus cuestiones vitales, no es otra cosa que enseñarle a responder a ellas de un modo especialmente inteligente, eficaz y saludable.

El humor puede ser para los niños y también para el maestro y para los padres, un impresionante foco de luz y de conciencia, que se puede proyectar sobre lo que se vive y sobre la visión que se tiene de uno mismo.

El *ja, je, ji, jo, jueves* es una actividad, un momento y una oportunidad para intercambiar chistes, anécdotas graciosas y experiencias personales divertidas. Sentados en círculo, en la silla o en el suelo, risa a risa, se va tejiendo, con los hilos de un humor sano, la tela de encuentros y diálogos gozosos.

Los niños van anotando lo que van descubriendo y aprendiendo, a partir de los sucesos que espontáneamente se van dando. Van elaborando así, a lo largo de todo el curso, una especie de manifiesto o manual sobre el humor, con las frases que van apareciendo y que resultan especialmente inspiradoras o reveladoras, así como con aquellas ideas claves que mejor resumen y reflejan lo descubierto y aprendido:

> *—El humor es la distancia más corta entre dos ideas y es también un maravilloso atajo que nos conduce al centro de nosotros mismos.*
>
> *—El humor trae consigo una nueva perspectiva para mirar las cosas. Uno de sus grandes valores es que nos ayuda a tomar cierta distancia ante lo complejo, lo conflictivo o lo problemático y nos permite ver las cosas de otra manera.*
>
> *—El humor nos permite crear una distancia crítica y saludable frente a los acontecimientos, impidiendo así que nos abrumen y nos asfixien. Nos ayuda a hacernos cargo, de una manera ágil y ligera, de los problemas y en lugar de cargar pesadamente con ellos, acogerlos como retos o como posibilidades de aprendizaje y de mejora.*
>
> *—El humor puede ser puente o barrera, medicina o veneno y puede disolver una tensión o, por el contrario, llegar a crearla.*
>
> *—Reímos por múltiples y muy variados motivos: por timidez, por educación, por ignorancia, por nerviosismo, para liberar tensiones, para llevarnos bien, para agradar... Por eso es importante ser conscientes del origen y*

del destino de nuestras risas, de sus motivaciones profundas u ocultas y del emocionar que las acompañan.

—Es realmente difícil enfadarse o permanecer mucho tiempo enfadado con quien nos hace reír.

—Uno suele llorar solo, pero la risa precisa el espacio de la convivencia con otros. Siempre reímos con alguien o gracias a alguien.

—No es lo mismo reírse de... que reírse con...

—Reírse de las desgracias ajenas no le hace ninguna gracia a los afectados y representa una falta de respeto y de consideración para con el que sufre.

—Hay humores de diversos colores (chiste verde o humor negro), sin embargo, es posible y necesario cultivar un humor blanco o limpio, sin burlas ni deseos de poner en ridículo a nadie.

—No tenemos que comparar nuestro humor con el de nadie; cada uno puede cultivar y desarrollar el suyo propio, siempre distinto, como la huella dactilar de nuestros dedos, que es personal e intransferible.

—Hay que aprender a manejar el humor con cuidado y tacto, porque puede haber compañeros que se tomen en serio una broma o que no lleguen a entenderla y, en lugar de alegrarles la vida, se la amargue.

—No es prudente ni conveniente gastar bromas a los desconocidos o a personas con las que no tengamos una gran confianza y amistad.

—Es importante el estar especialmente atentos a esas situaciones en las que uno ríe por no llorar.

Agradezco que seas el maestro de mi hijo porque las risas decoran con frecuencia los rostros de los alumnos y la atmósfera de tus clases. En ellas, los niños ríen con sus cosas, con el intercambio de sus aventuras y peripecias o con los cuentos o historias que inventas expresamente para ellos.

Ves y reconoces el humor como un gran aliado en tu acción educativa ya que su sombra es muy alargada, es decir, alcanza y toca de manera muy positiva aspectos o dimensiones que son claves en toda acción pedagógica.

En tono humorístico, concluiste tus comentarios sobre su importancia, valores y beneficios, afirmando que el sentido del humor tiene más funciones que el más sofisticado aparato electrónico.

El humor tiene, por ejemplo, una importantísima *función vinculadora y cohesionadora* al acercar a las personas y favorecer los sentimientos de amistad y camaradería. A más humor, más grupo y, por tanto, menos conflicto.

Toda situación en la que el humor se hace presente contribuye a despertar el interés y a mantener la atención. De ahí su clara *función motivadora*.

En una sociedad tan crispada y tensionada, el humor nos brinda su evidente *función de distensión y apaciguamiento*.

Gracias a su *función relativizadora*, el humor siempre amplía los márgenes y diversifica las perspectivas desde las que miramos o afrontamos las cosas y a las personas.

En sintonía con su naturaleza más profunda, el humor aporta al acto pedagógico esa *función lúdica y recreativa* que nos ayuda a vivir la parte más amable, e incluso divertida, de una tarea o de un trabajo.

El humor ayuda a hacer más amena aquella labor que puede resultar más difícil o tediosa y facilita el poder pasarlo bien en un contexto de exigencia u obligatoriedad.

El humor también posee una *función creativa* porque estimula nuevas conexiones y relaciones entre las cosas, planteando y mostrando otros modos y maneras novedosas, poco frecuentes, inusitadas, inesperadas, inauditas, imaginativas y sorprendentes. Podemos hablar, en este sentido, de una tremenda *función transformadora*.

Por todo ello, la *función pedagógica* del humor se nos muestra como una evidencia, como una exigencia y, sobre todo, como una grandísima oportunidad.

Nos has dejado bien claro que, ni los maestros ni los padres tenemos que ser o ejercer de payasos, ni tenemos que dar clase o realizar una tarea doméstica con la nariz roja propia de un clown, aunque alguna vez, de manera ocasional y festiva, podamos hacer uso de ella.

Pero sí nos animas a incorporar en la labor educativa los valores y actitudes que sustentan el espíritu del cómico o del clown. El alma y la energía propias del payaso siempre serán grandes aliados, a la hora de acercarnos y contactar con el espíritu mágico, festivo y alegre de los niños, así como con las actitudes lúdicas, con las que podemos realizar cualquier tipo de actividad.

Buena parte del humor de los payasos o del *clown*, en sus actuaciones cómicas, surge de los errores que cometen y de los fracasos en sus iniciativas: meten la pata, tropiezan, se caen y casi siempre andan en medio de algún problema o conflicto. Podíamos decir que van de fracaso en fracaso, que se caen una y otra vez, pero que siempre terminan levantándose, aprendiendo de ellos e intentándolo de nuevo, con más fuerza y experiencia.

En medio de un mar de risas, nos muestran siempre alguna forma airosa de encarar y superar los obstáculos con los que se encuentran. Ese humor aporta intensidad a lo que se vive y lucidez para afrontarlo todo con creatividad y con una actitud más favorable y positiva.

El humor es, sin duda, un gran alimento para la resiliencia. En cierta ocasión, lo comparaste a un paraguas enorme y sin costuras que nos protege de las tormentas que nos atormentan, de los soles que nos queman o de los aguaceros que nos ahogan.

Al finalizar uno de los últimos encuentros que mantienes con las familias, al despedirme, te comenté que lo que mi hijo estaba viviendo en la escuela era muy distinto a lo que fue mi experiencia escolar.

Te conté que, cuando era niña, en más de una ocasión mi maestro proclamaba que "a base de palos se aprende". Pero lo que más repetía era el muy conocido aforismo "La letra con sangre entra".

Me sorprendió que tu primer comentario fuese que estabas completamente de acuerdo con lo que encerraba dicha expresión, dado que no tenía nada que ver con lo que vemos, día a día, en tu manera de entender y vivir la educación. Más aún me sorprendió tu sagacidad cuando, rápidamente y ante mi cara de estupefacción y asombro, te aprestaste a matizar:

> —Sí, *la letra con sangre entra, pero no la sangre del sufrimiento del niño sino la sangre de la pasión del maestro.*
>
> *La letra no entra con sangre, la sangre es el flujo de la vida que invita al nacimiento de todas las letras y al desarrollo de todos los aprendizajes. No entra por ningún lado, sino que sale de los corazones enamorados de quienes enseñan y aprenden.*

Aún estaba reponiéndome de tan inesperado comentario, cuando quisiste aportarme algunos datos de interés con relación al popular refrán.

> *—Hay quien atribuye su autoría a Domingo Faustino Sarmiento (1868-1874), filósofo, periodista, pedagogo, maestro e incluso presidente de Argentina. Sin embargo, casi un siglo antes, en torno a 1780, Goya ya había pintado un cuadro titulado "Escena de escuela", también conocido como "La letra con sangre entra".*

Buscaste en el navegador de tu teléfono móvil y me mostraste el cuadro. En él aparece con claridad un maestro que está en actitud de azotar con un latiguillo a un alumno que se descubre las nalgas, en la postura propicia para recibir el castigo. A la derecha, otros alumnos que ya han recibido la lección, recomponen, entre llantos, sus ropas, mientras que, en el fondo, a la derecha de la escena, la sombra del cuadro envuelve a otros niños que se aplican a sus tareas.

> —*¿Te das cuenta de lo sombrío del cuadro?* me preguntaste, como reorientando mi mirada a la oscuridad que representa toda pedagogía que carezca de ternura y alegría.
>
> *La letra con humor entra porque el humor y la risa ejercen un importantísimo papel como lubricantes, como facilitadores y catalizadores de cualquier proceso de aprendizaje.*

Gracias, una vez más, por ser el maestro de mi hijo, porque haces que las letras, los números, las ideas, los conocimientos, los valores y todo cuanto le enseñas, entren en él con ternura y firmeza, pero no con violencia; con dedicación y entrega, pero no con sufrimiento; con canciones y música, y no con estridencias y ruidos; con humor y gozo, y no con aburrimiento o tristeza.

16

Por la música de tu voz

Porque haces de tu voz una acaricia

Hacer de mi voz una caricia. Una de las muchas cosas que me llama la atención en tu clase es la presencia de esta frase, anotada en pequeñas cartulinas de colores y colocada en diversos lugares estratégicos como tu mesa o la pizarra. Nos explicaste, en su día, que es un recordatorio y una invitación permanente a escucharte a ti mismo cuando hablas, para hacerte consciente de la velocidad, el ritmo, la vibración y la energía de tu voz, así como del estado y postura global del cuerpo en el que sostienes tus palabras.

En las sesiones de tutoría o en los encuentros personales, yo misma como madre, he podido comprobar como, además de acariciarnos con la voz, en cierto modo, también nos envuelves con ella. Contigo puede experimentarse una especie de *"dicción envolvente"*, de modo que cuando lees un texto o hablas, lo haces con todo tu cuerpo, y, de manera sutil e imperceptible, terminas envolviéndonos y centrándonos con la melodía de tu voz y con el alcance de las palabras.

Ahora soy plenamente consciente de que, para que sea realmente eficaz la voz empleada en la lectura o al hablar, el educador tiene primero que envolverse a sí mismo y centrarse en sí mismo.

Me ha llamado siempre la atención el hecho de que la mayoría de maestros y maestras no tengan conciencia de ser profesionales de la voz, siendo uno de los elementos más importantes en su relación con los alumnos. Tal vez se deba, en parte, a que no es una cuestión que se aborda explícitamente, y de manera relevante, en la formación inicial de los docentes.

Un educador o educadora es un instrumento que suena y es la voz su música más sublime. Pero sospecho que los maestros, al no reconocerse como profesionales de la voz, no la conocen, no la educan, no la cuidan ni la respetan.

Con este escaso conocimiento y ante la escasez y precariedad de recursos, no es de extrañar que más de un tercio de los educadores padezca problemas relacionados con la voz.

El maestro, como comunicador, está habitualmente sirviéndose del lenguaje, sobre todo del lenguaje oral o hablado. Su uso continuo y excesivo, una utilización inadecuada o el abuso de los tonos y volúmenes elevados, suponen un constante *esfuerzo vocal* que termina generando la fatiga y el deterioro de la voz.

Agradezco que seas el maestro de mi hijo porque reconoces en tu voz, no sólo una herramienta de trabajo, sino un recurso de primer orden. La voz es portadora de significados tanto explícitos como implícitos y la sientes como una proyección exterior de tu personalidad: suenas como eres. Tu voz es la expresión audible de lo que te recorre por dentro, de tu estado interno. Tu voz no sólo expresa, también te expresa; no sólo presenta, también te presenta y te representa.

Las palabras que diriges a mi hijo tienen su definición o significado, pero tu voz le revela cosas sobre cómo es tu relación con dichas palabras.

Tu voz es un *referente* para los alumnos, para esos corazones a los que hablas y con los que te relacionas cada día.

Sabemos la importancia que concedes a la atmósfera sonora o vocal en clase y que la valoras y atiendes como un importante componente en todo acto educativo.

Hasta que nos hablaste de ello, alertándonos de la importancia de la voz con la que nos dirigíamos a nuestros hijos, no fui consciente ni sensible a la relación entre mi voz, mi cuerpo y la totalidad de mi persona.

Ahora ya sé que no puedo separar el uso de mi voz del resto de mi cuerpo. Si mi cuerpo está decaído, mi voz carecerá de fuerza y si mi cuerpo está rígido o cerrado, mi voz sonará tensa, crispada e incluso agresiva o violenta.

Ahora sé que es todo mi cuerpo el que habla a mi hijo, el que participa en todas y cada una de mis interacciones con él.

Nos haces ver que, no son sólo los órganos de fonación los que determinan nuestra conducta sonora, sino toda nuestra estructura energética y personal.

Nos has ayudado a comprender que la voz no es sólo cuestión de las cuerdas vocales, sino de todo el cuerpo y de nuestro movimiento. En una palabra, nuestra voz, se sostiene en el estado general del cuerpo y no sólo en los órganos del habla.

Todo lo que sucede en la voz está en el cuerpo: *no me sale la voz, no tengo fuerza en mi voz, tengo una voz muy mecánica*... son frases que no sólo hablan del estado de mi voz, sino del estado general de mi persona y de mi cuerpo.

Nos muestras y nos propones un *enfoque global e integral de la voz,* en el que habría que considerar y tener en cuenta: la postura (suspensión y verticalidad), una respiración adecuada y correcta, el tono muscular justo, la adecuación de la voz según los diversos espacios, contextos o situaciones en los que estamos hablando y, sobre todo, estar atentos y darnos cuenta de los patrones de tensión que puedan entrar en funcionamiento.

Has llegado a decir que la boca de un educador es como una flor y la voz es su aroma, declarando que, como maestro, cada día, en cada momento, tienes ante ti el reto de que tu voz se derrame como un perfume, cuando lees o explicas algo a los alumnos.

También subrayas y destacas, como algo fundamental para los padres y los maestros, que la fragancia de la voz proviene básicamente de nuestra congruencia.

Cuando hay coherencia interna, es decir, una cierta integración armónica de las emociones, los pensamientos y el estado orgánico, y cuando lo que uno dice o hace se sostiene y se refuerza en dicha concordancia, la voz, aún la más suave y tierna, irrumpe con la fuerza de un huracán. La voz que brota y se sostiene en esta congruencia, todo lo mueve; más bien, *conmueve* a quien la oye.

Nos has hecho ver, además, que, en no pocas ocasiones, entre lo que decimos (significado o contenido) y cómo lo decimos (voz) puede haber contradicción o incongruencia, y que los niños son unos radares especialmente sensibles a estas sutilezas del lenguaje.

Si gritamos habiendo perdido la compostura y la verticalidad, ese grito no será expresión de autoridad sino de debilidad. Si les hablamos de respeto al otro, sin que el eco profundo de esta palabra resuene en cada célula y en cada poro de nuestra piel o sin el aval de la propia consideración respetuosa hacia ellos, nuestra voz irrumpirá sin ninguna capacidad de convicción.

Si invitamos a que estén o trabajen en silencio y lo hacemos con una voz muy elevada, crispada y ansiosa, esa voz no será sino síntoma o expresión de una especie de esquizofrenia verbal. No podemos convocarles a lentificar sus ritmos, a mantenerse tranquilos y serenos, a base de instrucciones aceleradas y poco precisas.

Eso sí, también nos has descubierto que la voz, no sólo es un testigo o expresión de la propia congruencia, también puede ser una grandísima oportunidad para ella.

De ti he recibido esa invitación a procurar la armonía, entre mi cuerpo y mi alma al hablar a mi hijo, y también a la congruencia entre mis palabras y mis gestos vitales. Simplemente porque, cuando hay congruencia, se nos muestran, en todo su alcance y belleza, *los acordes* de la voz. La voz educadora de una madre o de un maestro ha de ser siempre una especie de acorde, es decir, ha de revelar y manifestar un acuerdo, una armonía entre diversas partes.

Aún conservo, encuadradas en un marco de colores, las palabras que anotaste en la pizarra, para explicarnos la importancia de la voz, en una conducción más favorable de los posibles conflictos verbales con nuestros hijos.

En primer lugar, apuntaste la raíz latina de la palabra corazón: *cor, cordis*.

A continuación, para que pudiésemos ver la relación entre ellas, escribiste estas palabras, pertenecientes al mismo tronco etimológico:

> *—acorde, acordar, acuerdo.*

Como pude, fui anotando lo que esas palabras escritas en la pizarra te sugerían, y subrayé algo para mí muy inspirador:

> —Esta sería la mayor congruencia posible en la voz de quien educa: ser *una voz que brota del corazón y se dirige al corazón de quien escucha. Esa voz será, por consiguiente, una voz cordial y una ocasión para la concordia.*

Te escuchaba y, al darle volumen a mi escucha, podía comprobar en ese mismo instante, cómo la voz tiene un tremendo poder que escapa, muchas veces, a nuestra conciencia o inteligencia.

Me preguntaba si tal vez radique ahí su capacidad de seducción o, si el hecho de que muchas de las características o cualidades de una voz nos pasen inadvertidas por su cierto carácter subliminal, subyacente o escondido, sea lo que le otorga buena parte de su fuerza y poder.

Por esta misma razón, se puede concluir que es de vital importancia el que los educadores, padres y maestros, seamos conscientes de nuestra voz y podamos hacer un uso sensato y responsable de ella.

Ahora si que reconozco en la voz una influencia decisiva, mucho más de lo que nunca pude sospechar, en la calidad de los contactos y comunicaciones, en el ambiente general de la clase o de la casa, en las situaciones de encuentro y en los procesos de aprendizaje.

Por eso agradezco que seas el maestro de mi hijo, porque lo seduces con tu voz, pero no para atraparlo o manipularlo, sino para liberarlo y hacerlo más consciente. Más allá de servirte de la voz como un ardid pedagógico o como una argucia metodológica, pones tu voz al servicio de un encuentro humano educativo, formativo y liberador.

La voz no es un arma para el maestro, sino el espacio en el que se desarma, se despoja y se muestra como realmente es.

Insistes, una y otra vez, en la importancia de la vibración de nuestra voz y, por extensión, de la vibración de todo aquello que hacemos. Tal vez por eso, nos adviertes de qué es lo que puede suceder, cuando transmitimos una idea o concepto o cuando hacemos algo sin apenas vibración.

Si nuestra voz no vibra con aquello que decimos o leemos, las palabras apenas rozarán los oídos y los corazones de quienes nos escuchan. Pero si es todo el cuerpo y todo nuestro ser los que palpitan en la vibración de la voz que habla a un niño, entonces, sus ojos y oídos se abrirían y su atención se mantendrá por más tiempo y con una mayor prestancia. A veces, hasta la piel puede llegar a responder a una lectura o comentario.

Recuerdo vivamente aquella fiesta de Navidad, en la que estábamos presentes algunos padres y madres y en la que leíste la historia del cuarto rey mago. Mientras leías, yo no dejaba de mirar a mi hijo y no me cansaba de contemplar sus ojos completamente abiertos y luminosos. En un momento, sin poder evitarlo, con la espontaneidad de todo gesto auténtico, mi hijo, frotándose las manos y relamiéndose los labios, exclamó:

—¡*Maestro, es que me repeluso cuando lees!*

Y es así como nos vas abriendo a la experiencia de leer, hablar y escuchar con todo el cuerpo. Leer y hablar con todo nuestro ser sintiendo en cada célula lo que se dice. Entonces, la voz, al mismo tiempo que sale y se libera, nos llena el cuerpo de conciencia.

Nos has ido revelando la voz como el soporte material y energético de nuestras palabras, y nos has mostrado que nuestra presencia ante los niños y ante el mundo aparece, también, como esa presencia sonora.

He ido tomando conciencia de que puedo sostener mi presencia en la voz, y de que es posible ir ejercitando una presencia sostenida en una voz con una serie de cualidades.

Al preguntarte por esas cualidades, declaraste, en primer lugar, que cada cualidad de nuestra voz trae consigo un reto y un aspecto a trabajar, tanto con los niños como en los educadores.

El primer rasgo o cualidad que destacas en la voz es, justamente, su vibración. La forma que adquiere la voz expresa la frecuencia vibratoria que en ese momento nos atraviesa.

En esa vibración de nuestra voz juega un papel decisivo el estado de nuestra lengua.

Una crispación excesiva de la lengua lleva a un endurecimiento de las cuerdas vocales, con la consiguiente obstaculización o bloqueo del proceso sonoro. Por el contrario, una excesiva relajación de la lengua dificulta la emisión natural del sonido.

Hay que procurar, por tanto, esa adecuada colocación de la lengua que asegura que, con el mínimo esfuerzo externo en la emisión de la voz, esta aparezca y se muestre con una gran fuerza interna.

Pones siempre un énfasis especial para que esto también lo tengamos en cuenta y lo apliquemos en la realización de los gestos vitales. Y nos recuerdas que, al ser la lengua el órgano del gusto y también de la palabra, es el estado vibratorio de nuestra lengua al hablar, el que hace de nuestras palabras algo exquisito y sabroso.

La pedagogía tiene que abrirse a considerar la *vibración* como un aspecto fundamental en su campo de investigación y de trabajo; tiene que acentuar su interés por conocer y comprender las leyes, dinámicas y mecanismos, mediante los cuales operan energías sutiles y profundas, que actúan en lo profundo o por detrás de lo manifiesto.

Los educadores tenemos que pulirnos en esta sensibilidad a la vibración escondida u oculta, que late en todo aquello que vivimos o nos rodea: ser sensibles a la vibración de las atmósferas en la casa y en el aula, a la vibración de la decoración del colegio o de las estancias de nuestro hogar y a la vibración de las palabras y los silencios, de los colores y formas que vemos o de las músicas y conversaciones que escuchamos.

Establecer un contacto con los niños en términos vibracionales es hablarles a su Ser interno. Más allá de lo meramente conceptual, la vibración nos remite, nos devuelve y nos adentra en un emocionar más profundo que sostiene todo nuestro modo de ser, estar, hacer o hablar.

Padres y maestros tenemos ante nosotros y en nosotros todo un reto: devolver energía a nuestras palabras y fuerza a nuestro pensamiento, investir lo que hacemos y decimos de una frecuencia vibratoria tal, que realmente llegue, alcance, toque y afecte a los corazones sensibles de quienes nos ven y nos escuchan.

La voz del adulto ha de hacerse presente, además, con el atributo de la fuerza.

En una cultura de lo *light,* del pensamiento débil y de lo que se han venido a denominar *papás blandiblup*, los educadores necesitamos recuperar la *fuerza* como una cualidad en nuestra estructura psicofísica, y más específicamente, como un rasgo de nuestra voz y nuestra presencia.

Pocos padres y maestros hacen un uso consciente y constructivo de este hecho: la fuerza se nos puede ir por la boca, pero también podemos renovarla en ella, en nuestra voz y a través de ella. Los niños, sobre todo los más pequeños, son especialmente sensibles a la mayor o menor fuerza en la voz del adulto. La fuerza de la voz, sin forzarla, es uno de los recursos de autoridad más sutiles y efectivos que podemos emplear. Una fuerza o contundencia que ha de ir, al mismo tiempo y siempre, de la mano de la ternura.

La fuerza de nuestra voz va a estar en función del aire con el que la emitimos. De ahí la gran importancia de la respiración en el uso y gestión de la propia voz. La voz no deja de ser sino el resultado de hacer sonar nuestro aliento.

La adecuada postura del cuerpo va a permitir una mayor y mejor respiración, lo cual se traduce, inmediatamente, en una mayor fuerza y duración del aire. La postura adecuada facilita que el aire-sonido salga en todo su esplendor y sin apenas interferencia.

Ahora se podrá comprender fácilmente la reacción en cadena que se produce, cuando la postura se descoloca, y cómo eso repercute en nuestra voz. La pérdida de suspensión de la médula y el desplome en la verticalidad de la postura, hacen que la columna se acorte en lugar de elongarse. Cuando la columna se acorta, la caja torácica se estrecha, se angosta. Inmediatamente la capacidad respiratoria se ve alterada negativamente, al disminuir la cantidad y la calidad del aire respirado, como consecuencia de no poder respirar completamente y en profundidad. La voz resultante, sin fuerza, será el sonoro testigo de un desplome, del abatimiento y de la pérdida del eje de toda nuestra estructura física y psíquica.

Mi voz, aunque grite, mostrará una debilidad profunda, una falta de fuerza e incluso una posible tristeza de fondo.

Ahora soy consciente de que, habitualmente, no vivimos desde la plenitud de la respiración: tenemos la espalda encorvada y el pecho hundido, nos falta el aire en el vivir y necesitamos respirar a pleno pulmón. La mejora de nuestra respiración, siempre conlleva una mejora en nuestra voz y en la calidad de nuestra vida.

El grito, en caso de que se nos escape, como expresión de fuerza al hablar, no ha de ser sino una ampliación sonora de nuestro aliento, y vivirlo así evitará que sigamos confundiendo el hablar con más fuerza con un hablar más alto.

La voz de maestros y padres, además de vibrante y con fuerza, ha de llegar como algo claro, transparente y limpio a los oídos de los hijos y de los alumnos.

La *claridad* en la voz, en las pautas y en las intervenciones del educador, es uno de los mejores antídotos y un medio excelente para prevenir la confusión y el desorden en un espacio pedagógico.

Aclaramos y despejamos confusiones, no sólo con la precisión y justeza de nuestras palabras, sino también con una voz clara y limpia. La transparencia de la voz permite que la vibración de esta llegue con toda su fuerza al receptor. Una voz clara es, también, un factor importante a la hora de serenar un ambiente, de esclarecer una confusión o conflicto y de precisar un asunto.

Nunca se me habría ocurrido relacionar, como nos has hecho ver y comprender, la claridad de mi voz con el estado de las articulaciones de mi cuerpo, y particularmente con las muñecas y el cuello. Nos has alertado, por ejemplo, de que, si gritamos con las muñecas engarrotadas, el sonido se oscurece y podemos caer, finalmente, en una cierta afonía.

Nos has advertido, también, de que los acortamientos y bloqueos en el cuello y el llevar la cabeza hacia detrás y hacia abajo, así como los nudos emocionales en la garganta, tiñen y eclipsan la luminosidad de la voz, la estrangulan y la asfixian.

Cuando un educador vehiculiza su pensamiento o su emoción con una voz vibrante, llena de fuerza y con claridad, la cualidad añadida de la *resonancia* hace que eso mismo vuelva a sonar en el espacio energético de los interlocutores.

El educador, en su papel adulto, ha de ser plenamente consciente de lo que emite y de cómo lo emite, en su condición de foco o fuente emisora, a sabiendas de que lo que se vierte en un encuentro humano nunca cae en vacío y siempre se le devuelve, en parte, como eco.

La *suspensión* y el *sostenimiento* de la voz evitan que esta decaiga y se venga abajo, pero también que pierda raigambre o se desvanezca. Una voz suspendida y sostenida transmite cierta sensación de equilibrio, orden y armonía.

Me ha quedado bien claro que, el reto final para maestros y padres no es otro que el sostenimiento de una voz con las cualidades anteriormente señaladas y debidamente integradas y equilibradas.

De fondo, ha de permanecer en nosotros una firme voluntad de que esta voz energética vaya dejando de ser una anécdota o experiencia ocasional, fortuita e inconsciente, y se vaya conformando, cada vez más, como un estado consciente.

Lo último que apunté en mi cuaderno de notas, el día en el que abordamos la importancia de la voz en nuestra tarea educativa cotidiana, fue una especie de ecuación que contenía una idea tan sugerente como nueva para mí.

sonido-voz = movimiento = gesto vital

Desde un punto de vista energético, no hay diferencia entre movimiento y sonido-voz. Para mí fue realmente importante acceder, en ese momento, a la comprensión de dicha ecuación.

Decir que este sonido no sale de su lugar, con su vibración, fuerza o resonancia... es lo mismo que decir que este movimiento, que este gesto vital, no sale de su lugar, con su vibración, fuerza, claridad, etc.

Considerar y trabajar las cualidades del sonido-voz implica un acometer y abordar, al mismo tiempo, las cualidades de nuestro movimiento y de nuestros gestos vitales: la vibración, fuerza, resonancia y apertura, de todo aquello que decimos, hacemos o vivimos.

Ahora, mi voz es un "apuntalamiento" básico y decisivo en mi arquitectura personal y en las interacciones con mi hijo y con el resto del mundo.

17

Por el alcance de tus palabras

Porque abrazas, inspiras y despiertas con tus palabras

Un maestro ha de ser un artista, una especie de duende de la palabra, que comparte con los padres el reto de hacer que su palabra esté vinculada al cuerpo, a la emoción y a la experiencia.

Agradezco que seas el maestro de mi hijo porque no solo hablas con palabras, también hablas de ellas, las escuchas y nos las devuelves en toda su hondura, riqueza y frescura.

Tus palabras se acercan a los alumnos hasta llegar a tocar su corazón y penetrar en lo más profundo de su alma. Cada palabra tuya es esparcida como semilla en los surcos de cada una de las clases que impartes.

Tú nos muestras que las palabras de un maestro son expresiones que un alma enamorada de su tarea va modelando con la arcilla del aire. Yo siento que las palabras que pronuncian tu boca son expresión de una entrega en su danza, en su movimiento y en su canto.

Tus palabras se recrean y renacen en el momento mismo de ser dichas, construyen significados y son dotadoras de sentido.

Doy gracias porque tus palabras no pasan desapercibidas para mi hijo, sino que traspasan su piel hasta acabar habitando en él.

Recuerdo que, en una ocasión, cuando invitabas a padres y madres a que fuésemos muy conscientes de las palabras que usábamos al hablar con nuestros hijos, soltaste, como perlas preciosas, una serie de *palabras sobre las palabras* que extraigo ahora de mi cuaderno de notas.

Las palabras son eternas cuando son hijas del instante presente. Las palabras son sonidos que suenan a misterio. El misterio de cada ser humano se esconde siempre en el corazón de sus palabras.

Las palabras no sólo tienen significante y significado, también van cargadas de historia, de intencionalidades, de energía y tienen su peso, su densidad y su volumen. Las palabras dicen, es decir, cuentan. No sólo contamos a través de las palabras, sino que podemos contarlas, tocarlas, sentirlas, amarlas, odiarlas, acariciarlas, desprestigiarlas o encumbrarlas.

Agradezco que seas el maestro de mi hijo porque nos adentras en la magia y en la energía misteriosa de las palabras.

Poco a poco, vamos tomando conciencia del peso, de la fuerza y del poder que contienen algunas palabras.

En cierta ocasión anotaste varias palabras en la pizarra. Recuerdo, entre otras, las palabras amor, odio, ternura, insulto... Contaste sus letras, marcaste el espacio que ocupaban en el encerado, para, a continuación, advertirnos de cómo la energía de cada palabra, esa que lleva consigo su capacidad de sugestión, de seducción o de intimidación, su fuerza constructiva o devastadora y su polaridad positiva o negativa, esa energía, es sembrada, crece y florece en los lugares más recónditos de quien las escribe o pronuncia y, también, de quien las lee o escucha.

Todo maestro ha de saber extraer la energía de las palabras que usa habitual o más esporádicamente. Ha de invitarlas a danzar y a moverse para que puedan conmover a sus alumnos. Cuando una palabra es valiosa, vibra y hace vibrar, y nadie puede salir ileso de su encuentro con ella.

En cada situación, los educadores tenemos ante nosotros el reto de *pronunciar la palabra justa, de la manera adecuada y en el momento preciso.*

Nos adviertes, una y otra vez, de que, si bien las palabras inspiran, también pueden llegar a asfixiar en su exceso o en su locura. Las palabras que dirigimos a los niños, pueden terminar pervirtiéndose y mostrarse como palabras sin cuerpo, ecos de algo que carece de emoción y expresiones desvinculadas, por completo, de la propia experiencia.

Hay palabras que matan, otras que nos devuelven a la vida, algunas pueden llegar a enfermarnos y, a veces, una sola palabra bastará para sanar al hijo o al alumno.

No te cansas de repetirnos que *nadie que es feliz hace daño*, y que si un niño hace daño a otro es porque ha sido dañado en su capacidad de vivir desde lo mejor de sí mismo.

Esa desconexión del niño con su Ser afecta también, sin duda, a sus palabras, a sus miradas y a sus maneras de ver, acercarse y relacionarse con los otros. Las palabras, como los demás gestos, echan sus más hondas raíces y arraigan en las experiencias que vivimos, y crecen con ellas.

Los sentimientos quebrados, los corazones rotos y las almas deshechas, tienden a hacer de las palabras escudos protectores o lanzas que se dirigen para herir y hacer sufrir a otros.

Una o varias palabras pueden hacer mucho más daño que el más fuerte de los puñetazos. Y, por el contrario, las palabras adecuadas pueden hacer que un corazón abatido salga del pozo de tristeza o pesadumbre en el que se encuentra.

Expresiones como te *reconozco*, *te acepto*, o *te quiero* son, para los niños, como brisa de la mañana, perfume de flores o música sublime, que les colman el corazón, fortalecen el alma y enriquecen el espíritu. Pero también las hay con olor a azufre o suenan terriblemente, palabras que queman en lo más profundo de nuestro ser, cuando ofenden, engañan o tratan con violencia o de manera injusta.

Un día, leíste una frase muy inspiradora para ilustrar lo que llamas *aritmética de las palabras.* Te la hice repetir tres veces hasta que pude anotarla por completo: *Las palabras dividen cuando se utilizan como navaja, para lesionar; restan cuando se usan con ligereza para censurar; suman cuando se emplean para dialogar, y multiplican cuando se dan con generosidad para servir.* En ese momento, asumí como reto hacer de las palabras que lanzo a mi hijo, algo hermoso o útil, que cuente en su vida propia y la de los otros, y que no sea "puro cuento" sino fantasía que desvela, recrea y embellece la realidad.

Los educadores necesitamos las palabras porque nos permiten acercarnos y tocar a los demás a través de ellas. Eso ocurre cuando las palabras son auténticas y pueden ser atendidas y entendidas como una extensión o prolongación del Corazón. Es entonces cuando las palabras llegan a los niños como caricias derramadas en forma sonora.

Agradezco que seas el maestro de mi hijo porque tus palabras te acercan a él, lo tocan y lo abrazan, por dentro. Son palabras que lo animan y lo calman, que lo mueven y, en no pocas ocasiones, lo conmueven. Tus palabras tienen un sabor peculiar y cada una de ellas desprende un aroma singular. Tus palabras acunan, pero no duermen, más bien despiertan. Jamás has vertido una palabra que hiera a mi hijo y sí muchas que lo han acogido y sanado.

Nos has invitado a sumarnos a esa ejercitación cotidiana, a la que eres el primero en entregarte, en la observación y en la escucha atenta de las palabras, que más habitualmente usamos con nuestros hijos, manteniendo una actitud de atención e interés, y una indagación continua en el universo de nuestras palabras.

Se trata de descubrir y de hacernos conscientes del aroma de cada palabra que decimos, y del sabor que tienen las palabras con las que nos referimos a los niños y a nosotros mismos, y aquellas otras con las que describimos lo que nos sucede o damos forma a lo que vivimos.

La cuestión es percatarnos de cuáles son las palabras que más se repiten en nuestras interacciones con los niños y con el resto del mundo, cuáles suelen confundirlos o alterarlos, qué palabras nos acercan y cuáles terminan siendo un muro, una barrera o conformando una especie de abismo. Al mismo tiempo, sentir qué palabras y pensamientos minan nuestra energía y cuáles nos resucitan.

En esa labor de ejercitación cotidiana, en la que ir puliendo y adecentando nuestra relación con las palabras que usamos, en nuestros intercambios conversacionales con los hijos y con los alumnos, estamos convocados a limpiar, del mismo modo que lo hacemos con la piel de nuestro cuerpo, la piel y el corazón de nuestras palabras.

Nunca pude sospechar que fuera con momentos dedicados al silencio el mejor modo de purificar nuestras palabras. Nunca pude imaginar que llegaría a considerar que habilitar y adecentar espacios de meditación silenciosa y procurar un uso consciente de mis palabras, tenían que ser dos tareas domésticas habituales en mi vida y que, por tanto, tenía que compatibilizarlas e integrarlas con el resto de las ocupaciones cotidianas.

Ahora veo con claridad que de poco me sirve tener los platos limpios, si cada palabra que digo está cargada de grasa y mugre. Me sirve de bien poco tener las estanterías ordenadas, cuando mi conciencia y el vocabulario que la sostiene, no es sino un inmenso mueble desordenado y sucio, a punto de desmoronarse y venirse abajo en cualquier momento.

Poco a poco, y sobre todo gracias al descanso, al silencio, a la reflexión serena y a una pacificación de mi vida y de mi estado de ánimo, he ido conformando una especie de predisposición y una actitud interna que me ayudan a acceder a las fuerzas e intencionalidades que me están empujando, en un momento dado, a abrir la boca.

He ido aprendiendo a instalarme en una determinada disposición interna desde la que voy siendo más consciente de por qué quiero hablar y qué quiero decir y conseguir, cuando me dirijo a mi hijo.

En toda labor educativa, los educadores tenemos que entregarnos a esta lenta, minuciosa y continua labor de purificación de la palabra, simplemente, porque gracias a ella, acabamos emitiendo las palabras justas, adecuadas y estrictamente necesarias.

Para educar, es preciso aprender a hablar lo justo y necesario, evitando producir sonidos en un tono elevado o desagradable y hablando con serenidad, sin estridencias ni violencia.

En esa dinámica o proceso de limpieza y purificación de nuestras palabras, tenemos que avanzar y mejorar, también, en *la precisión* de lo que decimos.

En esa tutoría, en la que tanto hablamos de las palabras, nos pusiste en alerta sobre la importancia del rigor, concisión, exactitud, claridad, veracidad y fiabilidad de esas palabras que dirigimos a los niños y niñas. Remarcaste que consideras que la palabra precisa es un bien precioso, que los alumnos y los hijos demandan y necesitan. Ellos reclaman que de nuestra boca salgan palabras ajustadas y justas, concretas, rigurosas y que se sincronizan con el cuerpo que las expresa, que se adecúan a la experiencia o situación en la que se manifiestan y a las que se refieren, y que están en sintonía con el emocionar del que surgen.

Por eso es necesario que usemos con ellos las palabras justas para generar y sostener nuestros gestos y actuaciones, de manera que lo que digamos sea una traducción visible, fiel y transparente del emocionar que le sirve de fuente.

Sin embargo, no pocas veces, los mensajes que dirigimos son muy imprecisos, ambiguos, desacertados, carentes de rigor e inexactos, y con ellos involucramos y envolvemos a los demás en nuestra propia indefinición y confusión.

Muchos malentendidos con los niños vienen de los sobreentendidos, por parte de los adultos. Erróneamente, damos por supuesto que nuestro hijo o el alumno está poniendo en su comprensión, todo lo que nosotros estamos restando en nuestra expresión, aquello que expresamos de manera vaga, difusa, confusa, indeterminada e incompleta.

Gracias a ese estar atentos a las palabras con las que nos dirigimos a nuestros hijos, me he podido percatar de cómo, a veces, caigo en un etiquetar, calificar, comparar o condenar, no ya las conductas de mi hijo, sino a él mismo. Esto me ha ayudado mucho a tener claro que una cosa es referirnos a la conducta de un niño y otra confundirla con su ser mismo o con su identidad más auténtica.

Gracias a esta labor de autoobservación en el uso de mis palabras, he podido advertir que hay dos palabras que continuamente repito y que son una invitación a la precipitación y a la rapidez. Estas dos palabras son *venga* y *vamos*. Tan pronto como he reparado en ello, he iniciado un proceso consciente de supresión de palabras, frases o conceptos que pudieran alimentar o incitar a la impulsividad y a la prisa (*venga, vamos, daos prisa*) y he ido sustituyéndolos por otras expresiones verbales que alienten o conduzcan a la lentificación y a la serenidad: *despacio, lentamente, con mucho cuidado y atención, tenemos el tiempo suficiente para...; es muy importante esto que estamos haciendo para...*, etc.

Ya no me queda la menor duda de lo importante que es, no sólo el significado de las palabras que usamos con los niños, sino también la intensidad, la entonación y el ritmo con los que las decimos. En el caso de las palabras, su envoltorio es tan importante como lo que contienen dentro.

Ya sé que hablar más fuerte no implica que me oigan mejor. Ahora procuro que mis palabras estén cargadas de fuerza, pero sin el menor rastro de crispación o violencia. Hasta que me lo has hecho ver, nunca llegué a imaginar que mis palabras pudieran ser más un elemento o forma de agresión que de comunicación, más una manera o intento de imposición que de relación e intercambio.

He podido comprobar que el hablar despacio y con voz calmada, en un volumen moderado y suave, lentifica y pacifica globalmente mi manera de estar y moverme. Bajar la intensidad en la emisión de mis palabras parece elevar la intensidad con la que escucho a mi hijo.

Ya nos habías dicho, aunque no le había concedido tanto valor ni importancia hasta ahora, que procurabas en clase un volumen bajo porque eso creaba más proximidad, te acercaba a los alumnos y tornaba el ambiente del aula más íntimo y acogedor.

Ahora, además de bajar el volumen o intensidad de mi voz, procuro hablar mucho más relajadamente, con menos precipitación y a una velocidad más lenta.

Este bajar el volumen en la dicción de mis palabras, me está exigiendo una más clara y viva entonación. Ahora sé que han de ir en paralelo el tono justo de mi postura corporal y de mis movimientos con el de mis palabras.

Ya sé, como bien nos has enseñado, que, en nuestras conversaciones con los niños, hay palabras o frases que, en determinados momentos y situaciones, tenemos que enfatizar, resaltar y pronunciar con fuerza. Hay palabras, frases o vivencias sobre las que, por su poca importancia, apenas tenemos que sobrevolar, pero hay otras a las que, por su relevancia, hay que descender y adentrarse en ellas.

Si algo he aprendido en mi modo de hablar con mi hijo es a reconocer el valor de los silencios.

Las pausas han ido apareciendo en mis conversaciones y, en la medida en la que se han ido haciendo más presentes, han adquirido todo su valor y significación. Las pausas crean otra pauta en el desarrollo de la dinámica en la que me encuentro con mi hijo. Unas veces me paro como modo de generar un cierto descanso y evitar caer en la aceleración; otras, sin embargo, lo hago para dejar algo abierto o para generar una expectativa. He podido verificar que una pausa, sabiamente administrada, lentifica al mismo tiempo que aviva el interés.

Las pausas han ido apareciendo y volviéndose habituales o familiares en mis explicaciones, en las reprimendas y en los elogios, pausas en el relato de alguna historia o en la comunicación de una vivencia muy personal, pausa justo antes de dar una respuesta esperada, pausa después de haber formulado una pregunta y también una vez ofrecida alguna respuesta. Los niños reciben y acogen la pausa en nuestros discursos, como algo que anuncia o presenta algo importante y como una manera especial de advertir sobre algo de lo que tenemos que darnos cuenta.

Ahora tomo conciencia de que muchas veces mis mensajes son *contradictorios.* Ayer mismo, hacía unas indicaciones a mi hijo para que actuara con lentitud y atención, pero lo hacía con una voz muy fuerte, rápidamente, casi sin pausas y con movimientos corporales agitados e impacientes. Puede comprobar entonces, una vez más, la importancia de la *coherencia* entre todos esos elementos, así como la relevancia que tienen, en el uso de las palabras, los aspectos no verbales y gestuales. Más que lo que le decimos a un niño o a una niña, lo que más le llega es cómo lo decimos, y, sobre todo, cómo lo hacemos.

En una de las más recientes reuniones, ante un caso surgido en otra de las clases del colegio, abordamos la problemática del acoso escolar. Además de ahondar en la complejidad del caso, hiciste una reflexión, muy inspiradora para mí, que quiero traer aquí e incorporar en este agradecimiento concreto que estoy haciendo por tus palabras.

Llamaste la atención sobre el hecho de que un acosador hace *un uso peculiar de las palabras*: maneja un espectro muy concreto y determinado y usa palabras afiladas, palabras que niegan al otro en lugar de afirmarlo, palabras que hieren en vez de sanar, frases de desprecio, vocablos malsonantes y voces que desprenden el olor fétido del insulto, la injuria o la maledicencia.

En una situación de acoso, las palabras nunca van solas, sino que van acompañadas de miradas duras, manos crispadas, voces irritadas, rostros oscurecidos y corazones de piedra. Las palabras de un acosador son como cuencos, que va llenando con los despojos de su propia historia personal más oscura e inconsciente, y serán usadas como piedras o como cuchillos, como armas que hieren el adentro más profundo y no visible de su víctima. Por eso, es necesario cambiar las palabras de quien acosa, así como devolver la palabra al acosado.

Como gran amante y defensor de la palabra, la reivindicas, animando a decir lo que pasa como un primer espacio de liberación, como un ámbito para la justicia y como una herramienta de poder para la víctima. A las palabras poderosas del acosador suele acompañar un silencio de mudez en la víctima, que responde a un corazón amordazado en su interior.

Y concluiste: La tarea educativa es doble: *pulir, modificar y ennoblecer las palabras de quien acosa* y, al mismo tiempo, *devolver la palabra a la víctima*. Una palabra que no sea un mero desahogo, sino un recobrar la conciencia de su propia fuerza, esa que se desprende de la dignidad recuperada.

Estamos llamados a *poner corazón a las palabras* que dirigimos a los hijos y alumnos, o lo que es lo mismo, definirnos en lo que expresamos y decimos, haciendo de ello una "expresión consciente" y llena de amor hacia las palabras que decimos y a lo que con ellas aludimos.

Estamos ante el reto de hacer de nuestras conversaciones un intercambio de expresiones significativas llenas de sentido, que llenen a quien las diga y colme a quien las escuche.

Las palabras de Corazón son como rumores o susurros de lo inefable, de lo indescriptible o de lo que resulta casi imposible de decir. El alma de todo maestro se vierte en el corazón de esas palabras que, como caricias, derrama sobre el cuerpo de sus alumnos.

18

Por fomentar el compañerismo, la amistad y el servicio

Niños y niñas no van a la escuela solo para trabajar y, mucho menos, para trabajar solos, van, sobre todo, para juntarse y convivir unos con otros. Por eso, lo que realmente la define no es tanto considerarla un lugar de trabajo, cuanto un espacio y un tiempo para el encuentro y para la convivencia.

El compañero no es solo alguien que está al lado, sino alguien que entra en nuestro interior, alguien que entra a formar parte de nuestra historia personal, de nuestra biografía y, a veces, incluso de nuestro destino. El compañero es ese condiscípulo que nos acompaña en nuestros mejores años de infancia y juventud.

Querámoslo o no, cuando vivimos o trabajamos juntos, dejamos de sernos indiferentes. Todos y cada uno de sus compañeros y compañeras forman parte, en cierto modo, de mi hijo, han entrado ya en su biografía y conforman algunos de esos hilos con los que ya ha comenzado a tejer la tela de su vida y de su historia.

Agradezco que seas el maestro de mi hijo porque no solo enseñas a los alumnos, sino que, lenta y pacientemente, los vas conformando como compañeros. Reconoces como parte de tu tarea construir y vertebrar grupo, tejer entramados de amistad entre los niños y propiciar unos vínculos sanos, sólidos y amorosos entre ellos.

Me encanta esa manera de ver y fomentar el compañerismo como una forma concreta y una expresión determinada de la Amistad con mayúsculas y como una *dimensión particular y especial del Amor*. Y lo argumentas afirmando que *las palabras Amor y Amistad comienzan por la misma letra, esto es, tienen una misma génesis, un mismo origen; son corrientes que emanan de la misma fuente, son soplos que provienen de la misma boca y son ramas que brotan del mismo tronco.*

Me emociona ese entender a cada amigo, como *la forma material y visible con la que la Vida nos abraza en el reconocimiento perfecto de lo que somos*, o ese reconocer a cada compañero como un tesoro del y para el espíritu.

Me complace que mi hijo, a través de tus ojos, esté aprendiendo a mirar a cada compañero como un espacio para la libertad, el respeto y el gozo. No deja de repetir, a propósito de sus "amigos del cole" que, *cuando la mano del compañero siembra, es siempre nuestro corazón el que recoge.*

La presencia de un compañero o compañera nunca nos amarra ni retiene, sino que nos ofrece unas alas con las que podemos sobrevolar los más hermosos parajes de nuestra geografía interior.

Hacia sus compañeros, en cada jornada compartida, mi hijo va trazando un camino, en el que cada paso dado tiene la importancia de dejar un rastro, en el que las estrellas se miran de noche. Cada compañero va dejando en él una estela, una huella que acaba grabándose en algún rincón de su alma.

En cada una de tus clases, mi hijo va esbozando, hacia cada uno de sus compañeros y compañeras, un sendero en el que cada experiencia compartida va forjando su carácter, modelando su temperamento y conformando su personalidad.

Recorriendo los senderos que le acercan a cada compañero, mi hijo está atravesando y reconociendo los más recónditos y maravillosos parajes de su propio paisaje interno.

En los compañeros y también en su maestro, en todas y cada una de las personas con las que entabla una relación cuando está en la escuela, mi hijo puede percibir unas cualidades y unos valores que pueden ser actualizados y manifestados también por él.

En cada compañero, tiene la posibilidad de tratar con aspectos y partes o dimensiones de él, que tal vez no reconozca ni viva suficientemente. En este sentido, la relación con sus compañeros le ayuda a ser más él mismo y a serlo de una manera más total, integral e integrada.

Es en el lienzo de las relaciones con sus compañeros, donde mi hijo va dibujando el autorretrato de lo que es o, al menos, de cómo se percibe. La relación con los demás puede ser ese espacio pedagógico privilegiado, en el que cada alumno va a ir reconociendo cada vez más y mejor "quién es".

Es en el campo fértil de las interacciones con ellos, donde va aprendiendo y curtiéndose en el cada vez más difícil arte de convivir.

Has conseguido, siguiendo las metáforas que nos regalan los personajes del libro *El Principito*, que mi hijo sienta a sus compañeros como sus rosas y que en tus clases esté siempre presente el reto de *domesticarse* los unos a los otros. Si no se crean lazos entre los compañeros, aunque los niños pisen el mismo aula, se sentirán distantes los unos de los otros, solos y no llegarán a conocerse ni quererse.

Un grupo, como vertebración sana y sólida de la convivencia, no se da por sí solo, sino que es algo que hay que crear, mantener, consolidar y afianzar en el día a día.

Las tareas y los intercambios, que sólo giran en torno a las asignaturas o alrededor de las explicaciones y ejercicios de las diversas materias, no necesariamente llevan al encuentro personal y difícilmente "afirman al sujeto" o "constituyen grupo".

Ya nos advertiste, desde el primer día, que ibas a prestar la misma atención y dedicación a los lazos, vínculos y relaciones interpersonales amistosas entre los alumnos, que a las tareas más académicas. Y escribiste cinco palabras que, de inmediato, reconocí como una gran verdad:

A más grupo, menos conflicto.

La conciencia de grupo, de sentirse compañeros y amigos, constituye uno de tus grandes retos como maestro y has hecho de ella una tarea, un tesoro, un horizonte al que dirigirse y una brújula para orientar adecuadamente el caminar compartido.

Sabes mostrar y revelar a los niños, que el compañero o compañera no es un volumen que irrumpe delante de uno, sino alguien con el que convivimos y con el que podemos encontrarnos, comunicarnos y ser felices.

No basta que los niños estén juntos compartiendo unas actividades comunes en un mismo espacio. Una clase, como grupo, es mucho más que una suma de individuos en compañía.

La vivencia escolar ha de ser, sobre todo, una experiencia de encuentros personales y un ejercicio de compañerismo y amistad.

Hacer del sentirse compañeros y del abordaje de la amistad algo fundamental de la educación de los niños, es reconocer las impresionantes derivaciones que eso tiene en la construcción de la personalidad de los alumnos.

Recuerdo que, cuando mi hijo estaba en primero de primaria, al preguntarle por las cosas que más le gustaban del cole, una de las que nombraba y que, al decirla, le iluminaba la cara, era *la rueda de la amistad.*

Es una dinámica o ejercicio-experiencia, como te gusta llamarlo, que mantienes a lo largo de los años en los que acompañas a un mismo grupo.

Aunque mi hijo ya me había contado más de una vez en qué consistía, yo quería saber los entresijos de esa rueda y por qué le concedías ese papel tan relevante, dentro de tus propuestas de trabajo con los alumnos. Al preguntarte por ello, en unas de las reuniones contigo, planteaste a las familias presentes, que podías grabar una de ellas para poder verla y comentarla en la siguiente reunión de tutoría. Y así lo hicimos.

Recuerdo que iba a aquella reunión como quien va al estreno de una película. Por un lado, sentía un especial agradecimiento, porque no todos los maestros están dispuestos a mostrar a las familias, abiertamente, a las claras y sin tapujos, su actuación ante los alumnos. Y por otro, se cumplía ese deseo de poder ver a mi hijo en clase, en su día a día. Un deseo que expresé en muchas ocasiones a mi hijo, diciéndole:

> *¡Cómo me gustaría poder verte por un agujerito cuando estás en tu clase con tus compañeros y con tu maestro!*

Llegó a convertirse en un juego entre mi hijo y yo. Cuando me contaba entusiasmado algo sobre lo vivido en el cole, yo le decía, no con un afán de fiscalizar o controlar lo que hacían en el cole, sino manifestando mi deseo de poder disfrutar de todo aquello que a él le hacia tan feliz:

> *¡Pues yo quiero ir a ese cole también, estar en tu clase y aprender con ese maestro!*

Tras unos minutos de comentarios sobre la importancia de fomentar entre los niños unos vínculos afectivos sólidos, pasamos a ver y a comentar la grabación de la última rueda de la amistad realizada en clase.

Para la rueda de la amistad, los alumnos se colocan en círculo, ya sea sentados en una silla o en el suelo. El círculo genera conciencia grupal porque todos están a la misma distancia del centro.

Un centro que suele ser ocupado por *Pinocho*, un pequeño muñeco de madera, que es la mascota de la clase y que representa el alma o corazón del grupo.

Invitas a los niños a cogerse de las manos con ternura y con la conciencia de que, *en la mano que nos toca, es toda la clase la que nos toca*. A continuación, los instas a cerrar los ojos, no para no ver, sino para vernos y sentirnos por dentro, dejándonos acariciar por la música que acompaña el ejercicio.

Me encantaron esas palabras dirigidas a la conciencia del tacto y a la calidad del toque con la que se cogían las manos unos a otros:

> *—Deja que tu mano exprese sin palabras un mensaje de cariño y de ternura para el compañero o compañera de tu derecha y de tu izquierda. Piensa que ese mensaje lo haces llegar a todos los de la clase. Si has tenido algún roce o problema con alguien esta semana, piensa en él o en ella y en que, a través de los compañeros, le llega ese mensaje que expresan tus manos.*

Luego invitabas a llevar la atención al pecho, al corazón y a que pensaran en lo que llamas "el solito de energía del corazón", liberando su energía amorosa en todas las direcciones.

Tras unos momentos saboreando esta energía tierna y amorosa del corazón, los animabas a repetir internamente algunas de esas frases mágicas que continuamente reiteráis:

> *Juntos trabajamos y nos divertimos. Juntos jugamos y aprendemos.*
>
> *Cada día que pasa nos queremos más y más.*
>
> *Cada uno de mis compañeros y de mis compañeras, mi maestro… son un regalo para mi.*
>
> *También yo soy un regalo para ellos.*

Terminabas el ejercicio-experiencia con estas palabras, auténticos demiurgos de la amistad:

> *—Siéntete unido a todos y cada uno de los que formamos esta rueda de la amistad.*
>
> *Siente cómo llega hasta ti el cariño, la amistad y la energía de todos tus compañeros y compañeras. Recuerda que, en la mano que está tocando, es toda la clase, es Pinocho y es el maestro, quienes te dan la mano.*

Y, como siempre, completaste ese tiempo mágico con unos momentos dedicados al silencio y disfrutando de lo bonito de la amistad.

Agradezco que seas el maestro de mi hijo porque no *pasas* de lo que les pasa a los niños, de sus estados anímicos y emocionales ni de la textura de sus interrelaciones. En tus clases, lo que pasa en los alumnos y entre ellos, es algo que se tiene en cuenta, algo a lo que se presta atención y a lo que se le dedica el tiempo que sea necesario. Es así como mi hijo ha ido aprendiendo que la amistad es, a un mismo tiempo, don y tarea, regalo y responsabilidad.

Es así como mi hijo va aprendiendo a mirar, cara a cara, los conflictos y las dificultades, las luces y las sombras de la convivencia entre las personas. Mi hijo ya sabe y reconoce que, a veces, en el encuentro con los demás, nos perdemos. Está aprendiendo a asumir que una amistad no está exenta de momentos o situaciones de tensión o dificultad.

Ya no se espanta al comprobar que no todos los encuentros con otras personas son gozosos ni nos colman de alegría.

Sutilmente, va aprendiendo principios, pautas, actitudes y comportamientos, que van a serle de gran valor y utilidad en el difícil arte del convivir en sociedad: no con todos podemos encontrarnos y relacionarnos de la misma manera, con la misma profundidad o nivel de satisfacción, y no todos buscamos ni vivimos lo mismo en una relación de amistad.

Hay momentos en los que ni siquiera sabemos qué nos lleva a encontrarnos con otro o a alejarnos de él.

En no pocas ocasiones, la amistad se puede ver afectada por prejuicios, expectativas, hábitos, costumbres, normas, suposiciones, malentendidos o malas intenciones (ocultas, secretas, inconscientes)...

Es justamente en los encuentros humanos, donde todo eso se moviliza y se expresa, donde se toma conciencia de ello, se reorienta, se transforma... y nos transforma, haciéndonos evolucionar y crecer.

Al fin y al cabo, educar es ir avanzando en ese largo y tortuoso camino para ir haciendo del encuentro humano, poco a poco y paso a paso, un espacio para la sana, gozosa y libre convivencia.

Me seduce esa mirada capaz de reconocer en la amistad sencilla, natural e inocente, que se puede generar entre los niños en la escuela, una vía superior para el conocimiento.

Para algunos niños, un compañero puede llegar a ser remedio para su soledad y un alimento que los nutre con su alegría en los juegos compartidos o con el ejercicio de su responsabilidad a la hora del trabajo.

Consideras como tarea fundamental a realizar, para mejorar la relación entre compañeros, el *despertar de la autoconciencia* y el ir propiciando la emergencia, el desarrollo y la actualización de lo mejor de cada uno.

De hecho, contemplas la relación con los compañeros como un test bastante preciso y fiable del nivel de autoconciencia y desarrollo de cada alumno. Y tienes muy en cuenta la manera como cada niño ve, siente y entiende a los demás, la cantidad y cualidad de sus simpatías y antipatías habituales, así como la naturaleza de los conflictos relacionales que pueda protagonizar.

Aceptar y querer al compañero no significa permitirle todo, y mucho menos la invasión del espacio de la propia legitimidad e integridad. Impedir que el otro pueda dañarnos con una conducta inadecuada es una manera de manifestar nuestro amor por él.

Hay algo que me encanta especialmente de tu pedagogía y es ese vincular el aprendizaje con la vocación, la actitud y la acción del servicio. Confieso que me costó un poco al principio entender que "cualquier situación de conexión y servicio a la comunidad puede ser pedagógica", es decir, una posibilidad para el aprendizaje.

Sabemos que para ti la acción de servir es uno de los gestos más plenamente humanos; según tú, tal vez, su movimiento más hermoso.

El servicio nos permite darnos para renovarnos y recrearnos. Nos hacemos, sirviendo.

El servicio es el ejercicio pleno de la trascendencia, nos convierte en puentes de tránsito entre lo que se nos ofreció y que acogimos, y lo que ahora entregamos.

El servicio gana en belleza cuando es pura expresión de agradecimiento. Qué bonito es cuando el deseo o la necesidad de aprender se transforman en un anhelo de servir. Servir es una de las mejores maneras de aprender y de crecer humanamente.

Servir es actualizar el ser, es convertir una esencia posible en una existencia real. Servir es convertir la semilla en flor, la flor en fruto y el fruto en vientre de nuevas semillas. El servicio es la acción de dar para tener, para tenernos, para que el otro reciba, tenga y pueda, a su vez, dar.

Nos has mostrado una comprensión y vivencia de la acción educativa, como una inmensa e interminable corriente de servicio, un continuo circuito de generosidad y un latido permanente de amor.

Nos has redefinido el *Big Bang* como un *Big Love*, un inmenso amor expresándose en un inacabado "acto de servicio". El servicio es una condición de la creación y una propiedad fundamental de la naturaleza. Todo fue creado para servir, para servir al proyecto humano y, porque todo fue hecho para nosotros, todo lo que hagamos en educación ha de ser un acto de servicio a los niños y en el que los niños, a su vez, aprenden a estar al servicio de la Vida. Sólo sirve al alumno aquello que alimenta y nutre la Vida Sagrada que le habita.

Agradezco que seas el maestro de mi hijo porque haces de él "un servidor", en el que va creciendo y madurando un ser humano cuya acción no es ciega ni impulsiva, sino fruto de un discernimiento amoroso y ejecutada con generosidad.

El maestro, como servidor, trasciende, integrándolo y superándolo, al mero docente o enseñante; reconoce la necesidad del niño y es a esa necesidad esencial a la que responde.

Tu trabajo de maestro es una acción rebosante de belleza porque atiende, no lo que mi hijo quiere, sino lo que necesita; porque no satisfaces los deseos, muchos de ellos generados e impulsados externa e interesadamente, sino esa demanda de realizar su esencia más plenamente humana. El servicio, para todo educador, es el arte de atender justamente, en el momento adecuado y del modo conveniente, las necesidades del alumno, para que este sea y se comporte, ciertamente, como un Ser Humano.

Un latido esencial en una pedagogía del Corazón es el servicio. Los alumnos y alumnas aprenden no solo en las cuatro paredes del aula, sino a través de proyectos, tareas, actividades y experiencias, que les lanzan a los espacios sociales, a las instituciones que regulan nuestra vida en común o a determinados colectivos con más necesidades.

Agradezco que seas el maestro de mi hijo porque haces que tenga el mundo por escuela y vinculas sus aprendizajes con el desarrollo de sus cualidades y valores como ciudadano.

Consigues que el ritual del amor se oficie a cada instante en el altar mayor de la escuela y de la Vida, colocando en él, con alegría, las flores de aprendizajes que surgen de las acciones serviciales a la comunidad. Unas flores que crecen de las raíces de actitudes positivas y solidarias, presentes en todo lo que propones. Insistes, una y otra vez, en que no sólo cuenta lo que hacemos: el aroma de las flores de nuestras acciones proviene del cómo lo hacemos y, sobre todo, del desde dónde lo hacemos.

La sístole y diástole de tu pedagogía son hacer y descansar, hacer y dejarse hacer, dar y también recibir, ofrecerse y acoger. Tu acción es educativa y también servicio porque no es activismo, no es un espasmo incontrolado e inconsciente, sino el movimiento incontrolable de un amor plenamente consciente y que rezuma alegría.

Nos alertas sobre ese servir del que se sirven algunos "egos" para reafirmarse. El servicio desde el Corazón es humilde, callado, anónimo y no alimenta el orgullo o la vanidad, sino la conciencia de un profundo agradecimiento. Simplemente, porque reconoce que, si puede servir es porque antes ha sido colmado, y acepta, sin reservas, que, si ahora puede volcar sobre el cáliz del mundo el licor de su servicio, es porque antes su copa fue llenada con los jugos de otros.

Se dice que hay que educar para la vida, a veces sin tener en cuenta, o lo suficientemente presente, que *vivimos para servir.*

Cuando el maestro es capaz de reconocer su trabajo como servicio, no hay riesgo de que se pierda en un continuo mirarse, ya que encuentra lo mejor de sí y de su hacer como maestro en un permanente ofrecerse y entregarse.

En el servicio, al dar lo que tenemos, al ofrecer lo que somos, crecemos y nos realizamos.

La tarea educativa, cuando es ejercida y desarrollada como servicio, deja de ser algo hueco para convertirse en algo que llena y que colma.

La gratuidad irrumpe entonces, como miembro de pleno derecho, en el escenario pedagógico. Lo gratuito no solo no es superfluo, sino que es tremendamente valioso a la hora de educar. La gratuidad nos hace actuar, no por el precio de nuestras acciones, sino por su valor.

Agradezco que hayas ayudado a mi hijo a descubrir que la amistad entre compañeros se convierte en un privilegio y en un don transido de gratuidad.

Cuando entre compañeros se forja una amistad, es el amor quien tiende ese puente invisible, sobre el que revolotean alegres las mariposas.

19

Por construir puentes entre las familias y la escuela

Y mostrarnos que no podemos estar "a codazos" sino "codo con codo"

A veces, las relaciones entre las familias y la escuela se asemejan a la historia de *un amor imposible*. Sin embargo, padres y maestros estamos condenados a entendernos.

Y más todavía, estamos condenados a querernos por el bien de los niños. El afecto entre la familia y la escuela es necesario y la colaboración entre ambas se nos muestra como algo fundamental.

Cuando nos dices reiteradamente que la familia y la escuela no podemos estar a codazos, sino codo con codo, nos estás diciendo que no podemos malgastar nuestras mejores energías en críticas y disputas, sino que tenemos que unir nuestras fuerzas a la hora de educar a los hijos y alumnos.

Agradezco que seas el maestro de mi hijo porque nos vas aportando ladrillos y materiales, con los que vamos construyendo un puente hermoso y firme por el que nuestros hijos transitan seguros y felices, de la casa a la escuela y de la escuela a la casa.

Cada uno de esos ladrillos viene a ser como una propuesta de latido para el corazón de la comunidad educativa. La coherencia cardíaca de padres y maestros, de familia y escuela es fundamental de cara a esa "común unidad" que ya hemos comentado.

Ladrillo 1. Una misma mirada respetuosa y amorosa

No te cansas de insistir en que todo se inicia con la mirada. De hecho, una de las primeras frases que nos lanzaste, para agitar las conciencias de los padres, fue aquella en la que nos descubriste que, *los niños y niñas miran a sus maestros a través de los ojos y de la mirada de sus familias.*

Nos revelaste la lealtad, tan profunda y potente como inconsciente, que los niños y niñas profesan a lo que llamas "el alma o sistema familiar". La lealtad es de tal naturaleza que, cuando el niño o la niña se percata de la no aceptación o del rechazo hacia la figura o persona del maestro, aunque no haya una declaración expresa de ello, no puede acercarse ni vincularse emocionalmente con él de una manera firme porque, de hacerlo, estaría traicionando a la familia.

Por la importancia de esta cuestión, quisiste ser siempre muy claro, contundente y explícito al respecto.

> *—Aunque no me critiquéis ni condenéis delante de vuestros hijos, ellos se percatan de inmediato de vuestras reacciones cuando se habla de mí: miran si vuestros ojos se iluminan o se apagan, escuchan el tono de vuestras palabras, la cadencia de vuestras respiraciones y perciben el alcance de vuestros gestos y señales corporales. Por eso os pido sinceridad, claridad y honestidad, de manera que cualquier cosa que no entendáis de lo que hago, me la hagáis saber de inmediato.*

Cuando padres y maestros no hacen sino mirarse en el reproche, dejan de mirar a los niños; no unen sus miradas, las enfrentan; no aúnan su vista, sino que la oponen.

Padres y maestros han de mantener y cuidar una misma textura en sus miradas, asegurando unos ojos que contemplan y no vigilan, que observan y no acechan y que examinan y no fisgan.

Esa mirada respetuosa y amorosa que nos pides, es la misma que te exiges al mirarnos a nosotros y a nuestros hijos.

Recalcas, además, la importancia de la mirada que el maestro ha de tener sobre todos y cada uno de sus alumnos y alumnas, porque los niños y las niñas miran a sus compañeros a través de los ojos y de la mirada de su maestro.

Ladrillo 2. Un mismo enfoque en la mirada. Una mirada orientada hacia las soluciones

Las miradas de la familia y de la escuela no pueden estar enfrentadas: ni los ojos sancionadores y condenatorios de los padres pueden estar clavados en los maestros, ni los del profesorado en las familias. Unos y otros han de reorientar sus miradas, apreciativas y agradecidas, para hacerlas coincidir en un mismo horizonte: los niños y las niñas.

Un mismo enfoque en la mirada presupone un ángulo de visión y un punto de perspectiva similar. Significa, de entrada, una coincidencia en el foco de atención, en el espacio hacia el que se dirige y en el que se deja reposar la mirada, y que no es otro que el ser esencial de cada niño.

Familia y escuela han de coincidir a la hora de orientar la mirada, la atención y las energías hacia el ámbito de posibles soluciones, evitando quedar anclados y "engolfados" en los problemas.

Agradezco que seas el maestro de mi hijo porque has posibilitado la sincronización de nuestras miradas, como padres y madres, con la tuya como maestro. Nos insistes, una y otra vez, en que nuestras miradas han de estar sincronizadas, acopladas y orientadas hacia un enfoque común: las posibles soluciones o las maneras de afrontar las situaciones que se van planteando.

Para mí, personalmente, ha sido un regalo maravilloso y una herramienta tremendamente práctica y eficaz el *modelo piramidal de las soluciones (Arbinger)* que nos has aportado.

Has ido compartiendo con las familias cómo se ha ido dando tu propio proceso, como maestro, en la reorientación de tu mirada.

Nos has hablado reiteradamente de la importancia de las preguntas que solemos hacernos los adultos, muchas de ellas no de manera plenamente consciente, cuando se nos presenta una situación problemática con los niños.

Las preguntas que te hacías en un principio ante una conducta inadecuada o inapropiada de algún alumno o grupo eran del tipo:

—¿Qué hacer para que los alumnos dejen de pelear?
¿Debo castigarlos? ¿Debo hacerles trabajar más en clase y en casa?

Me di cuenta de que, en el fondo, esas preguntas sobre las conductas de los alumnos, eran muy similares a las que nos hacemos sobre nuestros hijos. Preguntas del tipo:

¿Qué hacer para que nuestros hijos dejen de pelear?
¿Qué hacer cuando nuestros hijos llegan a casa muy tarde?
¿Qué hacer cuando nuestros hijos no hacen sus tareas?
¿Qué hacer cuando nuestros hijos no cumplen sus obligaciones?

Nos hiciste caer en la cuenta, en primer lugar, de que cuando nos hacemos cualquier pregunta, esta nos instala en un determinado punto de vista, y delimita ya un campo específico, en el que se van a mover los pensamientos y actitudes que, a continuación, van a servir de base y van a configurar nuestras intervenciones.

En segundo lugar, nos llamaste la atención sobre el hecho de que, este tipo de preguntas suelen estar enfocadas y directamente relacionadas con la corrección o la disciplina. Preguntas que, cuando las miramos con atención, podrían resumirse en una sola: *¿Qué hacemos cuando algo sale mal?*

Cuando comprendí esto, se me mostró como una luz al final de un túnel, al percatarme de que la mayor parte de mis sufrimientos, en la educación de mis hijos, venían, precisamente, de una pregunta errónea sobre qué hacer después de que las cosas no habían funcionado adecuadamente. Ahora, la pregunta que me planteo como madre es la misma que tú te haces como maestro: *¿Qué puedo hacer para que las cosas salgan bien*?

Tener un mismo enfoque en la mirada, significa e implica que nos guían y nos sostienen el mismo tipo de preguntas:

¿Cómo les enseñamos a nuestros alumnos e hijos a ser responsables?

¿Cómo les ayudamos a nuestros hijos y alumnos a sentir respeto y consideración mutuos?

¿Cómo les ayudamos a ser excelentes en lo que hacen?

¿Cómo les ayudamos a nuestros alumnos e hijos a disfrutar de las actividades escolares y familiares?

Familia y escuela han de coincidir en esa mirada sostenida en un continuo cuestionarse *qué hacemos y cómo lo hacemos para que las cosas vayan bien.*

Recuerdo el momento en el que escribiste en la pizarra las dos preguntas y nos invitaste a estar un largo tiempo en silencio mirándolas, escuchándolas y dejándolas resonar internamente.

¿Qué hacer cuando algo sale mal?

¿Qué hacer para que las cosas salgan bien?

Todos coincidíamos en que la pregunta primera o prioritaria era, sin lugar a dudas, la segunda, pero usábamos, la mayoría de las veces, la primera.

Nos dejaste claro que las dos son necesarias, pero había que invertir el orden de prioridad y, sobre todo, el tiempo que pasábamos en una y en otra. Se trata de enfocar nuestra atención y nuestras actuaciones en ayudar a que las cosas salgan bien, en lugar de trabajar con ellas después de que salieron mal.

Para ayudarnos a comprender mejor esta propuesta, de reorientación de una mirada compartida y orientada al qué hacer para que las cosas puedan ir dándose de manera adecuada y favorable, nos has sugerido el *modelo piramidal de las soluciones.*

Vistas en su relación apropiada, las maneras de abordar las situaciones educativas forman una especie de pirámide.

Buena parte de la labor educativa, en su parte más conflictiva, está centrada en corregir las conductas o comportamientos que se consideran inadecuados o negativos.

Hay una ingente bibliografía, vídeos y audios, acerca de la mejor manera de disciplinar a los niños, tanto en la casa como en la escuela. Hay autores que enfatizan el valor de emplear refuerzos y castigos apropiados, mientras otros resaltan la importancia de aplicar consecuencias a los actos realizados.

La efectividad de nuestra corrección, cualquiera que sea el método que se emplee, siempre va a depender de la eficiencia de las enseñanzas previas.

Una buena parte del tiempo que se suele usar para corregir, disciplinar y castigar a los niños, se podría ahorrar si se dedicara más tiempo a enseñarles. Es de sentido común plantear que, cuanto mejor enseñemos a los hijos, menos errores cometerán y menos conflictos se generarán.

Si centramos el tiempo y la energía en los modos propicios, efectivos y adecuados para ir enseñando y educando a los hijos y a los alumnos, más fácil y eficaz será corregirlos cuando tengamos que hacerlo. La corrección no ha de ser una sustitución o alternativa a la enseñanza, sino una extensión posterior a ella.

Agradezco que seas el maestro de mi hijo porque me has ayudado a verlo como alguien que está aprendiendo, al que, por tanto, he de seguir enseñando, y no como alguien que me irrita y me altera ni como un ser desleal y desagradecido, al que solo hay corregir y sancionar.

Aunque la corrección forma parte de la acción educativa, la imagen de la pirámide nos ayuda a recordar que no es corregir lo que está en la base de la educación de un niño y que, en cuanto a tiempo, dedicación y energía, ha de ser la parte más pequeña. La clave para que una corrección sea efectiva va a estar siempre en una enseñanza previa adecuada.

Como bien nos recuerdas, la corrección se previene con la educación. Una intuición que, según nos contaste, debes a uno de tus alumnos de primero de primaria:

> —*"Estando un día vigilando el recreo, me acerqué a recriminar y corregir a uno de mis alumnos de primero. Estaba lanzando piedras pequeñas hacia unos puestos del mercadillo, situados junto al patio del colegio. Le dije que eso no podía hacerlo porque, aunque las piedras eran pequeñas, al caer desde arriba, cogían velocidad y podían hacer bastante daño si caían sobre alguna persona. El me miró con sorpresa y me dijo, arrepentido, que nadie le había dicho antes lo que yo le acababa de decir".*

Tal vez, lo más importante que podemos aprender sobre los procesos educativos de corrección es su dependencia y relación con las enseñanzas previas.

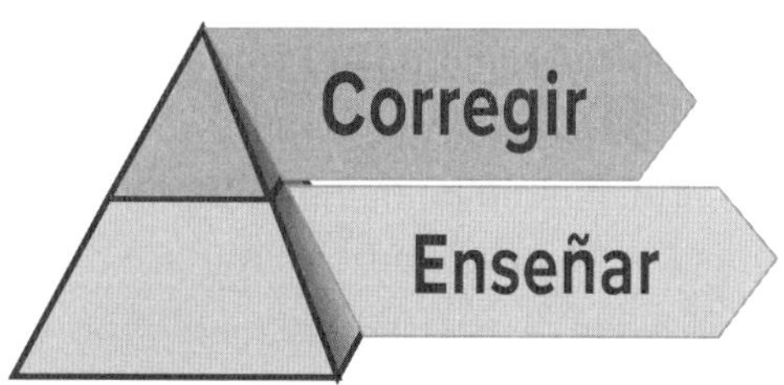

Sin embargo, la validez y la eficacia de nuestras enseñanzas van a estar muy condicionadas y afectadas por la calidad de la relación que mantengamos con los hijos o con los alumnos.

Es poco probable que los niños aprendan mucho o de manera significativa de personas a las que no quieren, o con las que mantienen vínculos débiles o negativos, sin importar cuánto tiempo se pase enseñándoles. Es necesario y fundamental construir una relación sólida y positiva antes de tratar de enseñarles.

Al ver el tipo de vínculo que has establecido con mi hijo en la escuela, me he percatado cuánto necesitaba reforzar mis vínculos afectivos con él para poder enseñarle yo en casa. La corrección, desde entonces, se ha tornado mucho más fácil y menos frecuente.

Podemos representar la relación entre la enseñanza y la relación de padres-maestros/hijos-alumnos de la siguiente manera:

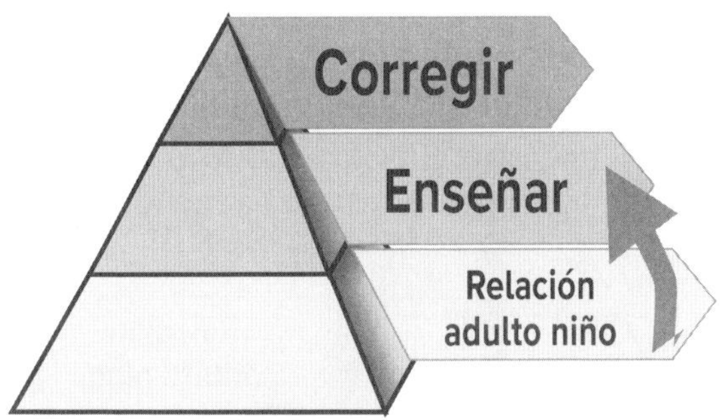

Esto nos muestra que la efectividad de nuestra corrección dependerá de la calidad de nuestra enseñanza, y esta de la calidad de nuestra relación con los hijos o con los alumnos.

La solidez y calidad de las relaciones que, como adultos, tenemos con los niños, van a estar estrechamente relacionadas con las relaciones que los adultos más próximos mantienen entre sí.

En el ámbito profesional de los maestros, nos recuerda la importancia de unas buenas relaciones personales en los equipos de trabajo y en los claustros de profesores, de cara a la actuación con el alumnado.

En el ámbito de la familia, la relación de la pareja es algo esencial y decisivo. Personalmente como madre, he podido corroborar que la relación con mis hijos depende, en gran medida, de la calidad que tiene la relación con mi pareja.

Si los padres tienen dificultades entre sí, de una u otra forma, los hijos se verán afectados por ellas. En un artículo sobre la importancia de unas buenas relaciones entre los miembros de una pareja, en orden a una adecuada educación de los hijos, se llegaba a afirmar que, *una mujer feliz con su esposo es mejor para sus hijos que cientos de libros sobre el bienestar del niño.* Al leerlo, tomé conciencia de que, lo más importante que puedo hacer por mis hijos es cuidar el vínculo y el trato con su padre.

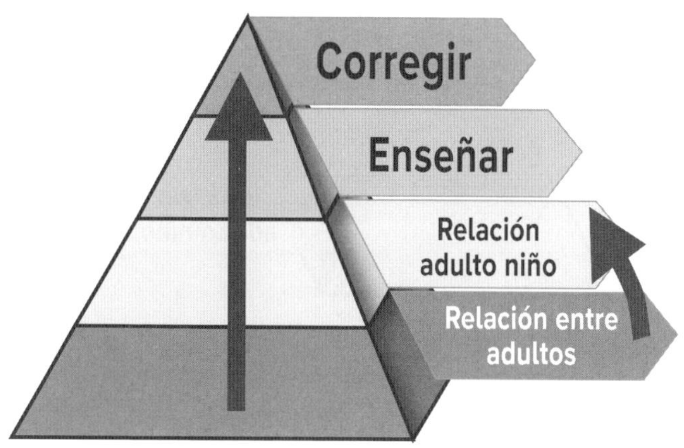

Finalmente, como era de esperar, colocaste en la base de la pirámide nuestra manera de ser fundamental, el quiénes somos como personas y cuáles son nuestros modos y maneras habituales de actuar y comportarnos.

He de confesar y reconocer que, uno de los grandes cambios, que se han producido en mi forma de mirar, entender y desarrollar mi labor educativa como madre, ha sido precisamente este. Yo estaba, como la mayoría de las madres y de los padres, centrada en corregir y sancionar las conductas de los hijos. Pensaba que, como el problema estaba en ellos, la solución solo podía venir de ellos mismos o de alguien que me dijera qué hacer con mis hijos. Ahora soy plenamente consciente de que nadie puede decirme qué he de hacer. Estoy abierta a todo tipo de sugerencias, pistas y ayudas, sabiendo que todo eso va a depender del uso que haga de ellas. Ya no pido que me digan qué tengo que hacer con mis hijos, sino que me orienten sobre qué hacer conmigo misma para estar en las mejores condiciones posibles, a la hora afrontar los retos que trae consigo la educación de otro ser humano.

Nuestra personal manera de ser afecta directamente cada parte de la pirámide. Por eso, si simplemente trato de enseñar o corregirles, sin tener en cuenta lo que está en la base y sirve de fundamento a todo el resto de la pirámide, haga lo que haga, no va a funcionar.

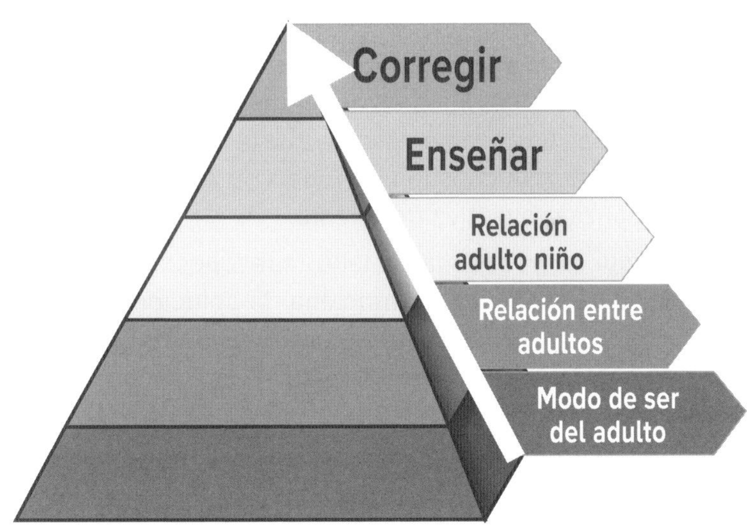

Los primeros cuatro niveles de la pirámide se refieren a facilitar y propiciar que las cosas salgan bien. Se enfocan en nuestra calidad o textura personal, en las relaciones afectuosas y positivas, tanto con el mundo adulto como con los niños, así como en la enseñanza. Estas son las bases de todo educador, ya se trate de padres o de maestros. Y en ese orden.

También son la base de una corrección efectiva cuando es preciso corregir de manera inmediata o urgente. Si tratamos de corregir a los hijos o a los alumnos cuando los otros elementos de la pirámide no están en su lugar, nuestra corrección no va a funcionar óptimamente. La efectividad de lo que hagamos, a la hora de intervenir o corregir, va a depender de lo que previamente hayamos hecho con el resto de cosas que están debajo en la pirámide.

Gracias a este modelo piramidal, podemos tomar conciencia de que *la solución a un problema en una parte de la pirámide, se encuentra debajo de esa parte de la pirámide*. Si, por ejemplo, una determinada corrección no está funcionando, la solución no es aplicar otros métodos de corrección. La solución es hacer un mejor y más profundo trabajo de enseñanza.

Ahora he comprendido por fin que, por la ausencia de una enseñanza efectiva previa, mis intentos de disciplinar y corregir dejaban mucho que desear. Erróneamente creía que la falta de disciplina era el problema, cuando la cuestión de fondo no era otra que la falta de una enseñanza preventiva pertinente.

Ahora sé que, si mi enseñanza falla, la respuesta no es enseñar más. Cuando la enseñanza no funciona, la solución es construir mejores relaciones. La enseñanza mejorará solo si los niños quieren aprender de nosotros, y esto es algo que está en función de nuestra relación con ellos.

Y si la construcción del tipo de relación correcta que deseamos, por ejemplo con los hijos, no funciona, habría que atender y enfocar la clase de relación que mantenemos con la pareja.

Finalmente, si la relación con la pareja o con los compañeros del claustro no es positiva, ni favorable ni propicia, ¿qué puede estar revelando eso sobre mi manera de ser personal?

Cuando situamos un problema en un nivel de la pirámide, hay que atender y ver lo que hay debajo de ese nivel para encontrar una posible solución.

También nos has dejado claro que, tanto en casa como en la escuela, hay ocasiones y situaciones conflictivas, en las que no hay tiempo o no se dan las condiciones para implementar soluciones más profundas. Todo lo explicado hasta aquí es una gran ayuda a la hora de prevenir ese tipo de situaciones más dramáticas y desagradables, pero a veces es demasiado tarde para prevenir. Hay momentos o situaciones en los que la corrección tiene que ser ejecutada o aplicada de manera inmediata.

Cuando se requiera una corrección drástica con un hijo o con un alumno, habría que empezar a trabajar en los tres niveles más profundos de la pirámide, inmediata y simultáneamente.

Lo común y habitual, en una situación conflictiva de cierta intensidad, es dejar que la acción de corregir focalice toda nuestra atención y absorba por completo nuestra energía. Sin embargo, es posible y conveniente situarnos de otra manera. Si la cuestión se plantea y va más allá de la disciplina, también la solución ha de situarse más allá de ella. Este es el momento de plantear y hacer el tipo de cosas que recomiendan los niveles más profundos de la pirámide. Es el momento de situarnos en un estado de conciencia superior o más profundo, de mantenernos centrados y en conexión con lo mejor de uno mismo, de mostrar aún más bondad, de dar volumen y solidez a las relaciones con la pareja o con otros adultos y. sobre todo, de procurar, de todas las formas posible, que se mantenga o se reconstruya el afecto y el vínculo amoroso.

En circunstancias extremas, es preciso recurrir y convocar a la serenidad y a la paciencia porque, a veces, va tener que pasar mucho tiempo hasta que estemos en una posición propicia para enseñar. Y, si algo nos revela y nos muestra la pirámide, es que una enseñanza precipitada o prematura no va a ser efectiva en modo alguno.

Agradezco que seas el maestro de mi hijo porque has transformado mi mirada: ahora no veo problemas por los que sufrir, sino situaciones a abordar, y acojo las reglas, no como normas sino como pautas, y no como preceptos sino como herramientas. Ya no pido consejos sino propuestas educativas. Ahora veo en cada obstáculo o dificultad en mi labor educativa un reto y, en lugar de recetas de aplicación inmediata, busco caminos que me muestren horizontes a largo plazo.

Como bien nos recuerdas una y mil veces, *uno está donde está su conciencia* y la conciencia se asienta allí donde colocamos la mirada. Tal vez por eso consideras esta peculiar mirada como el "ojo del puente entre familia y escuela". No hay nada que más pueda unir y vertebrar a una comunidad educativa, que una mirada común y bien enfocada, que no ve ni atiende problemas sino situaciones, centrándose en posibles maneras de abordarlas.

La familia y la escuela tenemos que *dirigir una misma mirada a las soluciones y no a los problemas* y plantearnos qué es lo que vamos a hacer, conjuntamente, codo con codo, por el bien de los niños.

Ladrillo 3. Liberar los espacios comunes de reproches y culpabilidades

Me liberé de una carga, de la que apenas era consciente, cuando te oí decir que es necesario y urgente que *familia y escuela, a coro, como una sola voz, le digamos adiós a la culpa y a los reproches.*

Como madre, muchas veces termino sintiéndome culpable. Tú me has ayudado a comprender que los padres tenemos que hacer frente hoy a situaciones de gran complejidad. No te cansas de repetirnos que no somos peores padres y madres que nuestros propios padres o abuelos, simplemente que, en una sociedad mucho más compleja, conflictiva y diversa, la educación se torna, inevitablemente, más difícil y complicada.

Un día, a la salida del colegio, te expresé mis dudas y mi desánimo. Llevaba un tiempo en el que no sabía qué hacer para afrontar las situaciones que mis hijos planteaban en casa. Me calmaste y me animaste a formarme, a reunirme con otras madres y padres y a participar en las sesiones de formación que estabas preparando para las familias. Dijiste, en tono irónico, que *la paternidad y la maternidad son el oficio más difícil del mundo, y suele estar desempeñado por aficionados*. Me hizo gracia la expresión, aunque encerraba una dura realidad y mostraba una verdad irrefutable: nadie nos prepara para ser padres.

> *—No tengáis dudas, no tengáis culpa. Lo hacéis lo mejor que podéis, como lo hicieron nuestros padres.*

Me viene al recuerdo un momento entrañable y, al mismo tiempo, muy clarificador, que tuvo lugar en una de las primeras sesiones formativas con las familias, donde, justamente estábamos abordando las dudas, debilidades y dificultades que nos asaltan con más frecuencia a la hora de educar a los hijos.

Una abuela presente en la reunión se dirigió a ti en estos términos:

> *—Mire usted, yo no entiendo esto, porque... Yo he criado a cinco hijos, y mi hija, que solo tiene una niña, no se maneja con ella.*

Tu respuesta fue tan contundente como provocativa, pero especialmente necesaria y pertinente, para las madres y padres más jóvenes allí presentes:

> *—Ciertamente usted crió a cinco, pero no educó a ninguno.*

A continuación, explicaste más detenidamente lo que querías comunicar con dicha respuesta. Nuestros abuelos tuvieron que ejercer su paternidad en una sociedad con muchas carencias. Por carecer, matizaste con sentido del humor, carecían hasta de dificultades y complejidades. La realidad era dura en cuanto a dificultades económicas, pero tuvieron una cosa a su favor: la realidad era tan contundente, todo era tan sencillo, tan simple, tan lento y tan duradero, que no educaban los padres, educaba la realidad que se vivía.

Gracias a todo lo que compartes con las familias, hemos ido cambiando la culpa por *conciencia* y los reproches por *corresponsabilidad*.

Tenemos que erradicar la culpa de nuestro mundo psíquico y emocional y de los espacios comunitarios, porque la mayoría de la veces suele ser muy injusta, y completamente inútil en todo caso y circunstancia.

En clave de humor, no exenta de una aguda crítica, afirmas que, no pocas veces, lo que une a familia y escuela, no es tanto una cadena de favores cuanto una cadena de reproches: las empresas se quejan de lo mal que salen los alumnos de la universidad, la universidad se lamenta de lo mal que entran los alumnos procedentes de la educación secundaria, los de secundaria de lo mal que llegan desde la primaria, los de primaria de las carencias con las que acogen a los de infantil. Los de infantil cargan contra las familias por cómo les llegan los niños. A las familias ya solo les queda lamentarse y resignarse por el karma del niño o de la niña.

Tenemos que limpiar la mirada de reproches y culpabilidades. Las familias no pueden seguir cuestionando y reprochando a la escuela, ni la escuela recriminando o afeando a las familias.

Es urgente limpiar los espacios de solución de acusaciones, reproches y atribuciones de culpa. Familia y escuela han de abrazarse por el bienestar de los niños y para asegurar la eficacia pedagógica. Cuando la familia tira del niño hacia un lado y la escuela y la sociedad hacia otro, su armonía interna acaba resquebrajándose. Los niños se rompen por dentro ante las incoherencias y los enfrentamientos de los adultos que los rodean y los cuidan.

Ladrillo 4. Aceptación incondicional y agradecimiento de corazón

Si algo define a una madre, es su amor incondicional a los hijos. Esto es algo sabido y reconocido por todos. Tú, sin embargo, me has descubierto que, precisamente por este amor a los hijos, las familias tenemos que reconocer, aceptar y amar, incondicionalmente, a sus maestros, incluso a pesar de sus defectos.

Cuando la familia retira sus afectos al maestro, el alumno se distancia afectivamente de él. Y esto afecta a su aprendizaje.

También los maestros han de aceptar incondicionalmente a los padres.

Ya en el primer encuentro de las familias contigo, como carta de presentación, lanzaste, como dardos directos a la diana de nuestros corazones, estas dos ideas que conforman un ladrillo indispensable en la construcción de un puente firme, estable y seguro entre las familias y la escuela:

> *—Los padres tienen que mirar desde el corazón a los maestros de sus hijos, por muy malo que pueda parecer el maestro.*
>
> *—Y los maestros tienen que hacer un sitio a los padres de sus alumnos, por muy malos padres que les parezcan.*

Ejemplificaste esta última afirmación compartiendo generosamente una anécdota personal, vivida en tus primeros años como maestro. Todos pudimos percatarnos de como, a pesar de los años transcurridos, el recuerdo de lo relatado seguía conmocionándote por dentro.

> *—Yo tenía un alumno que vivía en unas condiciones familiares poco favorables. Era una familia con muy pocos recursos en lo económico y muy desestructurada afectiva y socialmente. En fin, no voy a entrar en más detalles.*

El tema es que yo, en aquella época, pensaba que era el salvador de los niños. Erróneamente me sentía en la obligación de compensar lo que pensaba que eran carencias de mi alumno. Le dediqué horas y horas. Por eso, no llegaba a entender cómo, con la cantidad de tiempo y energía que le dedicaba específicamente a él, con mi nivel de entrega hacia ese niño, era el único al que sentía que no había tocado en su corazón. No podía entender ni aceptar ese abismo que sentía con el alumno al que más me entregaba.

Una tarde, al acabar una reunión del claustro, algunos de los compañeros y compañeras quedamos para tomar un café juntos. Por la puerta del bar vi pasar al padre de ese alumno. Avisé a mis compañeros y les dije:

—Ahí va el sheriff.

Porque, por su aspecto externo, lo etiqueté despectivamente de ese modo.

Y a continuación, comencé a criticarlo, a enjuiciar sus conductas y a condenar su persona.

Como yo ya estaba trabajándome la autoconciencia y la autoescucha, en mitad del relato, al darme cuenta de lo que estaba haciendo, paré de manera inmediata mis comentarios. Y aproveché que estaba la televisión del bar encendida, para desviar la atención de lo que estaba contando.

Cuando llegué a casa, decidí dedicar un tiempo a la meditación para poder limpiar el malestar con el que me había quedado, tras percatarme de mi conducta sancionadora y condenatoria. Cerré los ojos y llevé mi conciencia al corazón. En silencio, sin abrir la boca, pero con mi alma abierta de par en par, sentí, reconocí y expresé mi error y un sincero arrepentimiento.

Inesperadamente, sin yo pretenderlo ni quererlo, brotó un reguero de lágrimas que me devolvieron la paz y el sosiego.

Era un arrepentimiento sentido, porque había tomado conciencia de lo injusto que había sido con aquella persona. Había puesto en entredicho, ante mis compañeros, a ese hombre del que tan poco sabía y que, además, era el padre de uno de mis alumnos.

Sentí que, en un momento de la meditación, le hacía un hueco a ese hombre en lo más profundo de mi corazón. Y lo reconocí, en aquel momento, como el mejor padre que podía tener mi alumno, porque era el padre que tenía y la persona que le había hecho el regalo de la vida.

La experiencia vivida me dejó tranquilo y con una paz enorme. La cuestión estaba resuelta, en lo que a mí se refería: había tomado conciencia de mi actuación incorrecta e injusta, sentí un sincero arrepentimiento por ello y restablecí una nueva mirada y un reconocimiento incondicional hacia el padre de mi alumno.

Cuando, al día siguiente, me dirigía al lugar donde los niños aguardaban puestos en fila, observé que el alumno en cuestión estaba el último. De pronto, cuando lo miré y le dirigí una sonrisa de bienvenida, salió de la fila, comenzó a correr hacia mí, y se me lanzó a los hombros, para quedarse un tiempo fundido conmigo en un abrazo.

Todavía recuerdo la sensación que experimenté con aquel abrazo, porque, en aquel momento, sentí que el abismo entre ese niño y yo había desaparecido.

¿Cuándo ocurrió el cambio, cuando tuvo lugar eso que percibí casi como un milagro?

Creo no equivocarme al afirmar que fue en el instante mismo en el que yo, como maestro, reconocí y honré a su padre, con todas las carencias y limitaciones que pudiera tener.

La aceptación incondicional del maestro o de la maestra por parte de los padres, tiene su justificación y fundamento en el hecho de que los niños siempre los miran a través de los ojos de la familia.

He de reconocer que me sorprendió que, en el primer encuentro con las familias, lanzaras esta petición de manera contundente y firme:

> *—Por el bien de vuestros hijos, por muy malo que pueda ser como maestro, escuchad bien lo que os estoy diciendo, tenéis que hacerme un sitio en vuestros corazones. Tenéis que respetarme y honrarme, como yo he de respetaros y honraros a vosotros, como familia de mis alumnos.*

Cuando un niño percibe que su familia odia a su maestro, entra en un drama muy hondo, en el que, si él quiere al maestro, siente que está traicionando a su familia. Y eso, el alma de un niño no lo puede tolerar. Entonces, para ser fiel a su familia, se retira afectiva y emocionalmente de su maestro. Y, si el niño se retira emocionalmente de su maestro, no aprende.

Para que los niños sean conscientes y tengan constancia de este reconocimiento y agradecimiento mutuos, entre las familias y el maestro, propones un acto, un ritual, un ejercicio-experiencia, al que denominas *Círculo de agradecimiento familia y maestros al inicio de curso.*

¿Te imaginas que, al comenzar el curso, los niños vivieran algo similar a esto que relato a continuación?

Todos los padres y madres, los maestros y los alumnos se colocan de pie formando un gran círculo. Por orden, van pasando cada padre y madre de cada alumno, hasta situarse delante de la maestra o del maestro. Con una ligerísima inclinación de respeto, reconocimiento y agradecimiento, van a expresar algo similar a esto:

> *—Te voy a entregar cada mañana lo que más amo en la vida. Confío plenamente en ti. Sé que vas a dar lo mejor de*

ti. Soy consciente de la dificultad y grandeza de tu tarea. Y aquí me tienes para lo que necesites, por el bien de mi hijo/a que es tu alumno/a.

A continuación, una vez han pasado todos los padres y madres, será la maestra o el maestro quien irá pasando hasta situarse delante de cada familia de cada uno de los alumnos. Realizará una ligerísima inclinación y agradecerá el gesto previo de las familias:

—Agradezco de todo corazón vuestra confianza y apoyo. Aquí estoy a vuestra disposición para lo que podáis necesitar y para todo aquello en lo que os pueda ser de utilidad. Os aseguro que voy a dar lo mejor de mí mismo/a, por el bien de vuestro hijo/a que es mi alumno/a.

Finalmente, serán los niños y niñas quienes irán desfilando ante sus padres haciendo una inclinación ante ellos, agradeciéndoles el gran don y regalo de la vida y expresándoles su amor, y ante su maestro o maestra, agradeciéndole su compañía y su trabajo.

Ladrillo 5. Una formación compartida

Si por algo agradezco especialmente que seas el maestro de mi hijo, es porque también lo eres, en cierto modo, para el resto de la familia.

Sea consciente o no de ello, la acción magisterial del profesorado alcanza y afecta al devenir de las familias. Muchas de las intervenciones que los maestros tienen con sus alumnos, repercuten también, más o menos directamente y con mayor o menor fuerza, en sus familias.

Desde un primer momento nos has convocado a conformarnos como *comunidad educativa*. Es toda la Comunidad Educativa, de la que la escuela es un elemento más, la que educa. Y para realizar conveniente dicha labor tiene que formarse.

Agradezco que no escatimes dedicación ni tiempo a una labor, como es la formación de las familias, que tú has asumido generosamente, más allá del trabajo directo con los alumnos. Atendiendo a tus propias palabras, asumes esta tarea como parte del servicio a tu alumnado, consciente de la importancia de la formación de los padres, para un mejor acompañamiento y complemento de tu labor docente.

Invitas y animas a una formación, de cuya necesidad, desgraciadamente, muchas familias aún no han tomado conciencia. Y lo haces con frases, como estas, que nos conmueven y nos mueven por dentro:

> *—Ninguno de nosotros es tan listo como todos nosotros juntos.*
>
> *—La Comunidad Educativa se forma, se articula y se vincula, para el bien supremo común, que representan los niños y niñas y su educación.*

Gracias por devolvernos la conciencia de la necesidad de compartir un proceso formativo común, dirigido al desarrollo y crecimiento de la conciencia personal de los educadores.

Defiendes que, en todas aquellas cuestiones, que afecten por igual a la intervención educativa de padres y maestros, la formación debería ser común y compartida.

Gracias a un proceso de formación compartida:

a. vamos creando y fortaleciendo unos lazos realmente sólidos entre padres-maestros-agentes sociales
b. se va entretejiendo la trama de una comunidad verdaderamente educadora, a partir de una mejora de nuestra vida personal, del trabajo como docentes y de la actuación como padres,
c. vamos reconociendo, valorando y respetando el papel diferenciado, no opuesto, de la familia y de la escuela,

d. se van desarrollando una conciencia, unas actitudes y unos valores, que generan y sostienen un nuevo modo de ser, de vivir y de hacer,

e. vamos configurando un nuevo contexto y un nuevo marco de referencia para los niños y niñas, a partir de lo que van descubriendo, trabajando, incorporando y vivenciando cada padre o madre y cada maestro o maestra.

El límite, y al mismo tiempo la posibilidad, de esa Comunidad Educativa, va a ser siempre lo que dicha Comunidad ofrece a los niños, desde lo que cada uno de sus miembros vive y testimonia cotidianamente.

Una formación realmente eficaz y transformadora, rara vez puede operar en base a actividades puntuales, esporádicas y desconectadas entre sí. Como maestro de nuestros hijos nos convocas y nos animas a vivir un largo y sistemático proceso de formación. Simplemente porque la formación es algo abierto y dinámico, que nunca se acaba.

La continuidad y la permanencia de la formación son necesarias por varias razones:

—Porque un proceso de reconstrucción realmente transformador de la conciencia personal, es algo lento y continuo. Los cambios espectaculares suelen ser tan aparatosos como superficiales y efímeros.

—No se pueden erradicar hábitos y actitudes arraigados durante años en unas cuentas sesiones. La transformación personal precisa de una ardua labor de “alquimia interior”; es un proceso más que una actividad y un camino largo, en el que cada paso nos va abriendo a niveles más profundos de nuestro ser.

—Hoy, la permanencia es un valor altamente positivo y revolucionario. El hecho de permanecer en un proceso formativo sistemático en su estructuración, orden y secuenciación; frecuente y continuo en cuanto a la temporalización y frecuencia de las sesiones (ritmo semanal o quincenal) y permanente en su proyección temporal (duración abierta o ilimitada), supone ya, en el educador, una actitud de apertura y un alto nivel de compromiso consigo mismo, y con la tarea profesional o la que como padre/madre se realiza.

En realidad, la formación no nos dirige a ninguna meta final porque, no nos formamos para llegar a ningún sitio "definitivo" en el que nos paramos, sino que "nos mantiene en camino" y nos asegura "estar en forma".

Como bellamente expresaste para reafirmar la necesidad de seguir formándonos siempre,

> *todos los que ejercemos de educadores somos como la luna; si no crecemos, menguamos.*

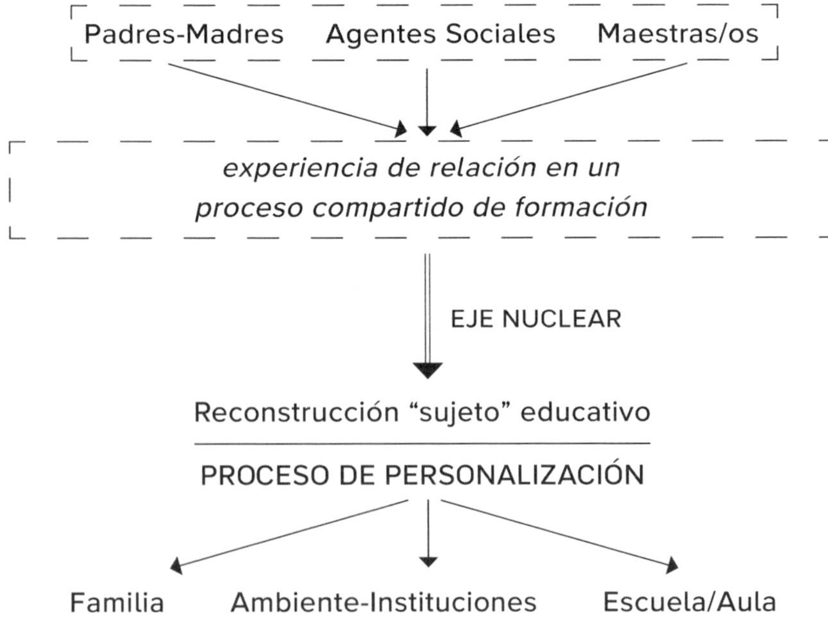

Los maestros y los padres, antes que educadores, somos *personas*. Es imposible el cambio educativo sin la re-construcción del *sujeto que educa*: un reconstruir no solo lo que uno sabe, sino también lo que uno es.

Previa a una formación técnica y sobre cuestiones más específicas o puntuales, es imprescindible formarse sobre la comprensión y el desarrollo de lo que uno es y cómo vive su cotidianeidad. Sobre ese eje nuclear y central, se podrán ir ajustando luego las sucesivas piezas, en una tarea permanente e inacabada.

La educación sólo transformará la cultura y la sociedad en la medida en que se hayan transformado sus educadores, padres, madres y profesorado.

Hay ya numerosas evidencias en torno a la correlación significativa que se da entre el crecimiento personal de un maestro y su productividad como profesional, así como entre la formación de las familias y su eficacia y disfrute como padres.

20

Porque haces del educar un acto mágico

Y resuenas como un sitar

Agradezco que seas el maestro de mi hijo, porque ir a tus clases es la posibilidad de participar de un acto mágico. Un acto que se torna mágico al devolver a los niños a los tesoros y excelencias del Corazón.

El Corazón, para ti, es mucho más que un mero músculo cardíaco. Nos dices que, en el maestro, todo el cuerpo es Corazón, circulación sanguínea, es decir, transcurrir de la pasión y fluir del entusiasmo por lo que hace y vive.

La misma palabra Corazón tiene un efecto mágico. Si uno se escucha atentamente, puede percibir una resonancia y unos efectos específicos y singulares, cada vez que oímos esa palabra. A ninguna madre se le ocurre decir a sus hijos, mientras los abraza, *¡os quiero con todo mi cerebro!* Las maestras y maestros piden que el trabajo se haga de Corazón. Ninguna maestra alienta el trabajo de sus alumnos diciéndoles ¡hacedlo de cerebro!

También tiene algo de mágico, al menos por lo sorprendente y sugerente que puede resultar, el hecho de que, en la composición formal de la palabra en castellano, podemos observar que contiene dentro de sí a la razón. Es entonces cuando podemos hablar del Co-razón.

Al partir o descomponer la palabra se nos descubre la posibilidad de una integración. Co-razón incluye a la razón, pero va mucho más allá de ella y la trasciende.

En la magia las palabras son muy importantes. Tanto que terminan en forma de conjuro o de hechizo.

El mayor conjuro pedagógico es *la apertura*. Si el niño no se abre no se predispone para el aprendizaje. Si un niño no se abre, lo que le daña, lo que le pesa, lo que le atormenta en su interior, no puede liberarse. Si un niño no se abre no podemos entrar en él, establecer vínculos o estrechar lazos.

Todo lo que no se abre termina deteriorándose, contaminándose y desprendiendo cierto hedor.

No hay mayor magia que poder abrir el Corazón de alguien para que pueda airearse y esté disponible para dar y recibir.

¿Con qué palabra abre el mago lo que está cerrado? Con "Abracadabra".

Este es, sin duda, el conjuro más conocido y la frase que más se pronuncia, sin necesidad de ser traducida. Se llegó a creer que tenía poderes curativos cuando estaba inscrita en un amuleto.

La palabra *Abracadabra* es de origen desconocido. Hay, sin embargo, varias etimologías que están, en cierto modo, asociadas con dicha expresión y que son muy sugerentes e inspiradoras, tales como: *iré creando conforme hable*, en hebreo o *yo creo como hablo,* del arameo. Otras hipótesis apuntan a que significa *envía tu fuego hasta el final*.

En todas ellas, el abracadabra aparece vinculado a la magia de una palabra creadora o al elemento fuego, asociado al corazón, a la pasión y al entusiasmo, como ya se apuntó en capítulos anteriores.

Siguiendo con la espeleología etimológica del término, se aprecian algunas relaciones y resonancias con palabras similares, muy especialmente con el "*abraxa*" griego. Abraxas era el nombre de un dios al que, curiosamente, se asociaba con el fuego. Algunos grupos gnósticos creían que la Tierra había sido creada por él. De nuevo esta vinculación con la dimensión creadora, tan propia de la magia: el mago es el que parece crear de la nada, el que es capaz de generar como si nada, es decir, con una tremenda facilidad. Algunos llegaron a pensar que su nombre, la misma palabra, encerraba grandes misterios, debido en parte al hecho de que las siete letras griegas que lo componen (Αβραξας) suman un total de 365, la misma cifra de los días del año.

La magia de abracadabra no está solo en los referentes mágicos de su etimología y de sus diversos significados. También está en su significante, en su fonética y en el sonido mismo de la palabra.

Si emitimos la palabra y permanecemos atentos a su resonancia, percibiremos una cierta sensación interna expansiva y de apertura. Pero, si cambiamos la "a" por la "o" y cambiamos el conjuro por *Obrocodobro*, de manera casi inmediata, podremos percatarnos de que no sentimos la misma sensación de apertura.

Las palabras no sólo tienen forma y significado. También tienen un valor vibratorio y una determinada acústica que lleva consigo una peculiar energía. La "a" es fonéticamente la vocal más abierta y, por tanto, suena a apertura, claridad y luminosidad.

La "o" es más centrípeta, más cerrada y, no por casualidad, va a estar más presente en las palabras que connoten cerramiento, hondura, oscuridad...

Un poeta, consciente de ello, describirá su estado de depresión recurriendo a palabras que, aparte de su significación vinculada a lo depresivo, sonarán con una mayor presencia de las vocales más cerradas, la u y la o: *en lo hondo del pozo oscuro y negro de la depresión y del dolor.*

Mientras que, si quiere describir estados o situaciones de más esplendor o de mayor apertura, recurrirá a palabras en las que la vocal a será más dominante: *en la claridad y transparencia de la mañana*.

Como el poeta, desde un punto de vista pedagógico, es muy importante la conciencia que tienen, tanto los maestros como los padres, de las palabras que siembran cada mañana en ese huerto que es el Corazón de los niños y niñas.

El conjuro mágico se realiza desde la *conciencia que tiene el mago del poder energético de las palabras*. Padres y maestros han de ser, en cierto modo, magos de la palabra para, reconociendo su poder, hacer un uso consciente y creativo de ellas. Las palabras son mágicas por el tremendo poder que ejercen sobre nosotros y, muy especialmente, sobre los niños.

Agradezco que seas el maestro de mi hijo porque, cada mañana, te entregas a ese primer acto mágico, en el que escuchas y haces que se sintonicen y entren en armonía las diversas frecuencias vibratorias con las que los alumnos entran en clase. Y así, sirviéndote de la magia de la respiración, invitas a que todos respiren al unísono, como si fuesen instrumentos de una misma orquesta, que respiran, asegurando no sólo los cuatro movimientos de la respiración (inspiración – pausa – espiración – pausa), sino que su duración sea lo más similar posible. Y entonces obra la magia: una clase que respira al unísono, como una sola respiración, termina sintiéndose un solo cuerpo y un mismo corazón.

Agradezco que, cada vez que el grupo se altera y que el orden y la armonía se resquebrajan, en lugar de gritar, pares y repares, cojas tu batuta mágica y dirijas esa sinfonía respiratoria de cuatro movimientos. De esta manera, no los mandas callar sino respirar.

La magia de educar, que tan hábilmente realizas, no es otra que *la magia de la Vida*. Aprovechas la más mínima ocasión para interrogar e interpelar a tus alumnos con esta pregunta, que continuamente sobrevuela en tus clases: *¿Acaso hay algo más mágico que la vida*? Como la magia del azahar, que desprende su exquisito aroma y se cae para dar a luz un nuevo fruto. O la magia del paso de la semilla bajo tierra, a la semilla que es contenida y se alberga en el interior del fruto, después de haber perfumado el aire como flor.

La flor, mágicamente, como todo acto pedagógico auténtico, siempre acontece y se abre desde adentro hacia afuera. No son los pétalos los que tiran ni empujan hacia afuera. Ni maestros ni padres podemos provocar el crecimiento de los niños tirándoles del pelo o arrastrando sus piernas.

La naturaleza, como un educador de Corazón, no empuja, sino que puja y no presiona, sino que vibra.

No hay nada más mágico que poder despertar, en cada niño, la semilla de esa Humanidad con mayúscula que aguarda en su Corazón.

Y, porque la magia está en la Vida, no podemos ser magos en la escuela ni en casa, si la vida sencilla de cada día ha dejado de ser mágica para nosotros.

Gracias por ser para mi hijo, para todos los alumnos y para las familias, un Mago con mayúsculas, un taumaturgo del Corazón.

Tu Magia nada tiene que ver con esa otra que practican los magos en un espectáculo o sobre un escenario. La magia de tu pedagogía no es ningún espectáculo sino algo espectacular, que desarrollas, humildemente y sin pomposidad, en los tablados de los corazones de nuestros hijos.

Un falso mago, el mago con minúsculas o *prestidigitador* se mueve con rapidez y *distrae* al público con las manos, con su cuerpo y a través de determinados movimientos. Pero tú te mueves con lentitud y *traes* al niño a su Corazón a través de las manos. Porque, para ti, las manos son una extensión del Corazón, es decir, una prolongación del alma.

El "Mago" con mayúsculas opera de manera contraria a este mago venido a menos, que agita una mano para distraer la atención de lo que hace con la otra, que obnubila y, en cierto modo, manipula a quien lo está mirando.

El Mago de verdad, símbolo de todo educador de Corazón, lentifica sus movimientos porque trata, no de *dis-traer,* sino de *traer* al centro.

El Mago tiene siempre la confianza de que el conejo va a salir de la chistera. Lo que no sabe es qué va a hacer el conejo. Pero sabe que, de algún modo, se va a manifestar. El maestro que confía en la Vida, como tú, tiene la *confianza de que algo mágico se puede manifestar,* en cualquier momento.

El maestro sabe que no hay que inventar nada, sino que *descubrir* algo y, por tanto, su magia consiste en desvelar lo que hay en la chistera del Corazón de cada uno de sus alumnos.

Agradezco que seas el maestro de mi hijo, porque tu magia no opera a base de trucos ni engaños, sino a través de vivencias y experiencias que saben a verdad y autenticidad. Tu ilusionismo consiste en ilusionar a los niños. Tu argucia es captar y mantener la atención y transformas el artificio en arte, la artimaña en habilidad y la fullería en honestidad.

La educación se vuelve mágica cuando en ella opera el principio de *la resonancia.* Lo explicaste a las familias con el relato de una leyenda hindú titulada *El músico del rey.*

> *Érase una vez un músico llamado Manohar, que tocaba el sitar en el palacio real. Dado que el rey tenía la pretensión y manifestaba su deseo de tener el mejor músico, aquel hombre estaba con cierto temor de que el monarca pudiese descubrir que había otro mejor que él y quisiera sustituirle.*
>
> *Cuenta la leyenda, que él sabía que había otro mejor que él, y por eso siempre ocultó su nombre, pues temía que, si el rey se enteraba, le suplantara.*
>
> *Un día se atrevió a revelar que, quien había sido su maestro era mucho mejor que él.*
>
> *—Pues sí, majestad, hay otro músico mejor que yo.*
>
> *Le contó que era un músico que sólo tocaba el sitar a las tres de la madrugada y que, para poder escucharlo, tendrían que ir a su casa.*
>
> *Al rey le llamó especialmente la atención el hecho de que tocara el sitar sin público, que tocara por el gusto de tocar, por el gozo de la música y sin ningún afán de reconocimiento, sin ninguna necesidad de aprobación y sin buscar ni procurar aplauso alguno.*

—Tocar por el mero gusto de tocar, se repetía una y otra vez el rey.

Y, así, al día siguiente, a las tres de la madrugada fueron a la casa del maestro Markandeya.

El rey llevaba consigo otro sitar, porque quería comprobar si era cierta la creencia que decía que, si un sitar era bien tocado, hacía vibrar al sitar que estuviese en torno suyo.

Puntualmente, a las tres de la mañana, el maestro empezó a tocar el sitar, y cuál no sería la sorpresa del rey, cuando pudo ver como su sitar empezó también a vibrar, sin que nadie lo tocase.

Dice la leyenda, que el rey lloraba de alegría y de contento por la belleza sublime de la música.

Entonces le dijo al músico:

—Yo creo que debes irte con tu maestro. Vete. Vete y vive junto a él.

Manohar aceptó la propuesta y se fue a vivir con su maestro. Cada noche, el maestro y su discípulo tocaban el sitar, mientras que el rey asistía puntual a escucharlos. Cada madrugada volvía a emocionarse y maravillarse, al ver cómo las cuerdas de su sitar vibraban y se movían, mágicamente, sin que nadie las tocase.

La resonancia es la capacidad que tiene una vibración de llegar más allá, a través de las ondas vibratorias, y provocar una vibración similar en otro cuerpo.

Este hecho físico de la resonancia nos advierte que, hasta nuestra más entrecortada respiración tiene una repercusión. Cuando un educador vehiculiza su pensamiento o su emoción con una voz vibrante, transida de fuerza y con claridad, la cualidad añadida de la resonancia no hace sino que eso mismo vuelva a sonar en el espacio energético de sus interlocutores.

El fenómeno de la resonancia hace que se abra o se dé en el otro algo similar. La resonancia viene a ser una especie de *vibración por simpatía*, y plantea la dinámica pedagógica o educativa como una dialéctica entre *focos y ecos.*

El educador, en su papel adulto, ha de hacerse eco de lo que emana y se desprende de los niños, pero, sobre todo, ha de ser plenamente consciente de lo que él emite y manifiesta y de qué manera se produce, reconociendo su condición de foco o fuente emisora y a sabiendas de que, lo que se vierte en un encuentro humano, nunca cae en vacío.

Cuando un maestro interpreta con pasión la sinfonía de su acción pedagógica, en el niño va a vibrar, mágicamente, la cuerda del entusiasmo de aprender.

> *Por eso, sin la magia de la resonancia no hay pedagogía.*
> *Habrá transmisión, pero no educación.*

En el acto mágico final, el mago comienza a sacar de un objeto pequeño un sinfín de pañuelos de muy diversos colores. Los ojos abiertos y asombrados del público no dan crédito a aquello que parece no tener fin.

No se me ocurre mejor metáfora para ir poniendo punto y final, mejor dicho, puntos suspensivos a este libro. Porque ciertamente, aún son muchos los agradecimientos que, como madre, quedan pendientes de ser expresados y compartidos.

Al llegar este momento, he recordado que *La historia interminable* de Michael Ende, terminaba con esta frase:

> *—Pero esa es otra historia y debe ser contada en otra ocasión.*

Agradezco que sigas siendo el maestro de mi hijo:

Por tu vocación y entrega. *Porque cada día renuevas tu vocación y entregas lo mejor de ti.*

Por tu motivación. *Porque no sólo ofreces un qué y un cómo, sobre todo ofreces un porqué y un para qué.*

Por tu manera de vivir la tarea de programar. *Porque la programación eres tú y no te sientes siervo de ella ni esclavo de los libros de texto.*

Por tu inspiración. *Porque no improvisas, sino que programas y luego te entregas a lo que cada situación demanda.*

Porque cuidas del aula como espacio agradable, acogedor y para el encuentro.

Por una pedagogía de altura "a ras de suelo". *Porque recuperas el suelo como escenario pedagógico.*

Porque atiendes y cuidas la higiene postural.

Porque has hecho del cuerpo de mi hijo el principal cuaderno de trabajo.

Por tu modo de estar ante los niños. *Porque estás con los pies en la tierra, la cabeza apuntando al cielo y el corazón en lo que tienes delante.*

Por tu manera de respirar. *Porque no solo enseñas sobre la respiración, sobre todo enseñas a respirar.*

Por tu tacto, por tus besos y tus abrazos. *Porque eres mano blanda y toque delicado que a vida eterna sabe.*

Porque valoras los "minidetalles" como grandes oportunidades.

Por despertar y avivar la necesidad, el deseo y el placer de leer y escribir.

Porque consideras el juego algo muy serio.

Por tu arte de preguntar y tu sabiduría al responder.

Porque no enseñas a resolver problemas sino a afrontar situaciones y retos.

Por tu apertura, receptividad y humildad.

Por tu consideración y respeto a los alumnos y sus familias.

Porque eres espacio de acogida e integración.

Porque no riñes, sino que llamas la atención.

Porque reconoces que el recurso por excelencia eres tú.

Porque te cuidas y descansas.

Porque como maestro nunca has perdido tu condición de alumno y te reconoces discípulo del silencio.

Porque eres "foco" y no "eco".

Porque eres un utópico.

Porque eres una bendición.

Es un listado de lo que considero **Penúltimos Agradecimientos** por cuestiones, algunas de ellas pequeñas, pero que hacen grande a un maestro. Penúltimos, porque el agradecimiento a los maestros y las maestras no tiene fin, no acaba nunca. Forma parte de *la historia interminable de la educación*.

Pero esos son otros agradecimientos y, por ende, deberán ser contados en otra ocasión.

Epílogos

Epílogo para futuros maestros y maestras

Estudia, prepárate: "Te están esperando"

Querido futuro maestro o maestra:

Soy una madre que representa, de algún modo, a las familias de los que, en un futuro no muy lejano, van a ser tus alumnos y alumnas.

Me felicito y doy gracias a la Vida, en primer lugar, por haberte decidido a formar parte de la sagrada estirpe que representa el profesorado. Y agradezco, muy especialmente, tu manera de sentir, apreciar y vivir esta etapa inicial de preparación para una tarea de tan alta responsabilidad y repercusión.

Solo si aprecias y valoras de verdad lo que va a ser tu futura labor profesional, te entregarás en cuerpo y alma, sin reservas, a tus tareas y trabajos como estudiante. Apreciar y regatear son incompatibles. No regateamos ante lo que consideramos realmente valioso. Si ahora regateas, en cuanto a la disciplina, rigurosidad e impecabilidad de tus labores como alumno, significa que, verdaderamente, no tienes en alta consideración ni estimas lo suficiente el sentido y significado de ser maestro.

Por todo ello, agradezco, con una especial conciencia e intensidad, todo lo que haces para llegar a ser un buen maestro, una buena maestra, alguien a quien las familias están sinceramente agradecidas.

Quien aspira a ser maestro, no puede, de ningún modo, estudiar para simplemente "aprobar". Ya lo dice la misma palabra, *a-probar* es no catar, no saborear o no llegar a degustar, hasta el fondo, lo que significa la tarea educativa.

Sólo tu pasión, por saber cuanto más y mejor de todo lo que te pueda ser útil, para un óptimo desempeño de la labor docente, te va a permitir poder saborear y disfrutar de tu trabajo; de un trabajo bien hecho, es decir, hecho con amor y que surge como fruto de una pasión o de una clara y sentida vocación.

Quien, en su etapa inicial y previa de formación, no se implica, no se entrega o no se apasiona, es bastante probable que funcione luego, en el desempeño de su labor profesional, con esos mismos parámetros.

El que regatea en su etapa formativa como estudiante, va a estar regateando luego, en la escuela y como maestro, cada tarea, cada trabajo y cada compromiso con la Vida.

Quien, como estudiante, no se limitó a aprobar, como maestro va a mantenerse entregado a un continuo probar y a un permanente saborear, de verdad, la vida en cada gesto pedagógico.

Es la luz de la llama de la pasión, la que permite vivir la riqueza y la polisemia de ese infinitivo que es sinónimo de catar, gustar, saborear o paladear, pero también de ensayar, comprobar, experimentar o tantear.

No consideres el estudio una obligación, sino una oportunidad para penetrar en el bello y maravilloso mundo de la Sabiduría.

Sólo si disfrutas de tu condición de alumno, la podrás mantener viva y fresca en tu ejercicio como maestro. Siento que puede considerarse bueno, todo maestro que mantiene vivo en él el espíritu y el ánimo propios de un alumno. Un buen maestro se sabe y se reconoce alumno de sus alumnos. Quien, como tú, se prepara para enseñar, nunca debe dejar de aprender. La posibilidad, e incluso la obligación de enseñar, provienen siempre del privilegio de saber.

Ser maestro es seguir creciendo en el crecer de los alumnos y no dejar de aprender nunca.

Hace años se decía: *El que vale, vale y el que no, a Magisterio.*

Una frase despectiva, pero, sobre todo, injusta y que revela un profundo desconocimiento y una peligrosa perversión.

Maestros y maestras hay muchos, mas no existe ciudadano que no haya pasado por las manos de alguno o alguna de ellos. Todos los poderes públicos, las más altas responsabilidades, los artistas, los deportistas y todos los que ejercen una determinada labor profesional, absolutamente todos, han estado bajo el influjo de sus maestros. Tal vez por eso, alguien dijo, muy acertadamente, que *los buenos profesores son caros, pero los malos lo son todavía más.*

Precisamente, porque no hay miembro de una sociedad que esté libre del influjo de algún maestro o maestra, la labor o profesión para la que te preparas ahora y a la que te quieres dedicar en un futuro, cada día más cercano, ha de estar reservada no a los más listos, y mucho menos a los listillos, sino a los más sabios, a los que más aman y a quienes más se entregan; En definitiva, a los apasionados y enamorados de la educación.

La relevancia del maestro queda patente, y se refleja o expresa muy claramente, en las palabras que Albert Camus envió a su maestro de primaria, pocos días después de recibir el premio Nobel de literatura:

> *Querido señor Germain:*
>
> *Esperé a que se apagara un poco el ruido que me ha rodeado todos estos días antes de hablarle de todo corazón. He recibido un honor demasiado grande, que no he buscado ni pedido.*
>
> *Pero cuando supe la noticia, pensé primero en mi madre y después en usted. Sin usted, la mano afectuosa que tendió al pobre niñito que era yo, sin su enseñanza y ejemplo,*

nada de esto hubiese sucedido. No es que dé demasiada importancia a un honor de este tipo. Pero ofrece por lo menos la oportunidad de decirle lo que usted ha sido y sigue siendo para mí, y le puedo asegurar que sus esfuerzos, su trabajo y el corazón generoso que usted puso continúan siempre vivos en uno de sus pequeños discípulos, que, a pesar de los años, no ha dejado de ser su alumno agradecido.

Le abrazo con todo mi corazón.

(Albert Camus)

Ser maestro significa ser un agente de cambio. La educación no es la palanca de la transformación social, pero sin ella esa transformación no puede darse.

Ningún maestro se puede afirmar ni realizar como tal, al margen de esa loca pasión por el conocimiento y sin aventurarse, pleno de emoción, a la constante reinvención de sí mismo ni arriesgarse creativamente.

De manera semejante, ninguna sociedad va a poder afirmarse ni consolidarse como tal, sin el perfeccionamiento de su cultura, y sin un desarrollo pleno de los derechos humanos y los valores de convivencia ciudadana. Y todo esto comienza con las escuelas o se afianza gracias a la labor realizada en ellas.

La decisión que has tomado de ser maestro/a, no debería ser el resultado de un descarte, porque fallaron las posibilidades u opciones que realmente te interesaban o deseabas, ni un mal menor.

El ser y la presencia del maestro, que conforman una determinada manera de entender y vivir la práctica pedagógica, y que hemos ido describiendo y desarrollando a base de sucesivos agradecimientos, puestos en boca de la familia, no pueden ser abordados desde motivaciones tan débiles como poco rigurosas o serias.

Puede uno haber entrado de rebote o porque no quedaba otra, pero ha de salir por la puerta grande, dadas la importancia, la repercusión y la belleza de la labor educativa, que han quedado puestas de manifiesto a lo largo y ancho de todo el libro.

Puede que la vocación no haya sido un elemento o lugar de partida y, por tanto, no haya estado presente en la decisión de ser maestro y formarse para ello, pero ha de ser un punto de llegada. Si has iniciado tu formación para ser maestro sin tener vocación, has de procurar que la formación recibida, o esa otra formación por ti mismo buscada, te conduzca, finalmente, hacia ella.

Una decisión como la de formarte para ser maestro, es decir, para poder acompañar a otros en su proceso de crecimiento, desarrollo y autorrealización, es siempre un bien mayor y ha de ser la mejor de tu vida; una decisión fruto del amor y no de la desesperación, la determinación de un compromiso y la asunción de una gran responsabilidad.

Ser maestro hoy no es sólo enseñar, sino motivar y acompañar la construcción de aprendizajes para la vida, para una vida buena, sencilla, fructífera y gozosa.

Como madre, espero y deseo que la educación siga siendo el espacio profesional de los utópicos, los apasionados, los comprometidos, los creativos y los artistas, y que el tiempo no diluya la vocación primera.

Tal vez por eso, me dolió tanto ver, en una Facultad de Educación, un cartel publicitario de una academia de formación de opositores.

Al principio, me llamó tanto la atención el cartel, que me acerqué y lo despegué del tablón de anuncios, en el que estaba colocado, para verlo mejor.

Lo primero que se veía era la foto de un niño guiñando un ojo y un texto en el que se podía leer: *Para tener una vida diez hay que ser todo un maestro.*

Y al girar el papel, sin dar crédito a lo que iba leyendo, me encontré con lo siguiente.

(Elimino las referencias concretas a la academia para no hacer una publicidad negativa de nadie, ya que sólo me interesa poner en cuestión la visión del maestro que se expone):

"Más cerca de tu futuro.
En nuestra academia de oposiciones somos maestros en
conseguir que tú lo seas. Somos especialistas en formar
maestros con la mejor razón posible,
también somos maestros.
Por eso conocemos tan bien la enseñanza,
las oposiciones,
y lo que necesitas para superarlas con éxito.
Bienvenido al principio de tu carrera profesional
y a las ventajas que te harán tener una vida diez:
Un salario de más de 30.000€ al año,
un horario reducido de 35 horas semanales,
dos meses de vacaciones en verano, navidades,
semana santa y carnavales,
para toda la vida
y con la ventaja de trabajar con la administración".

Lo único que se me ocurre decirte es que, si eres un estudiante que te preparas para ser maestro o maestra, y son estas las razones por las que quieres serlo, ojalá no apruebes la carrera. Y si apruebas la carrera, ojalá no apruebes las oposiciones. Y si llegas a aprobar las oposiciones, ojalá nunca consigas una plaza.

Simplemente, porque los niños/as se merecen a los mejores, a personas, a las que les mueva un mínimo de vocación y un máximo de pasión, dedicación y entrega.

Los años de formación inicial han de procurarte una actitud realista, que relativice lo negativo que te puedas encontrar y valore, sin fantasías, lo positivo que puedas abrazar, en el desempeño de tu labor.

Tienes que asegurarte una formación, unas relaciones, unos aprendizajes y unas experiencias, que te permitan afrontar y trascender la naturaleza y la cuantía de tu sueldo, así como el escaso e insuficiente reconocimiento social hacia tu labor. Vas a tener que estar plenamente en forma para poder caminar, como equilibrista sobre la cuerda floja y al borde del precipicio, con la cabeza bien alta y el corazón abierto de par en par.

Tal vez, mucha gente, tanto de tus entornos más cercanos como de espacios sociales más alejados de tu hábitat natural, no valora lo que haces, desacreditando la profesión que has elegido frente a otros oficios mejor considerados y más respetados.

Esto es algo que, sin duda, puede llegar a doler; algo que se percibe con frecuencia y que te puede acompañar como una sombra.

Aunque no es algo privativo de la profesión docente y está presente en otros muchos colectivos laborales, las incomprensiones, rivalidades, murmuraciones, envidias y zancadillas de algunos compañeros y padres, pueden ser compañeras de viaje en algunos momentos o etapas de tu caminar como maestro. Has de asumirlo y prepararte adecuadamente para poder afrontar convenientemente todo eso.

Orienta toda tu atención y tu conciencia, así como tus mejores energías, en las luces y no tanto en las sombras, y en todas esas veces que te levantas y vuelves a caminar, frente a los casos en los que, una vez más, puedas volver a caer.

Saborea, por adelantado y en tus propias carnes, el regalo que supone estar ahí, como testigo del milagro de cada nuevo aprendizaje y del misterio de cada crecimiento o transformación.

No dejes de sentir la emoción de cada nuevo aprendizaje. Sólo así podrás luego reconocer ese escalofrío cuando, en cada uno de tus alumnos y alumnas, las letras se convierten en palabras y estas en pensamientos, en ese chispazo que estremece al niño y a su maestro por igual.

Siéntete afortunado de estar preparándote para poder estar con cientos y cientos de personas, en momentos decisivos de sus vidas, en los que estarán viviendo su presente y forjando su futuro. Tú, futuro maestro, tendrás la dicha de estar allí como presente, como regalo. Y ellos podrán recordarte, tal vez, como lo mejor que les ha pasado.

Serán la llama de tu entusiasmo y el fuego de tu pasión y entrega, los que den luz y calor a todos y cada uno de los gesto y momentos educativos que irán marcando tu devenir como maestro.

Cada vez que flaquees en el estudio, que tu ilusión por la docencia se desvanezca y te sientas tentado por la comodidad o la desidia, recuerda que todos y cada uno de los que van a ser tus alumnos y alumnas, a los que no puedes poner aún cara, de los que desconoces sus nombres y, posiblemente, ni siquiera hayan nacido todavía, ya te están esperando.

Y esperan de ti, lo mejor.

Y se merecen y necesitan al mejor.

Nunca te van a pedir que rindas cuentas por lo que no puedas dar. Pero siempre vas a poder darte, dar lo mejor de ti.

Un dar que ha comenzado ya con tu dedicación y entrega en tu preparación para ser maestro.

Gracias por esa entrega y feliz travesía.

Epílogo para maestras y maestros jubilados

Hay maestras y maestros... Himno de agradecimiento para la jubilación de un maestro

Hay maestras que fueron mejorando la fragancia y el aroma de su tarea con el paso de los años.

En ellas, nunca hubo lugar para la rutina, ni tiempo para la desidia, ni espacio para la indolencia.

Hay maestros que, en el sencillo quehacer cotidiano, han hecho del aula un hogar acogedor para el alma de los alumnos y han dignificado y ennoblecido, con su dedicación y entrega, la sagrada tarea de educar.

Hay maestras cuya compañía ha sido acogida como regalo por los compañeros y compañeras de trabajo. Han sido para los demás, durante años, regazo de amistad y refugio cálido en el que templar el propio desánimo.

Hay maestros que han vivido la alegría de sembrar y nunca se cegaron con los resultados, sino que se entregaron, enamorados, a los procesos. Maestras y maestros para los que cada tarea era un horizonte y cada trabajo una tierra prometida hacia la que se encaminaban.

Hay maestras que alcanzan el tiempo de la jubilación con la misma frescura que los jazmines y siguen oliendo a esperanza.

Hay maestros que dejaron asomar el alma en su mirada, para que los alumnos pudiesen ver, reflejada en ella, su más divina humanidad.

Hay maestras que acariciaron con los ojos, abrazaron con sus palabras y besaban con su sola presencia. Maestras y maestros a los que los alumnos recuerdan siempre y colocan en las páginas doradas de su biografía.

Maestras y maestros que dan y que se dan, que se han derramado... hasta el último día.

Tú eres una de ellas. Tú eres uno de ellos.

Los maestros trabajan para la Vida y es esta la que siempre recoge los frutos de su trabajo. Derraman cada mañana su corazón sobre el alma de sus alumnos. Siembran, esperan, confían y dejan que sea la Vida quien coseche y se apropie de su trabajo.

Toda vida consagrada y entregada a la educación y al cuidado de la infancia es un himno, una ofrenda y un regalo que se hace al mundo. Y, cuando responde a una auténtica vocación y uno entrega lo mejor de sí mismo, llega a convertirse en un gesto sagrado.

El maestro de vocación se derrama por entero para fecundar con sus enseñanzas los corazones de los niños. Es brújula, modelador de caracteres, encendedor de miradas, iluminador de rostros y tejedor de ilusiones.

Ser maestro o maestra es una de las tareas más nobles y de más alta responsabilidad que se puede desempeñar como servicio a la Vida.

Gracias, por haber sido un ejemplo y un testimonio que dignifica la labor docente.

Gracias, por tantos años abriendo senderos, y por toda una vida de paciente siembra, despejando horizontes, puliendo cualidades, corrigiendo errores y mostrando verdades.

La siembra está completada. Ya hay frutos, y flores que apenas destilan sus primeros aromas. Para ti, querida maestra, estimado maestro, llegó el tiempo, justo y necesario, en el que poder celebrar y gozar, agradecidos, tanto trabajo y, sobre todo, tanto amor derramado en él.

Hasta lo más hondo del Corazón de la Vida alcanza el eco de tu trabajo, siembra abundante y generosa en el alma de tus compañeros, tus alumnos y sus familias. Todo tu trabajo de tantos años, ha sido algo sencillo, callado y desapercibido, pero su eco sigue llegando hasta la más lejana de las estrellas.

Gracias, por dignificar, ennoblecer y hacer más grande esta bendita tarea de educar, y por habernos mostrado con letras mayúsculas lo que es ser *Maestro.*

Curso “trans line” del libro

El reto consiste en convertir la “bibliografía” en “biografía”.

Los libros nos abren puertas, nos muestran horizontes, nos despiertan e inspiran. Por eso, un libro es siempre un regalo. Para que los libros, además de proporcionarnos conocimiento, nos adentren en el espacio de la Sabiduría, han de ser, además de leídos, trabajados.

Cada uno de los capítulos de este libro recoge un agradecimiento, una cualidad, actitud o valor que han de formar parte de la presencia y de la intervención pedagógica o educativa de los adultos que acompañan a niños, jóvenes u otros adultos, ya sea en el ámbito familiar o en el escolar. Para que algo termine siendo incorporado a nuestro modo habitual de ser y vivir es preciso ejercitarse en ello, practicarlo, vivenciarlo o trabajarlo.

Es por ello que, para aquellas personas que lo necesiten o lo deseen, ofrezco la posibilidad de un itinerario formativo práctico y vivencial sobre los diversos contenidos o capítulos de este libro.

Cada módulo del curso se compone de un breve vídeo introductorio con las ideas claves que se aportan en el libro, así como indicaciones sobre los ejercicios-experiencias que se proponen para la práctica e incorporación de los conceptos o aspectos esenciales. Se ofrece también, en documentos pdf enriquecidos con un buen número de enlaces a material complementario o de profundización, la transcripción por escrito y minutada, tanto de los vídeos explicativos como de los archivos de audio de los ejercicios.

Más información, así como el proceso de inscripción o petición del curso en el blog LA SABIDURÍA DEL CO-RAZÓN. http://jmtoroa.blogspot.com

TIENDA. CURSOS DIGITALES TRANS LINE. LIBROS
https://bit.ly/3TJjw4E

https://qrco.de/bevvua

Puedes solicitar más información, petición de formaciones presenciales (cursos o conferencias) por correo electrónico a:

jmtoroa@ gmail.com

La formación digital permite que una formación pueda llegar a cualquier lugar y en cualquier momento. La universalización, la globalización y democratización del conocimiento es, sin duda, uno de los grandes retos recientes de la especie humana.

Lo "on line" no deja de referirse al modo, medio o canal de comunicación. Creo y siento que lo esencial de la formación no está en los medios, en el cómo sino en los quienes, en los porqués y para qué y, muy especialmente, en el "desde dónde" se plantea dicha formación.

La formación "*trans line*" que se ofrece no se centra, ni sólo ni fundamentalmente, en la transmisión de contenidos ni en la adquisición de recursos, habilidades o técnicas, sino que propicia experiencias que remodelan, reconstruyen y recrean a toda la persona.

Esta formación "*trans line*" no es para estar continuamente mirando una pantalla o pegado a un dispositivo electrónico, sino que se sirve de internet para llevar una propuesta experiencial que ha de vivirse en el propio cuerpo e integrarse en el cotidiano vivir.

Una formación "*trans line*" hace circular por la red no sólo datos sino latidos y, en ella, la persona no va a un curso o conferencia, sino que permite que la información, el conocimiento y la sabiduría vengan a ella, en el momento, lugar y en los ritmos que le sean más propicios.

Integra lo on line, ya que aprovecha sus infinitas posibilidades técnicas y su tremendo y peculiar alcance, con lo presencial, porque su sentido último es que lo esencial se haga presente, se actualice y se manifieste, ya sea en directo o en diferido, a través de las pantallas, encendidas o apagadas y en los cuerpos y corazones de quienes enseñan y aprenden.

JOSÉ MARÍA TORO EN INTERNET

Escanea la imagen de arriba o pincha/anota el link de abajo y accederás a una sola página desde la que podrás acceder a los diferentes espacios de internet (aplicaciones y redes sociales) en los que encontrarás abundante material inspirador y formativo (textos, audios y vídeos)

https://qrco.de/bevK26

CÓDIGOS QR ACCESO DIRECTO A

BLOG de José María Toro
LA SABIDURÍA DEL CO-RAZÓN

http://bit.ly/3vr9kpx

FACEBOOK de José María Toro

http://bit.ly/3TDbKt2

LINKEDIN de José María Toro

https://bit.ly/4aymXlv

X (Twitter) de José María Toro

CÓDIGOS QR ACCESO DIRECTO A

INSTAGRAM de José María Toro

http://bit.ly/3TVgzQ3

CANAL YOUTUBE de José María Toro

http://bit.ly/3vEXg3T

THREADS de José María Toro

https://bit.ly/3TEEC43

CANAL TELEGRAM de José María Tor

https://bit.ly/4ayDF4d